개정판

내일의 종언(終焉)?

가족자유주의와 사회재생산 위기

(개정판) 내일의 종언(終焉)? 가족자유주의와 사회재생산 위기
The End of Tomorrow? Familial Liberalism and Social Reproduction Crisis

This Korean Edition was published by Jipmoondang in 2023, Seoul, Korea.

개정판

내일의 종언(終焉)?

가족자유주의와 사회재생산 위기

장경섭 지음

집문당

저자 **장경섭(張慶燮)**

서울대학교 사회학과 교수

서울대학교(본부) 석좌교수

개정판

내일의 종언(終焉)?

가족자유주의와 사회재생산 위기

2018년 11월 10일 초　판 1판 1쇄

2023년　8월 20일 개정판 1판 1쇄

저자　| 장경섭

발행인　| 임동규

발행처　| **(주)집문당**

등록　| 1971. 3. 23. 제2012-000069호

주소　| 03134 서울시 종로구 돈화문로 82, 5층

전화　| +82-1811-7567

이메일　| sale@jipmoon.com

홈페이지 | www.jipmoon.com

ISBN 978-89-303-1953-9　93330

가격 20,000원

(주)집문당 이순신돋움체B (저작권자 아산시, 무료글꼴)

내일의 종언(終焉)? 가족자유주의와 사회재생산 위기

필자는 한국의 경제·사회적 기본질서를 가족자유주의(familial liberalism)로서 개념·이론화하고, 이 기본질서가 국가 주도의 산업자본주의 체제 및 한국인의 생활세계 원리와 전략에 어떻게 맞물리는지를 분석하고, 이 관계를 바탕으로 후기개발자본주의적 상황에서 인구, 가족, 계급에 걸친 급진적인 사회재생산 위기가 발생하고 있음을 설명한다. 한국인들의 가족은 단순히 사생활을 영위하는 공간이나 관계를 넘어 (개발)자본주의 체제에서 기본적이며 더러는 배타적이기까지 한 책임, 권리, 자유의 정치경제적 단위(political economic unit)이다. 이처럼 가족에 정치경제적 단위로서의 성격이 보편화되어 있음으로써 한국인들의 가족관계와 가정생활은 국가경제 등에 대두되는 거시적 혼란이나 위기에 매우 직접적이고 긴밀하게 반응한다. 한국인들은 전략적 생존을 위해 가족 구성과 관계를 적극적으로 조정·재조정해 왔으며, 거시적 생존환경의 격변으로 점철된 한국 현대사는 가족 구성과 관계의 격변으로 즉각 이어져 왔다.

한국인들이 가족관계의 유효한 범위, 강도, 기간을 실용적으로 재조정하려는 광범위한 노력에서 비롯되는 인구붕괴 조짐은 일반 시민들이 국가, 사회, 자본주의 경제와 공유하는 가족자유주의의 고질성에 대한 역설적 증거이다. 그것은 가족자유주의적 개인과 가족들의 사회재생산에 관한 일종의 자기부과적인 구조조정의 결과이다. 광범위한 결혼 연기나 기피, 만연한 이혼과 별거, 심지어 역병처럼 번지는 자살은 모두 초저출산과 같은 뿌리의 근본 원인을 갖고 있다. 국가와 사회가 절박하게 바라는 인구 회복은 가족자유주의 정치경제와 사회정책 체계의 총체적 전환을 요구한다.

| 차 례 |

제4부 결론과 전망 · 235

| 표/그림 차례 |

인구, 가족, 사회: 도구적 재생산에서 가치적 재생산으로*

"일 · 가정 균형"(work-family balance), "일 · 생활 균형"(work-life balance) 등에 관한 사회적 요구와 정책적 문제의식은 이제 당연한 것으로 여겨진다. 현대 한국인들의 삶에 있어 장시간 노동 등 과도한 경제활동 집중성에 수반된 광범위하고 만성적인 개인생활의 교란에 따른 시민적 불만과 불안이 극심하며, 이에 대해 국가, 기업 차원의 고민과 배려가 당연시되고 있다.

이는 개인의 인간적 삶의 가치에 대한 사회 보편적 공감과 책임의 일부분이기도 하겠지만 좀더 직접적으로는 일상화된 개인생활의 교란이 집합적 차원에서 경제체제와 국가기반의 구조적 위기를 초래할 수 있다는 위기감을 반영한다. 비혼 · 만혼 · 이혼의 급속한 확산, 세계 최저 출산율, 청년과 노인의 선진권 최고 자살률 등은 인구규모의 급감, 인구구조의 불균형 등을 통해 경제, 국가, 민족의 지속가능성을 위협한다는 것이다. 경제, 국가, 민족의 재생산이 사회적 차원에서 어려워지는 것이다.

사실, 사회재생산의 위기는 먼저 개인 · 가족적 차원에서 발현된다. 가장 기초적으로는 인간의 생명과 노동력이 적절한 영양, 휴식, 보호, 수면 등을 통해 하루하루 재생산되어야 하는데, 이러한 조건이 충족되지 못하는 삶을 사는 시민들이 광범위하게 존재하며, 심지어 직업, 계층, 지역,

* 이 서문은 한국보건사회연구원의 『보건복지포럼』, 제308호(2022.6)에 권두언으로 발표된 내용을 보완한 것이다.

세대에 따라 상황이 오히려 악화되고 있다. 여러 세대에 걸친 한국인들의 자살 급증은 스스로의 생명을 더는 재생산시키지 않겠다는 극단적 결정에 다름 아니다.

나아가 새로운 인간 생명의 탄생, 즉 출산을 통한 생명의 세대간 재생산에 대해 한국인들이 이미 세계에서 가장 소극적인데, 그 소극성이 갈수록 심화되고 있다. 이는 그 전 단계로서 비혼, 만혼, 이혼의 급증과 무자녀 혼인의 확산 추세에 맞물려 있다. 자녀 출산이 대부분 (법적) 혼인을 전제로 이루어져 왔음을 감안하면, 혼인의 다면적 위축과 교란은 출산율의 급락을 초래할 수밖에 없다. 최근 혼인 후 무자녀 선택의 확산이 이 추세를 더욱 가속화시키고 있다. 이러한 추세들은 모두 세대간 생명 재생산 제도로서의 가족이 안정성과 보편성을 상실하고 있음을 말한다.

자녀 출산과 별개로 가족은 그 자체로 가장 보편 · 핵심적인 사회구성요소로서 안정적인 일상적 재생산과 (자녀 혼인을 통한) 다음 세대로의 승계적 재생산이 개인, 사회, 국가 차원에서 모두 절실한 것이었다. 그러나 지난 세기말부터 농촌 각지와 대도시 주변부에서 많은 남성들의 비자발적 비혼상태가 지속되고 21세기적 추세로서 청년층 남녀의 비혼의지 확산과 혼인 준비 곤란이 더해져, 한국인의 성인기 진입이 더 이상 당연한 가족 형성으로 이어진다고 보기 어렵게 되었다. 여기에 독거노인의 급증이 더해져 이른바 "일인가구"의 충격적 폭증세가 나타나고 있다.

이러한 다면적인 생명, 가족, 인구 재생산의 위기에 따라 한국의 인구변동 통계치들은 산업화와 경제성장에 못지않게 세계적으로 극단적인 수준을 기록해 왔다. 이러한 경제 · 인구 변화의 동시적 급진성은 결코 우연이 아니며, 경제적 생산과 사회적 재생산 사이의 체계적 상호관계를 반영한다. 급속한 산업화, 도시화, 노동자화는 세계 각지에서 핵가족화, 개인화, 저출산, 고령화 등으로 이어졌으며, 다만 한국의 경우 이러한 변화가 거의 비교대상이 없을 정도로 급진적이었다.

이러한 압축적 과정을 거쳐 한국은 유엔이 공인하는 "선진국"(advanced nation)이 되었는데, 저출산, 고령화, 탈가족화, 돌봄공백, 고용불안, 양극화 등 이 지위에 사회·경제적으로 수반된 이른바 "신사회위험"(new social risks)들 역시 압축적으로 직면하게 되었다. 이러한 위험들은 결국 개인(생명), 가족, 인구의 사회재생산 위기를 내포하는데, 이에 대한 사회정책적 대처가 서구 복지국가의 핵심적 개혁·보완 과제로 공유되었고, 한국 정부와 학계도 이를 면밀히 검토해 왔다.

그런데 사회재생산 위기에 대한 한국의 지배적 문제의식은 산업·복지·재정적 차원의 문제 예방·대처라는 도구(주의)적 성격이 극명하다. 이는 정부 차원의 정책적 불가피성이 있지만, 그동안의 사회재생산에 대한 도구적 접근 자체가 오늘날 사회재생산 위기의 결정적 요인으로 작용했음을 깨달아야 한다. 이러한 접근에서는 개인, 가족, 사회공동체 차원의 사회재생산 과정 자체가 인간의 행복과 공동체의 안녕을 구성하는 본원적 가치를 갖는다는 사실을 망각하기 쉬우며, 특히 개발(지상)주의적 국정의 효과성이 급속히 축소된 오늘날 시민들의 사회재생산 동기와 노력을 활성화시키는 것이 매우 어렵다.

한국의 압축적 경제·사회 발전 과정에서 사회재생산에 대한 도구적 접근의 최대 모순은 사회재생산의 필수 자원 자체를 생산과정에 집중 전용하는 행태가 국가, 기업, 지역사회, 가족, 개인에 이르기까지 보편화되었다는 것이다. 심각한 수면부족과 건강훼손이 불가피한 세계 최장의 노동시간과 학습시간, 주거시설·생활환경·생태공간에 대한 무차별적 개발·투기 행위, 산업현장과 사회기반시설의 위험 수용·방치적 운용, "복지지체국" 오명을 초래한 국가 재원의 경제활동 일변도 투입, 자녀 교육·사업을 위한 노후 생활자금의 소진 등 보편화된 현실은 세계가 괄목하는 한국의 경제발전이 상당 부분 사회재생산의 다면적 희생·왜곡을 바탕으로 이루어져 왔음을 뜻한다.

개인 · 가족 · 인구(민족) 차원의 복합적 사회재생산 위기를 모두가 우려하는 오늘날 이러한 사회재생산 희생적 생존 · 발전 전략의 역기능성과 몰시대성에 대해 이견이 없을 것 같지만, 수많은 위정자, 경제인, 나아가 생활시민들조차 “경제위기”나 생활고를 이유로 근본적 변화의 길로 들어서지 못하고 있다. 심지어 최근 들어, 미진한 변화조차도 되돌리려는 무모하고 무자비한 정치적 제안과 시도가 이어지고 있다.

개인, 가족, 사회공동체의 사회재생산 자체가 인간의 행복과 공동체의 안녕이라는 본원적 가치를 갖는다는 인식을 모두가 공유하고 국가정책, 경제활동, 사회관계 등에서 그 가치의 실현이 극대화되도록 철학적 각성과 정치(정책)적 전환이 함께 필요하다. 아울러 본서의 제3부에서 분석하는 계급과 노동의 사회재생산 위기에 대해서도 마찬가지의 근본적인 학문 · 철학 · 정치적 대전환이 즉각 이루어져야 한다.

필자는 본서의 2018년도 발행 초판에 의거해 제2회 용봉 최재석학술상을 수상하였다. 한국 사회학계의 진정한 사표(師表)이신 최재석 교수님을 기리는 학술상의 수상자가 된 것은 엄청난 영광이지만 동시에 감당키 어려운 책무를 지는 일이어서 주위의 수상 지원 독려를 한동안 사양하기도 했고, 수상 후에는 무거운 고민이 뒤따랐다. 무엇보다도 교수님의 학문적 정진 자체가 사회학이 하나의 사회제도로서 역사 · 사회적 정당성과 효용성을 확보하는 데 결정적 기여가 되었기 때문에, 필자는 그 기여를 조금이라도 이어갈 수 있는 후학이 되고자 한다.

갈수록 어려운 출판계 사정에도 불구하고 본서 개정판 간행을 맡아주신 집문당 임동규 대표님과 효과적 편집 및 디자인 작업을 수행해 주신 전정아 에디터와 임용우 부장님께 감사드린다.

2023년 7월

장 경 섭

초판 서문

사회 등진 자본주의, 사회재생산 접은 친밀성

이른바 초저출산 추세에 관한 국가의 사회 · 경제적 위기 담론을 거의 일상적으로 접하면서 당장 정책 대상인 젊은 세대들은 어떤 심정적 반응을 하고 있을까 궁금하다. 온라인상으로 쉽게 접할 수 있는 관련 정책들에 대한 냉소적 반응들은 웬만해서 국가에 의해 시민들의 집합적 의견으로서 공식화되지 않지만, 요지부동인 저출산율은 국가의 위기의식에 대해 청년들은 적어도 애국주의적 혼인과 출산으로 답할 생각은 없음을 드러낸다. 아마 비판적 여성주의자들에게는 최근 국가의 출산지원 정책으로 조선시대에 충 · 효 · 열(忠孝烈)의 모범적 실천을 보상했던 '정표(旌表)제'에 출산을 더해 이제 충 · 효 · 열 · 산(忠孝烈産)의 시대에 살고 있다는 느낌을 줄지도 모른다. 사실, 정부의 기술관료들(technocrats), 인구 · 경제 관련 전문학자들, 그리고 언론매체들이 합작해서 투사시키는 미래 인구절벽 한국의 경제 · 사회 · 국가적 난국은 청년들로 하여금 집단적 공포감을 갖게 만들고, 이에 따른 위험회피(risk aversion) 심리가 현재의 저출산 추세를 더욱 심화시키지나 않을까 우려되기도 한다. 기성세대들은 이러한 위험을 운 좋게 모면할지, 예컨대 공적 연금기금이 바닥나기 전에 죽을 수 있을지 정도를 계산하며 방관자적 입장을 취할 수 있지만, 그들 자녀의 혼인과 출산에 대해 부모로서 적극적 의견 개진이나 압력 행사를 하기가 급속히 어려워진 현실이 엄존하다.

장기간의 초저출산에 따라 미래의 노동, 소비, 납세, 병역 자원이 심각한 부족 상태에 이를 가능성은 분명히 국가 · 사회적 차원의 우려거리이지만, 당장 목전의 현실은 매우 모순적이다. 고학력 및 강한 노동의지를 가진 청년들이 구조적 취업난에 집단적으로 봉착해 있고, 급격하게 기대수명이 길어진 노인들 대다수가 그동안 축적한 삶의 경험과 지혜를 사회 · 경제적 생산성을 높이는 데 활용하지 못하는 현실이 쉽게 달라질 것으로 어느 누구도 전망하지 못한다. 특히 청년 취업난은 궁극적으로 혼인과 출산의 현실적 불가능성을 초래해 현재의 경제위기와 미래의 인구위기를 연결시키는 문제이다. 청년세대와 노년세대에서 동시에 공급되는 새로운 인적자원을 전혀 효과적으로 활용하지 못하는 현재의 경제 · 사회체제가 과연 미래에는 근본적으로 거듭나서 지금과는 반대로 노동인구 부족을 호소하는 상황이 전개될까.

현재 관점에서의 미래 걱정이 모순적일 수 있는 또 다른 차원은 직종(occupation), 혹은 사회학적 개념으로서 계급(class) 유지의 문제이다. 기록이 존재하는 대부분의 역사 동안 한국인들은 농민, 특히 가족농으로서 존재해왔지만, 1960년대 중반부터 인류사적 기록이 될 급속한 산업화와 도시화를 거치며 이제 전통적 성격의 농촌과 농민은 그야말로 소멸이 우려된다. 이 과정에서 급속히 증가한 도시 노동계급 인구는 지난 세기말 국가 외환위기를 거치며 가속화된 탈산업화 및 산업세계화(생산기반 해외 이전) 과정을 거치며 주류 경제체제로부터 갖가지 방식으로 축출됐고, 여기에 이른바 "4차 산업혁명" 기치하에 디지털 기술과 자동공정에 의한 인간노동 대체와 배제를 국가적으로 촉진시킬 기세이다. 현존하는 한국인들은 그렇다 치고, 미래에 태어날 한국인들이 농민이나 노동자가 아니면 다른 어떤 직업이나 산업을 통해 사회 · 경제적 역할 혹은 계급적 지위를 확립할 수 있을까. 현 정부가 야심차게 대대적 육성을 선언한 이른바 "사회적 경제"(social economy)가 한국인들에게 새로운 사회 · 경제적 존재성을 보편적으로 확립시켜줄 수 있을까. 아니면 모두가 임노동으로부터 해방되고 이른바 보편적 "기본소득"(basic income)에 의거해 살아가는 신복지국가나 노동이 보편적 권리로 확립되어 모두가 공무원적 신분을 가질 수 있는 신사회주의 체제가 확립될 것인가.

현재와 미래의 온갖 암울한 진단과 전망에도 불구하고 한국 사회의 초저출산 및 이에 관한 일차적 원인으로서 혼인체제 교란, 즉 만혼, 비혼, 이혼 인구의 급격한 증가는 국제 학계의 일반적인 분석모형으로는 제대로 설명이 어려울 정도로 급진적이다. 또한 한국 노인의 세계 최고 수준의 자살률도 마찬가지이다. 그리고 익숙해진 국가적 "경제기적" 담론 속에서 당연시되다시피 한 농가 인구의 급감과 농촌공동체의 쇠락 역시 그 속도와 강도가 사회과학계의 일반적인 설명 방식으로는 충분히 이해하기 어렵다. 청년인구 고용대란과 관련해서 (적정한) 일자리 부족 실태와는 별개로 생산노동자 지위에 관해 세대를 가로지르며 보편화된 이탈이나 거부 태도를 어떻게 설명할 수 있을지 묘연하다.

이러한 의문들에 대한 체계적 설명을 위해 필자는 한국의 경제·사회적 기본질서를 가족자유주의(familial liberalism)로서 개념·이론화하고, 이 기본질서가 국가 주도의 산업자본주의 체제 및 한국인의 생활세계 원리와 전략에 어떻게 맞물리는지를 분석하고, 이 관계를 바탕으로 후기개발자본주의(post-developmental capitalism)적 상황에서 인구, 가족, 계급에 걸친 급진적인 사회재생산 위기가 발생하고 있음을 설명할 것이다. 이처럼 보편화된 사회재생산 위기는 비단 한국에만 국한된 것은 아니고 수많은 자본주의 사회가 공유하는 것이지만 한국의 비상한 양태와 정도는 고유한 설명의 틀을 요구한다. 연구의 핵심 목적은 지금까지 발견되지 않았던 어떤 경험적 사실들을 발굴하는 데 있는 것이 아니라, 엄청나게 쏟아지는 관련 자료와 경험연구 결과를 종합적으로 재해석하고 나아가 새로운 관점과 개념 등 인식론적 자원을 제공하는 것이다.

한국인들의 가족은 단순히 사생활(private life)을 영위하는 공간이나 관계가 아니라 (개발)자본주의 체제에서 기본적이고, 더러는 배타적이기까지 한 책임, 권리, 자유의 정치경제적 단위(political economic unit)이다. 경제적으로는 대다수 대기업들의 가족중심적 소유 · 경영 체제에서부터 농업의 가족경영과 도시 자영업자들의 가족노동체제에 이르기까지 가족은 경제질서의 제도적 틀을 규정한다. 나아가 한국인들의 인생과 일상에서 가장 보편적이고 핵심적인 관심사라 할 수 있는 교육, 주거(부동산), 나아가 취업과 혼인도 가족 차원의 기획, 결정, 지원이 당연시된다. 노약자, 장애인 등에 대한 이른바 돌봄 노동을 가족이 전담하는 경우가 대다수였고, 심지어 병원에 입원한 환자 또한 가족이 밤낮으로 곁에서 간호보조를 하도록 요구받는다.

이처럼 광범위한 가족의 역할은 흔히 사회적 자원이나 가치를 선취하거나 기본적 생존 조건을 확보 · 유지하기 위한 정치경제적 행위로 해석될 수 있으며, 전통 등에 기초한 문화적 현상이라기보다는 역사적 현실 속에서 적응적으로 생성된 상황적 구성물로서의 성격이 훨씬 강하다. 국가는 이러한 경제 · 사회적 가족중심성을 공식 체제이념으로서 고양시키지는 않지만 수많은 정책의 전제조건으로서 가족의 다종다양한 기능과 역할을 요구하거나 당연시한다. 그리고 대다수 시민은 한편으로 이러한 국가의 입장을 수용하면서도 다른 한편으로 수용에 따른 곤란과 불만의 표출이 일상화되어 있다.

이처럼 가족에 정치경제적 단위로서의 성격이 보편화되어 있음으로써 한국인들의 가족관계와 가정생활은 국가경제 등에 대두되는 거시적 혼란이나 위기에 매우 직접적이고 긴밀하게 반응한다. 한국인들은 전략적 생존을 위해 가족 구성 · 관계를 적극적으로 조정 · 재조정해 왔으며, 거시적 생존환경의 격변으로 점철된 한국 현대사는 그들의 가족 구성과 관계의 격변으로 즉각 이어져 왔다. 이러한 대응은 일차적으로는 자신과 가족의 행복을 지키기 위한 것이지만, 국가가 주도한 경제 · 사회적 변화에 긴밀히 조율되어 있었다는 점에서 애국적은 아닌지 몰라도 최소한 '종국(從國)적'이었다. 예컨대, 극도로 남성 중심적인 경제 · 사회 체제에 맞춰진 남아선호(선택) 출산이 상당 기간 출산 성비 왜곡을 야기했으며, 최근 이른바 "경제적 원인"에 의한 것으로 분류되는 비혼, 별거, ("가족 동반") 자살이 급증한 것 등, 한국인들의 가족 관련 행태의 급변과 이에 수반된 인구구조의 급격한 교란 이면에는 국가의 정치경제적 책임성이 노정되어 있다. (물론 권위주의 산업화 시대에 시행된 가족계획 사업은 아예 국가가 직접적으로 시민들의 애국적 사회행위를 요구한 것이다.) 이러한 관점에서 보면, 시민들의 또 다른 애국을 요구하는 국가의 관행적인 저출산 담론과 정책은 모순 그 자체이다.

21세기 한국은 거시적 생존환경의 격변을 넘어 소멸로 치닫고 있지나 않은지 하는 불안이 사회 전반을 엄습하고 있다. 모든 것을 국가경제의 급속한 개발에 걸고 국가가 사회를 동원 · 통제했던 수십 년의 시대가 그 물적 결과물인 경제력의 대부분을 소수 대기업 집단(재벌)이 독점하는 것으로 귀결됐고, 또 이른바 신자유주의와 맞물려 재벌과 일부 정치세력이 유착해 추진한 부주의하고 성급한 해외 금융 의존적 경제팽창 정책이 초래한 국가 외환위기가 대규모 정책적 실업사태를 대가로 봉합됐고, 이후 급진적 자본시장 자유화 및 산업기반 세계화를 통해 지분구조상 이제 절반 내외가 외국(인) 소유이며 국내 생산거점의 비중이 급격히 낮아진 수출 대기업들이 여전히 노동자, 농민, 중소기업의 양보와 희생을 요구하는 경제질서를 국가의 비호 아래 확대재생산시키고 있다. 급기야는 과학적 기초조차 모호한 "4차 산업혁명"의 구호 아래 뭉친 정부와 기업이 디지털 기술과 자동공정에 의한 인간 노동의 무차별적 대체나 폐기를 벼르고 있다. 자본주의의 국적을 따지는 것이 원천적으로 무의미한 일이지만, 21세기 한국 자본주의는 더 이상 한국 사회를 결정적 존립 근거로 삼지 않으며, 구체적으로 한국인의 생명과 노동력 그리고 직업지위의 사회재생산에 대해 그다지 절박한 관심을 갖고 있지 않다고 보아야 할 것 같다. 문제는 한국 자본주의가 국가 주도로 형성되고 성장해 왔으며, 최근 질적 변화의 모든 측면에 국가의 역할과 책임이 노정되어 있다는 점이다. 국가 주도의 경제체제하에서 자본주의의 사회 이탈 이면에는 국가의 사회적 책임성 폐기가 도사리고 있다.

국가와 주류 산업자본이 등진 한국 사회에서 한국인들 스스로도 자신과 가족의 노동력 및 직업지위 그리고 후세의 생명을 유지 · 생산하는 사회재생산 활동에 대해 급속히 열의를 잃어가고 있다. (중국 변수로 위기감이 팽배한 홍콩과 대만을 제외하면) 세계 최저 수준인 출산율, 폭발적으로 확산된 만혼 · 비혼 · 이혼 추세, (가이아나와 북한 등을 제외하면) 세계 최고 수준인 자살률 등은 한국인들이 그 어느 때보다도, 그 어느 사회보다도 생명과 노동력의 사회재생산에 소극적이 됐음을 증명한다. 청년인구 이탈에 따른 농가 재생산체계의 집단적 붕괴 및 도시 산업노동에 대한 이탈과 기피의 만연 또한 농촌과 도시의 보편적 생산노동력이 근본적 사회재생산 위기에 처했음을 말해준다. 물론 대다수 한국인은 여전히 이성 교제를 하거나 결혼을 하고, 또 결혼을 하면 자녀를 출산한다. 그러나 갈수록 이성 교제는 결혼을 위한 예비단계로서의 성격이 약화되고 있으며, 결혼을 해도 자녀 출산에 소극적이거나 최소화를 지향하며, 가족유지를 절대 규범으로 여겨 이혼을 반드시 기피하지는 않으며, 자녀 사랑을 특정한 직업적 열망이나 압박으로 표출하는 것에 조심한다. 가족이 체제질서의 기본 단위로 작용해 온 사회에서 그 체제의 교란과 분리에 따른 갖가지 사회 · 경제적 위험이 가족관계를 통해 개인에게 전달되거나 증폭되는 엄중한 현실에 처한 한국인들이 '위험 관리'(risk management)의 차원에서 사랑하는 사람들과의 "친밀성"(intimacy)과 인적 자원의 사회재생산을 분리시켜 나가고 있다.

이런 관점에서 볼 때 작금의 인구 추세를 극복하기 위해 어떤 대책이 필요할까. 한국 자본주의가 한국인들로 하여금 긍정적이고 적극적인 제반 사회재생산 활동에 나서도록 근본적으로 재편될 수 있을까. 국가가 그런 의지를 가질 수 있을까, 또 실행능력이 있을까. 가족자유주의가 지속되어야 할까, 혹은 지속될 수 있을까. 한 가지 분명한 것은 혼인, 출산, 노동 등의 활동이 대다수 인간(시민)의 삶을 본원적으로 구성하고 그것을 통해 인간의 행복(감)이 실현된다는 점이다. 국가는 인간으로서의 시민이 혼인, 출산, 노동 등을 그 자체로서 행복하고 보람있게 수행할 수 있도록 뒷바라지해야 할 의무가 있다. 위정자는 출산율이 회복되고 인구감소 추세가 완화되고 나아가 거시 경제 · 사회적 파국이 예방될 수 있도록 시민들의 관심과 협조를 구하기 전에, 행복하고 안정된 혼인, 출산, 노동 자체를 국가의 목적으로서 시민들 앞에서 분명히 하여야 할 것이다. 이는 국가적 차원에서는 헌법적 가치까지 구성하는 것이며, 현재 개정 논의 중인 (신)헌법에 반영될 분명한 필요도 있다.

아래에 이어질 내용은 크게 네 부분으로 나뉜다. 도입부인 제1부에서, 제1장은 가족자유주의 개념을 도입하고 그 사회 · 역사적 배경 및 사회재생산에 대한 함의를 설명한다. 제2장은 작금의 사회재생산 위기를 탈개발 시대 가족자유주의 체제의 교란에 따른 '위험가족' 현상으로 설명한다. 생활세계와 인구동태의 관계를 다루는 제2부에서, 제3장은 신전통주의 근대성으로서의 한국 혼인(가족)체계의 역사적 성격과 현실적 위기를 설명한다. 제4장은 한국의 초저출산 추세를 출산의 행위론적 단위의 변화, 즉 가족 단위 출산 압력의 약화 및 개인(여성) 단위 출산 동기의 미진으로 설명한다. 제5장은 노인인구의 생활위기를 '무개인주의 개인화'로서 파악하고 이에 따른 노년기 사회재생산의 교란을 설명한다. 생산체제와 계급실태의 관계를 다루는 제3부에서, 제6장은 농가 사회재생산 체계의 구조적 · 집단적 붕괴와 이에 대한 보완책으로서 농촌 국제결혼의 성격과 한계를 살펴본다. 제7장은 반복되는 급진적 산업재구조화에 따른 도시 남성노동자 노동생애의 구조적 · 만성적 불안정성과 이에 수반한 부인의 보조적 생계노동 수행에 초점을 맞추어 노동자계급 가족재생산의 특수성을 설명한다. 제8장은 개발자본주의하의 장시간 · 고강도 노동체제가 노동자의 가정적 일상에 미쳐온 영향을 살펴보고, 이것이 여성의 상용노동자화 추세와 어떠한 갈등을 빚는지 분석한다. 결론인 제4부에서, 제9장은 가족자유주의 체제의 신자유주의적 교란에 따른 사회재생산 위기를 요약 · 정리하고, 한국의 경험을 여타 동아시아 자본주의 산업국들, 남유럽의 분절적 산업국들, 러시아 · 동유럽 등 탈사회주의 체제전환국들의 상황과 비교하는 것으로 본서를 마무리한다. 각 장은 별개 연구논문의 성격도 있기 때문에 가족자유주의와 사회재생산의 관계에 관한 공통적 문제의식에 덧붙여 각각 다양한 역사적, 사회적, 이론적 문제들을 포함한다.

본 연구는 아산사회복지재단(아산재단)의 학술연구 지원사업의 일환으로 수행됐다. 원래 연구계획서에는 집필 제목을 "내일의 종언? 압축적 근대성과 사회재생산 위기"로 제시했었는데, 연구 과정에서 사회재생산의 문화 · 제도적 측면뿐 아니라 정치경제적 측면을 체계적으로 부각시키기 위해 현재의 제목인 "내일의 종언? 가족자유주의와 사회재생산 위기"를 채택했다. 연구결과의 여러 부분은 다음과 같이 별도 논문들에 반영됐다: 서문의 일부는 참여연대 사회복지위원회의 요청으로 『월간 복지동향』, 2018년 5월호에 "사회 등진 자본주의, 사회재생산 접은 친밀성"으로 수록됐다(아산재단 지원 표시); 1장은 한국이론사회학회의 『사회와 이론』, 32집(2018)에 "가족자유주의와 한국 사회: 사회재생산 위기의 미시정치경제적 해석"의 일부로 수록됐다(아산재단 지원 표시); 2장은 이정덕 외(2017), 『한국의 압축근대 생활세계: 압축근대성 개념과 압축적 경험』(서울: 지식과 교양)에 "가족주의, 개인화, 압축근대성: '위험가족'시대와 개인-가족-사회 관계의 재편"의 일부로 수록됐다(아산재단 지원 표시); 4장은 한국가족학회의 『가족과 문화』, 23권 3호(2011), "'위험 회피' 시대의 사회재생산: 가족출산에서 여성출산으로?"의 내용을 수정 · 보완했다; 6장의 일부는 한국인구학회의 『한국인구학』, 18권 1호(1995), "한국 가족농 재생산체계의 위기: 가족주기별 분포와 생활실태를 중심으로"(권태환 공저) 내용 중 필자 집필 부분을 수정 · 보완했다; 7장은 한국사회학회의 『한국사회학』, 46권 2호(2012), "압축산업화 시대 노동계급 가족 가부장제의 물질적 모순: '남성생계부양자' 노동생애 불안정성의 가족 전이"(최선영 공저) 내용을 수정 · 보완했다.

이 연구를 수행하고 결과를 집필하는 데 원래 세운 계획 및 연구결과 제출 시한보다 훨씬 늦어졌다. 아산재단의 업무 진행에 차질을 초래하게 되어 죄송스러운 마음이며 아무쪼록 이 책이 재단의 연구지원 취지에 잘 부합되기를 희망한다. 나아가 그동안 재단의 같은 지원을 받아 수행 · 발표된 수많은 학자들의 연구결과처럼 이 책 역시 학술적 및 사회적 측면 모두에서 유용한 내용이었으면 하는 간절한 마음이다.

연구과정에서 수많은 관련 학자들의 지적 자극과 후원이 있었는데 모두 개별적으로 밝히지 못해 죄송하다. 다만 관련 주제들에 대해 긴밀한 연구 협력을 해 온 진미정, 이재림, 성미애, 은기수, 권태환, 박경숙, 배은경, 김주현, 송유진, 이승윤, 이윤석, 이현정, 홍찬숙, 허은, Emiko Ochiai, Zsombor Rajkai, Ulrich Beck 교수에게 진 빚이 크다는 점을 밝힌다. 탁월한 신진 연구자인 최선영, 송민영과 수행한 공동연구는 이 책에 직간접으로 반영됐기에 감사의 뜻을 전한다. 그리고 필자가 서울대학교 대학원에서 여러 해 담당한 〈가족과 생애 연구〉 수업에 참여해 활발한 질의, 토론, 발표를 수행한 대학원생들이 커다란 지적 자원과 자극이 됐다. 특히 사사노 미사에, 박상희, 채민진, 이은경, 허설화, 강미선은 연구과정에 여러 가지로 직접적인 도움을 제공했다. 이들을 포함해 갈수록 열악한 환경과 불투명한 미래에 맞닥뜨려서도 꿋꿋이 연구에 정진하고 있는 학문후

속세대에 위로와 경의의 뜻을 전하며 대학과 사회에서 이들의 사회재생산 여건이 획기적으로 향상되기를 간절히 기원한다.

끝으로, 연구보고서 단계에서 이 책의 심사를 맡아 여러 유용한 평가와 제안을 해 준 심사진과 최종 출판을 위한 편집을 맡아 훌륭하게 원고를 다듬어 준 집문당의 장이지 선생에게 감사의 마음을 전한다. 이러한 도움에도 불구하고 여전히 부족함이 많은 상태에서 이 책을 세상에 내놓게 되어 송구스럽다.

2018년 11월
장 경 섭

제1부

가족자유주의

제1장 가족자유주의와 사회재생산

빚 때문에 생활고를 겪어온 마흔 살 주부가 세 딸과 함께 숨진 채 발견됐다. … 자녀의 공책 6장에 … 부인이 쓴 것으로 추정되는 유서에는 "정신적·금전적으로 힘들다. 우리가 없어도 잘 살 것으로 믿는다. 이런 식의 결별이 예의가 아님을 안다"는 내용의 글이 담겨 있었다고 경찰은 밝혔다. 경찰은 생활고를 비관한 … 부인이 먼저 딸들을 숨지게 한 뒤 스스로 목숨을 끊은 것으로 보고 정확한 사건 경위를 조사 중이다. 이들 부부는 … 카드빚 6,000만 원 때문에 2005년 이혼한 뒤에도 월세 아파트를 얻어 함께 살아왔지만, 심각한 경제적 어려움을 이겨내지 못한 것으로 알려졌다. … (『한겨레』, 2010/ 1/17).

치매(남편)와 암투병(부인)에 시달리던 노부부가 어버이날에 자식들에게 짐이 되기 싫다며 스스로 목숨을 끊었다. 지난 8일 오후 5시 30분쯤 경기 용인시의 한 아파트에서 전모(69)·노모(62)씨 부부가 목을 매 숨진 채 발견됐다. 이들은 함께 사는 아들 부부와 손자를 제주도로 여행을 보낸 뒤 한날, 한시, 같은 장소에서 세상을 떠났다. … 아들은 여행지에서 아파트 경비원을 통해 청천벽력 같은 소식을 듣고 황급히 집으로 돌아왔다. 그리고 부모가 자살한 이유를 알고서는 한없이 통곡했다. (『경향신문』, 2011/5/9).

1. 들어가며

지난 세기 말 유례없는 국가적 경제위기 이후의 사회적 상흔으로서 한국인들은 세계 최고 수준의 자살률을 보이고 있다. 한국인들은 한때 일본 사회의 높은 자살률을 매우 흥미롭게 바라보았지만 이제 근대성의 이 불행한 측면에 있어 일본인들을 추월해버렸다. 갑자기 급증한 한국인들의 자살에 대한 가장 중요한 원인은 경제적 어려움인 것으로 공식 집계되고 대중매체에 전해지고 있다. 언론 보도에 있어 특별히 부각되는 자살 유형으로 이른바 "가족 동반" 자살이 있다. 여러 한국인들이 스스로 목숨을 끊기 전에 어린 자녀들과 배우자에게 죽음을 안기는 충격적 사건들이 이어졌다. 특히, 경제적 위기에 봉착한 가장이 어린 자녀들을 무대책으로 남겨두고 혼자만 세상을 뜨는 것을 극도로 무책임하고 이기적인 행위로 여긴 듯하다. 또 다른 암울한 사회적 추세로서, 급격한 인구 고령화 속에서 심각한 빈곤과 병마에 시달리는 많은 노인들이 그들 자녀의 부양과 간병 부담이 무한정 이어지는 현실을 끝내기 위해 혹은 부양과 간병을 거부하는 자녀에 대한 배신감을 견딜 수 없어 자살 충동을 느끼거나 실제 자살을 감행함으로써 한국은 세계 최고 노인 자살률의 사회가 됐다.[1] 세계 최고 속도인 한국의 인구 고령화는 심각하게 높은 수준의 노인 빈곤율과 유병률로 얼룩졌지만 이에 대해 절대적으로 미비한 사회보장체계는 적절한 대응을 하지 못하고 있다.

탈출구가 보이지 않는 심각한 곤궁 속에서 한국인들의 강력한 가족(주의)적 연대는 도덕주의적 자살과 가족 살해의 결정적 요인으로 작용하고 있다. 이 추세는 의심할 바 없이 한국인들이 역사를 넘어 지탱해 온 헌신적 가족 부양과 지원의 규범을 반영하는 것이지만, 다양한 사회보장적

---

1) OECD(2017b), *Preventing Ageing Unequally*.

수요와 요구를 사적 가족의무로만 규정하는 데 혈안이 되어 온 국가의 '가족자유주의'(familial liberalism) 정책 노선을 또 다른 결정적 원인으로 보아야 한다. 줄기차게 경제개발에 집착해 온 개발주의적 집권정부들은 사회정책(social policy)을, 나아가 아예 사회권(social citizenship)을 가족성원들 사이의 상호 보호와 지원의 사적 의무로 재설정하기 위해 노력해 왔다(Chang, 2012a). 심지어 국가가 공공연하게 나서 시민들의 가족 보호와 부양에 관한 이른바 "전통"적 의무를 게을리하지 않도록 독려하는 정치적 캠페인을 상당 기간 벌였다(Chang, 1997). 시민들은 사회복지에 관해 국가가 문화적으로 설정한 보수주의에 대해 뚜렷한 저항을 하지 않았는데, 이 점은 최근 극단적 빈궁에 대해 많은 한국인들이 도덕주의적 자살과 가족 살해로 대응한 데서 역설적으로 확인된다.

한국인들이 사회복지에 관해 가족적 혹은 가족화된 의무를 수용하는 태도가 그들의 사생활이 자신과 가족의 편안에 초점이 맞춰져 있음을 의미하진 않는다. 대다수 한국 가족들은 삶의 가치와 자원 할당에 있어 흥미롭게도 그들을 다스리는 이른바 "개발국가"(developmental state)와 마찬가지로 (사적 수준의) 개발주의 목표들을 우선시한다. 극히 공격적인 가족적 개입과 투자가 교육, 주택(부동산 투자), 금융(가족 간 지원이나 융통), 생산·경영 활동(재벌, 자영서비스업, 가족농) 등에 걸쳐 광범위하게 나타난다. 이런 활동들이 수행됨으로써 개발국가의 "선성장" 전략이 (국가의 명시적 독려나 체계적 유도 없이도) 개별 가족들에 의해서도 적극적으로 수용되는 결과가 나타났다. 예컨대, 전 세계 산업사회들 가운데 최고 수준인 한국 노인의 (상대적) 빈곤율은 상당 정도 그들 자녀의 장기간 교육에 대한 비용 부담에 따른 것이다.[2] 대다수 대학이 고액의

2) 박미연·차경욱(2008)의 연구에 따르면, 소득수준이 낮을수록 노후생활비를 자녀교육비로 사용하는 정도가 강해져 자녀교육 지원의 노후빈곤 효과는 빈곤층일수록 가중되고 있다.

등록금을 요구하는 사립대학인 한국 사회가 세계 최고 수준의 대학 진학률을 자랑하는 이면에는 노후 생활비를 자녀 교육에 소진한 노부모들의 광범위한 빈곤이 대두된다. 또한, 위에 언급한 것처럼, 자살을 시도하는 절박한 젊은 부모가 어린 자녀의 목숨을 먼저 끊으려 드는 행태는 자녀의 당장의 굶주림 못지않게 부모 지원의 결여에 따른 자녀의 암울한 경제 · 사회적 미래, 즉 일종의 '개발적 지위'(developmental status)의 불안에 대한 대응이다.[3] 이러한 대중적 사고와 행태, 그리고 이를 당연시하거나 심지어 필수화하는 사회적 환경은 한국의 정치경제와 사회정책의 이념적 및 체계적 성격에 대한 근본적 질문을 제기한다.

이처럼 가족 차원에서 복잡하게 나타나는 생산과 복지 사이의 혼합 · 대체 관계를 좀 더 체계적으로 정리하면, 가족자유주의는 가족이 경제생산(economic production)과 사회재생산(social reproduction)을 포괄적으로 관장하며 소속 개인은 가족을 매개로 국가 및 시장경제와 관계를 맺는 사회체계라고 볼 수 있다. 그리고 한국의 개발자본주의 질서하에서 이미 개발국가에 의해 야기된 경제생산과 사회재생산 관계의 종속 · 위계성을 가족이 스스로의 선택으로 확대재생산시킴으로써 궁극적으로 다른 사회들과 비교하기 힘든 차원의 사회재생산 위기가 전개되고 있다. 이러한 사회재생산 위기는 초저출산 추세에 따른 이른바 "인구 절벽" 가능성으로 회자되지만, 궁극적으로 농민 · 노동자 계급의 인적 충원이 불가능해지는

3) 희망제작소의 "2017시민희망지수" 전국 조사에 의하면, "인생에 가장 큰 영향을 미치는 요소"로 응답자의 43.1%가 "부모(가족)의 경제력과 인맥"을 꼽았는데, 이는 전년도의 41.1%보다 소폭 높아진 것이다(인은숙, 2017). 특히 2~30대의 경우는 해당 응답이 과반으로 나타나, "이들 세대에 깊이 박혀 있는 무기력과 불만을 반영"한다는 것이다. 이 무기력과 불만은 일차적으로 자신들의 능력 · 기회의 제한이 초래하겠지만, 경제력과 인맥이 부족한 부모를 둔 청년들은 계층적 좌절감이 뒤얽힌 것일 수밖에 없다. "개인의 노력"이 가장 중요하다는 비율은 전체의 31.5%였고, 이는 전년도의 37.7%보다 대폭 낮아진 것이다. 그 사이 파행적 국가 정치질서가 바로잡혔음에도 불구하고 개인들의 삶의 조건에 대한 인식은 급격한 비관적 변화를 멈추지 못했다.

일종의 '계급 절벽' 가능성으로도 바라볼 수 있다. (본서의 2부는 사회재생산 위기의 인구적 측면을, 3부는 사회재생산 위기의 계급적 측면을 각각 다룬다.)

2. 자유주의의 다양성: 개인자유주의, 가족자유주의

교육, 주거, 부양, 고용, 금융 등의 실현에 있어 국가-시장-개인 사이의 제도적 삼각관계가 갖는 기본적 중요성은 서구의 대다수 자유주의 및 사회민주주의 체제들이 공유한다. 자유주의와 사회민주주의 체제의 핵심적 차이는 시장과 국가의 상대적 중요성에 있으며, 서구 민주주의 산업사회들은 이념·정치적 지형과 현실적 정책 노선상의 빈번한 내부 대립과 변화에도 불구하고 개인의 제도적 중심성은 결코 근본적으로 타협된 적이 없다. 사회민주주의는 개인중심적 자유주의의 보완과 수정이지 대체가 아니다(Beck and Beck-Gernsheim, 2002). 서구 산업사회들에서 개인은 시장경제의 자유 주체로서나 복지국가의 사회·정치적 주권주체로서나 근대적 정치체제 및 사회질서의 가장 본원적인 존재 단위이다. 그리고 서구의 후기근대적 자본주의는 이러한 개인중심성을 더욱 강화해 왔다.[4] 그러나 이는 서구 바깥에서는 그다지 보편적으로 관찰되는 체제적 혹은 문화적 현상이 아니다. 앞서 지적한 한국의 부양·보호, 교육, 주택, 금융, 고용, 심지어 생산·경영 활동에 걸친 가족의 제도적 중심성은 한국 사회가 개인자유주의(individual liberalism), 즉 개인중심적 자유주의라기보다는 가족자유주의(familial liberalism), 즉 가족중심적 자유주의에 기초하고 있음을 말해준다.

---

4) 벡은 이른바 "이차근대"(second modernity)를 급진적 개인주의화의 시대로 설파했다. Beck, Ulrich, and Elisabeth Beck-Gernsheim(2002), *Individualism: Institutionalized Individualism and Its Social and Political Consequences* (Sage).

학술연구, 언론보도, 심지어 대중문예물에서도 끊임없이 광범위하게 드러나듯이, 한국인들의 물질적·사회적 실생활 세계에서 자유와 책임의 가장 기본적 단위로서 작용해 온 것은 개인이기보다는 가족이었다(장경섭, 2009; Chang, 2010a). 사실, 대중의 사회적 행태 및 국가의 현실적 정책 노선으로서의 가족자유주의는 여러 유형의 수많은 비서구 자본주의 사회들에서 관찰되어 왔다. 또한 필자의 별도 연구에서 검토했듯이, 대다수 탈사회주의 사회들은 시민(인민)들로 하여금 일과 복지를 가족적 자조(自助, self-help)를 통해 관리·해결하도록 요구하는 체제 전환 정책들을 통해 결과적으로 가족자유주의적 성격을 갖게 됐다(Chang, 2014).[5] 더욱 최근에는, 이른바 탈산업화 시대에 접어든 구미의 전형적인 개인자유주의 사회들, 특히 2008년 금융위기 이후의 미국은 중산층과 빈곤층을 아우르며 일, 주거, 교육, 부양·보호 문제를 가족 간 의존과 지원을 통해 해결하려고 절박하게 애쓰는 가운데 가족자유주의적 성격이 강화되고 있음이 대중매체의 반복적 보도로 전해지고 있다.[6]

가족자유주의는 사회재생산 및 그것이 경제생산과 갖는 상호관계에 대해 매우 특수한 영향을 미친다. (사회재생산 개념과 내용에 대해서 다음 절에 좀 더 자세히 설명한다.) (개인)자유주의 체제에서 개인은 시장경제적 생산활동 참여의 기본 단위이지만, 사회재생산의 일반적 단위로서 가족은 흔히 사회재생산을 개인적 목표나 이해로 분해되지 않는 집단적 과업으로서 설정하고 수행한다. 사회주의 및 사회민주주의 체제에서 사회재생산을 사회화시켜 그 집체성을 국가적 수준까지 높이려 시도한 데 비교하면, 가족 중심의 사회재생산 실현은 그 자체가 자유주의의 속

5) 이 사회들에서 한국 드라마의 인기는 이처럼 사회·경제 환경의 가족자유주의적 유사성을 반영할 것이다.

6) 예컨대, 2008년 금융위기 후 미국에서 대학 졸업생들의 집단적 취업 실패 및 부채 누적으로 중산층 부모들이 전례 없는 부담을 지고 있다(Akers, 2013).

성이고 따라서 이때 가족은 개인의 확장으로서의 가족인 것이다. 이른바 핵가족적 개인주의(화)는 이 맥락에서 거론된 것이다. 반면 가족자유주의에서 가족은 개인으로 환원되지 않는 본원적 집체(集體)로서 아래로는 개인에 대해 위로는 국가와 시장경제에 대해 자율적이고 능동적인 '조합적 행위체'(corporate actor)로서 존재하며 경제생산과 사회재생산 모두의 기본 단위로 작용한다.[7] 가족자유주의는 가족이 경제생산(economic production)과 사회재생산(social reproduction)을 포괄적으로 관장하며 소속 개인은 가족을 매개로 국가 및 시장경제와 관계를 맺는 사회체계라고 볼 수 있다.

가족자유주의는 이처럼 포괄적이고 결정적인 중요성을 갖고 있음에도 불구하고, 반드시 어떤 지속적인 문화전통이나 명시적이고 체계적인 이념에 의해 지탱되는 것은 아니다. 그보다 가족자유주의는 대체로 상황적으로 발생하거나 유도되어 왔다. 즉, 식민지배, 전쟁, 대중갈취적 독재 등 사회 · 정치적 파국, 동아시아 등지에서 공격적으로 실행된 자본(기업) 편중적 경제개발 전략, 최근 한국과 미국이 경험한 것과 같은 중대한 국가적 경제 · 금융 위기, 러시아 및 동유럽에서와 같은 총체적 경제 · 사회 체계 교란 등의 (만성적인!) 비상상황에서 일반 시민들의 절박한 생존노력, 나아가 치열한 성공전략으로서 전방위적인 가족 중심적 삶이 보편화되고 국가나 주류 정치 · 경제 세력은 이를 전제로 한 위기관리 및 자본축적에 나서는 가운데 가족자유주의가 일종의 '실행적 체제원리'(practical systemic principle)로서 기능하는 것이다. 이러한 비상상황들이 시민 대중의 물질적 및 사회적 삶을 보호하기 위한 공적 규칙과 자원의 소실, 파괴, 부재, 차별을 야기함으로써, 일반 시민들은 목전의 생존을 위해서라도 가족적 관계와 자원에 매달리는 것이며, 나아가 이러한 개별 행태를 전제로 한 사회질서와 정책체계가 뒤따르는 것이다. 효과적으로 구축된

7) '조합적 행위체'로서의 가족에 대한 이론적 설명으로 장경섭(2009, 1장) 참조.

시장경제나 사회적 책임성에 기초한 국가가 아직 (재)확립되지 못한 상황에서 시장경제적 주체로서 혹은 정치적 시민으로서의 개인의 지위는 극히 불완전하고 불안정할 수밖에 없다.

가족자유주의적 현실이나 체제에 가족과 가족주의에 관한 문화전통이나 종교이념이 중요하게 작동한다면, 그것들이 근본 원인이어서가 아니라 상황적 적응 행태로서 대두되는 사적 행위 및 관계와 국가정책을 정당화하는 이념적 자원으로서 편리하게 (재)활용되기 때문이다.[8] 이른바 동도서기(東道西器)의 입장이 여러 방식으로 설정 · 재설정되어 온 한국의 근대화와 개발 과정에서, 문화 · 종교적 전통으로서의 가족(중심)주의를 유지하는 것은 정치 · 경제 엘리트들뿐 아니라 일반 시민들에게도 어떤 어려움이나 곤란함도 초래하지 않았으며, 가족자유주의 현실에 대한 일종의 인식론적 보완 효과로 인해 오히려 환영됐다(Chang, 2010a). 궁극적으로 한국에서 가족자유주의는 문화 · 종교적 유산을 자의적으로 재해석하거나 아예 형식과 내용을 재발명하여 이념적으로 활용하는 다양한 정부정책, 국가법률, 민간관행을 통해 사회적으로 체계화되어 왔다. 가족자유주의는 이런 과정을 거쳐 제도화된 자산이 되는 경향이 있는데, 이는 서구에서 개인자유주의가 국가법률, 정부정책, 시장규칙, 사적 생활규범 등을 통해 제도화된 자산이 된 것과 마찬가지이다. 울리히 벡(Beck and Gernsheim, 2002)이 서구 맥락에서 명명한 "제도화된 개인주의"(institutionalized individualism, 더 구체적으로 insitutionalized individual liberalism)에 대비된 제도화된 가족주의 혹은 가족자유주의가 한국인들로 하여금 자유자본주의의 모든 경제 · 사회 영역에서 가족중심적 삶을 살도록 체계적으로 요구하고 있는 것이다.

8) 이러한 관계는 파슨즈(Talcott Parsons)가 제시한 "기능적 적합성"(functional fit)으로 이해할 수 있다.

3. 사회재생산, 가족자유주의, 개발자유주의

사람들이 부양 · 살림 능력을 갖추고, 결혼을 하고, 자녀를 출산 · 양육하고, 본인이나 자녀의 사회참여와 직업활동 능력을 배양하고, 배우자나 부모를 부양 · 수발하는 일련의 활동은 주로 가족을 매개로 한 사회재생산 활동이다(Laslett and Brenner, 1989).[9] 이를 통해 가족, 기업, 사회공동체, 경제, 국가 등은 장 · 단기적 존속과 발전을 위한 필요조건인 구성원의 확보, 유지, 증진을 달성할 수 있다.[10] 그리고 인구의 증감, 노동력의 양적 · 질적 변화, 공동체 구성원의 충원 등은 이러한 사회재생산 활동의 집합적 결과이다. 자본주의는 흔히 생산체제의 조직적 원리를 중심으로 정의되지만 기업이나 국가경제 차원에서 원활하고 지속적인 발전을 달성하기 위해서는 사회재생산을 효과적이고 안정적으로 관리할 수 있어야 한다. 현대 사회체제들은 생산과 재생산을 각각 그리고 상호연관적으로 관리함에 있어 여러 가지 모습을 보여 왔으며, 한국은 이 가운데에서도 매우 독특한 사례에 해당한다.

구미의 초기 자본주의 산업화 시대의 이른바 자유주의 정책기조 하에서 노동계급의 사회재생산에 대한 적극적인 사회적 · 정책적 관심이 확립되는 데는 상당한 시간과 투쟁이 소요됐다. 동즐로(Donzelot, 1979)는 궁극적으로 일종의 '사회재생산 가족(책임)주의'로 규정할 수도 있는 사회체계가 이념적으로 자리잡고 이를 뒷받침하는 국가의 정책적 노력이 점차 체계화 · 보편화됐던 과정을 "가족 사찰"(policing of families)이라는 개념

9) 맑스는 *German Ideology*에서 (사회)재생산을 생산과 함께 "인류역사의 두 동인"(two moments of human history)이라고 지적했다(Marx and Engels, 1970). 아쉽게도 맑스는 사회재생산에 대해 풍부하고 체계적인 논의를 전개하지 못했다.

10) 미국과 같은 극단적 자유주의 사회에서는 이러한 사회재생산 활동의 '사회적' 성격과 기능을 적극적으로 인정하지 않는 경향이 있으며, 주로 인구(생물)학적 의미의 재생산, 즉 출산만을 "reproduction"으로 개념화한다.

을 통해 체계적으로 논의했다. 이처럼 자유주의적 자본주의 체제의 핵심 요소로 자리잡게 된 사회재생산 가족주의는 오늘날에는 미국 및 남유럽 후발자본주의 사회들의 사회정책 기조로 남아 있다. 자본주의 체제의 극복을 내세운 (국가)사회주의 국가들은 사회재생산을 별도의 정치 · 정책 영역으로 보기보다는 생산체제에 복속시킴으로써 인민의 생산에 대한 보편 · 평등적 참여가 사회재생산의 자동 실현을 가져오도록 생산체제를 조직화하는 데 주력했으며, 특히 여성들의 보편적 생산노동을 보장(강제)하기 위해 생산단위나 국가 차원의 포괄적인 사회서비스 제공을 시도했다. 북서유럽 복지국가들은 생산체제의 자본주의적 성격을 유지하는 대신 사회재생산 영역의 공적 지원과 관리에 주력했다. 특히 북유럽 국가들은 사회재생산 전반의 사회적 보장과 관리를 '개인별' 사회권(social rights) 보장이라는 차원에서 추진함으로써 사회재생산의 사회화 혹은 탈가족화를 가장 적극적으로 실천한 사례로 간주된다.[11] 반면 중유럽 국가들은 가장의 생산활동(노동)에 연계된 사회보장체계를 통해 상당 부분 (가부장적) '가족에 매개시켜' 사회재생산의 제반 조건들을 안정화시켜 나갔으며, 남유럽 국가들은 '가족에 의존한' 사회재생산 체계를 갖고 있다고 볼 수 있다(Chang, 2014). 일본을 위시한 동아시아 후발 자본주의 사회들은 대체적으로 평가해 제도적으로는 불완전하나마 중유럽의 보수주의 모형을, 실질적으로는 미국식 자유주의 모형을 따라 사회재생산을 관리해 왔으며, 이념적으로는 각자의 토착적 가족이념을 적극적으로 접목시키려고 노력해 왔다. 이러한 동아시아적 사회재생산 체제가 20세기 후반부터 심각한 지속가능성 위기를 겪기 시작했으며, 특히 한국에서 "IMF 경제위기" 직후부터 그 위기가 극단적인 상황에 도달하게 됐다.

---

11) 이에 관련된 사회현상으로 법적 혼인의 급감, 혼외 출산의 급증 등이 복지국가의 가족해체 증후군이라고 지적되기도 하는데, 이는 가족주의 사회재생산을 고집하는 자유주의적 입장에 따른 자기옹호적 비판일 수 있다.

개괄적으로 보면, 한국은 일본 등과 함께 사회재생산에 있어 일종의 동아시아 모형을 구성해 왔다고 볼 수 있다. 그러나 한국의 가족자유주의적 정치경제 및 사회정책 체계는 사회재생산 및 그것이 경제생산과 갖는 상호관계에 대해 매우 특수한 영향을 미친다. 앞서 지적했듯이, 가족자유주의에서 가족은 개인으로 환원되지 않는 본원적 집체(集體)로서 아래로는 개인에 대해 위로는 국가와 시장경제에 대해 자율적이고 능동적인 조합적 행위체로서 존재하며 경제생산과 사회재생산 모두의 기본 단위로 작용한다. 그리고 한국의 개발자본주의 질서 하에서 이미 개발국가에 의해 야기된 경제생산과 사회재생산 관계의 종속·위계성을 가족이 스스로의 선택에 의해 확대재생산시켜 온 가운데, 경제위기, 탈산업화, 신자유주의 세계화 등의 사회교란 효과가 맞물려 비교 상대를 찾기 힘들 정도의 사회재생산 위기가 전개되기에 이르렀다.

인구, 계급, 나아가 지역공동체를 포괄하는 한국의 총체적 사회재생산 위기를 이해하려면, 가족자유주의자로서 한국인들이 개발국가와 맺어온 사회·경제적 관계의 구조적 성격과 그것이 근자의 거시경제적 격변 과정에서 어떠한 미시사회적 영향을 미쳤는지를 파악해야 한다. 개발국가가 시민으로서의 노동자, 농민 등 일반 대중과 맺어온 관계 및 이들의 생활 지원·보호에 대해 취한 입장은 그동안 구미 학계를 중심으로 활발히 논의된 것과 같은 "산업정책"(industrial policy) 중심의 개발국가-기업 관계와는 근본적인 차이가 있다.[12] 산업과 기업에 대한 개발국가의 중상주의적 혹은 개입주의적 접근은 권리 주체가 아니라 생산요소로서의 노동인구 관리(통제)를 포함했지만, 사회복지, 보건, 교육, 문화, 환경 등 시민의 생활여건을 다루는 사회정책 일반에 대한 개발국가의 입장은 선택적 방임성, 동원성, 통제성, 경제부속성에 의해 특징지어지며, 이는 '개

---

12) 개발국가의 산업정책에 대해 Chang, Ha-Joon(1994), *The Political Economy of Industrial Policy* 참조.

발자유주의'(developmental liberalism)로 정리될 수 있다(Chang, 2012a, 2019).

개발자유주의는 한국 등에서 국가 주도의 자본주의 산업화와 경제성장이 추진되는 가운데 등장한 개발국가(developmental state)가 사회정책 영역에서 드러낸 개발주의와 자유주의의 복잡한 상호관련성을 설명하기 위해 필자가 제기한 개념으로서, (1) 사회정책의 탈정치화, 기술관료화, 개발주의적 착종, (2) 사회정책 대상 주체들의 개발주의적 포섭, (3) 국가-자본의 기업(가)적 결합과 국가의 노자관계에 대한 직접적 개입, (4) 사회권(혹은 사회적 시민권)의 가족주의적 재설정, (5) 복지다원주의와 시민권 부정 등의 내용으로 구성된다(부록 1-1 참고). 이 가운데 사회권의 가족주의적 재설정을 자세히 설명하면, 헌법적으로도 선언되어 있는 사회적 시민권이 실제 보편주의적 사회보장 원칙에 의해 구체화되지 못했으며, 특히 안정적 고용을 통한 소득확보와 사회보장이 불가능하거나 실패한 집단들, 예컨대 노인, 아동, 청소년, 비혼모, 장애인 등에 대해 핵가족을 넘어 확대(직계)가족적 부양 · 보호 의무까지 다양한 방식으로 강제함으로써 결과적으로 국가의 정치적 책임과 재정적 부담을 면하는 전략이 지속되어 왔다.

개발자유주의의 이러한 내용 모두 사회재생산 체계에 직간접으로 영향을 미치지만, 사회재생산 관련 속성을 좀 더 구체적으로 살펴보면 다음과 같은 점들이 관찰된다(장경섭, 2011a): (1) 경제성장을 단기간에 극대화시키기 위해 국가와 민간 자원의 생산체제에의 투입을 최대화시키려고 노력하는 가운데 제반 사회재생산재(social reproduction goods)의 생산적 '전용'을 유도 · 조장한다. 이는 물적 자원뿐 아니라 생활시간 등을 포함한 인간생활의 전반적 구성요소들을 포괄한다.[13] (2) 농업(농촌), 노동집약적 제조업 부문의 침체 등과 관련하여 드러났듯이, 개발 우선순위에서 밀

13) 이에 대한 청년층의 최근 비판 · 대항으로서 이른바 "워라밸"(work-life balance) 담론이 확산되고 있다. 8장은 이에 관련한 노동체제 분석을 제시한다.

려난 부문들은 사회재생산 필요성의 인지 자체를 거부하고 특정 산업의 생산(성장) 극대화에 모든 공적 · 사적 자원의 투입을 유도한다(Chang, 2019). (3) 사회재생산의 책임과 비용을 최대한 노동자 자신 혹은 가족에게 전가하며, 대신 필요에 따라 (공적 수당이 아닌) 금융적 지원을 한다(Chang, 2016a). (4) 주택, 의료, 교육 부문 등에서 드러나듯이 '사회재생산재'(social reproduction goods)의 실질적 시장상품화를 방조하거나 용인한다(Chang, 2012a; Kim 2008).[14] (5) 교육부문 등에서 드러나듯이 사회재생산의 내용이 경제개발 전략에 부합되도록 인위적으로 유도하거나 조작한다(Chang, 2012a). 이러한 세부 특징들을 포함하여 전체적으로 개발자유주의는 생산-재생산 관계에 있어 생산 극대화를 위한 재생산의 종속, 희생, 왜곡, 변형을 구조화시켜 왔다고 볼 수 있다.

개발자유주의 국가의 사회재생산에 대한 이러한 소극적 혹은 보수적 대처는 시민들의 일상생활과 가족관계에 심각한 경제 · 사회적 부담을 안길 수밖에 없으며, 적어도 잠재적으로 정치적 불안요인이 되지 않을 수 없다.[15] 특히 가족들 사이의 사회 · 경제적 자원의 격차가 사회재생산 실현의 격차로 나타날 수밖에 없고 궁극적으로 사회 · 경제적 경쟁에서의 불평등성이 증폭되는 문제가 있다. 그러나 가족자유주의자로서의 대다수 한국인은 급속한 경제성장에 수반된 전반적 소득 향상에 힘입어 각자의 가족 책임으로서의 사회재생산에 충실했으며, 나아가 국가의 개발(자유)주의에 저항하기보다는 스스로의 가족관계와 가정생활을 개발주의적

14) 이에 연동해, 관련된 구매력 유지를 위해 주택(주택담보 대출), 교육(학자금 대출) 등과 관련하여 일종의 '사회재생산 대출' 제도가 시행되어 왔고 최근 더욱 확대되고 있다(Chang, 2016a).

15) 이는 미국 같은 자유주의 사회에서도 체제의 공정성 유지 차원에서 지양되어야 할 사안으로 인식되며, 예컨대 초 · 중 · 고 교육의 무상 제공, 대학 교육에 대한 광범위한 장학제도 마련 등을 통해 가족배경에 따른 교육기회 격차가 사회 · 경제적 불평등으로 증폭되는 것을 예방하는 노력이 전개되어 왔다. 한국에서 초 · 중 · 고 교육의 평준화 정책이 쉽게 포기되지 않는 것도 마찬가지 맥락에서 이해될 수 있다.

으로 영위함으로써 보수적 정치경제 질서에 나름의 방식으로 능동적(?) 대처를 해 왔다. 가족자유주의 시민들이 개발자유주의 국가에 의한 경제생산-사회재생산 관계의 불균형과 왜곡을 오히려 확대재생산시키는 역할을 해 온 것이다.

예컨대, 자녀에 대한 교육투자 강도가 단연 세계 최고이며, 자녀나 형제의 경제활동을 위한 금전지원이 보편화되어 있고 (심지어 금융기관에서조차 연대보증 제도로 이를 강요했으며), 농업과 같은 사양 부문에서 미련 없이 발을 빼는 대신 자녀나 형제의 교육 · 훈련에 투자해 새로운 유망산업 진출을 꾀했고, 아예 (주택과 같은) 사회재생산재의 희소성에 편승한 투기소득 획득에 나서는 행태가 보편화되다시피 했다.16) 반면 노후생활 대비와 같은 사회재생산의 장기적 안정화에 대해서는 (국가와 마찬가지로) 시민들 스스로가 소홀히 해, 결과적으로 근자에 들어 노인인구의 절대빈곤이 보편화되는 참상이 전개되고 있다. 일상생활에서는 정상적 가정생활과 가족관계 유지를 위협하는 수준의 생업 · 학업 집중에 의해 육체 · 정신적 건강이 만성적으로 훼손되기도 한다. 이러한 행태들의 시사점은, 개발자유주의 국가와 가족자유주의 시민들이 연합해서 도박성이 농후한 사회재생산 체계를 유지해 왔다는 것이다. 가족이 국가처럼 (거시적) 개발주의 자체에 본원적 가치를 부여하고 이에 기초한 행위를 한다고 볼 수는 없지만, 적어도 그러한 거시적 체제질서를 미시적으로 전폭 내면화하고 이에 수반된 기회구조에 매우 민감하게 반응하며 개별적 삶을 적응시켜 감으로써 결과적으로 개발주의 체제질서의 기초단위로서 작용해 온 것이다. 이러한 의미에서 개발국가에 대응한 '개발가족'

16) 이러한 사회재생산재에 대한 투기 행위는 사회적으로 매우 민감하게 받아들여진다. 특히 엘리트층과 관련된 편법 · 탈법적 행위는 시민들의 공분을 사게 되는데, 이는 국가의 고위 임명직 등용을 위한 국회 청문회에서 수많은 인사들이 "낙마"하는 사유가 되기도 했다.

(developmental family)의 존재를 한국인들의 삶에서 확인할 수 있다.

국가와 가족의 이러한 개발주의적 연합은 이미 개발자유주의 하에 조성된 경제생산과 사회재생산 관계의 종속·위계성을 가족 스스로의 선택에 의해 확대재생산시키는 결과를 가져왔다. 그 결과의 치명성은 궁극적으로 경제위기, 탈산업화, 신자유주의 세계화 등의 사회적 교란효과와 맞물려 대두된 비교 대상을 찾기 힘들 정도의 사회재생산 위기로 확인됐다. 이러한 사회재생산 위기는 초저출산 추세 등에 따른 이른바 "인구 절벽" 가능성으로 회자되지만, 궁극적으로 농민·노동자 계급의 인적 충원이 불가능해지는 일종의 '계급 절벽' 가능성으로도 이해되어야 한다(장경섭, 2011a).

4. 사회재생산 회피: 가족자유주의자들의 자기부과적 구조조정

1990년대 후반 경제위기를 거치며 한국의 자본주의체제가 개발자유주의의 사회적 한계와 폐해를 전혀 극복하지 못한 상태에서 급진적인 신자유주의 재구조화를 거치게 됐다. 이 과정에서 생산대중으로서의 일반 한국인들은 주류 경제체제로부터의 집단적인 배제와 소외를 감내하도록 요구받았다. 이처럼 전례없는 상황에서 수많은 한국인이 재차 가족(자유)주의적 대응을 강화시키려 애썼지만, 곧이어 자신의 가족(관계)에 대한 일종의 "구조조정"을 단행하거나 아예 가족(관계) 형성 자체를 유보하거나 포기하는 경향이 청년층을 중심으로 급속히 확산됐다. 가족(자유)주의자로서의 한국인들이 거시적 정치경제 환경의 급속한 악화에 대한 대응으로서 사회재생산 체계의 급진적 변화를 도모하고 있는 것이다.

가족자유주의적 경제발전과 사회근대화에서 과정에서의 가족의 제도적 중심성에 따라, 모든 한국인에게 가족 형성은 사회적으로 매우 복잡하고 재정적으로 큰 부담이 되는 사안이다. 특히 혼인은 신랑, 신부 및 양가 부모를 넘어, 교육, 주택, 금융, 고용, 보호 · 부양에 있어 가족의 주도적 역할을 전제로 작동하는 국가, 사회, (시장)경제까지 포괄하는 종합적 사회계약이다. 자녀 출산에 있어서는 아직 태어나지 않은 존재인 (예정적) 자녀와의 관계에 계약성을 설정하기는 어렵지만, 여전히 부모, 자녀, 국가, 사회, (시장)경제를 포괄하는 종합적 사회계약임이 암묵적으로 전제되어 있다. 사회체계의 차원에서도 필수적인 이처럼 다양한 활동의 실현을 위해 가족관계는 갖가지 사회 · 정치적 압력을 개인에게 전달하는 도덕화된 통로(moralized conduit)가 된다. 배우자, (시)부모, 자녀, 며느리 · 사위로서 기혼자는 국가, 사회, 시장경제의 작동을 위해 문화와 제도를 통해 '가족화된' 복잡다양한 의무와 기능들을 수행해 나가야 한다(장경섭 · 진미정 · 성미애 · 이재림, 2015). 이러한 의무와 기능들의 처리를 위해 가족은 강력한 물적 기초와 복잡한 내부질서를 가진 '복합조직'(complex organization)으로서의 제반 조건들을 갖춰야 한다. 특히 대다수 도시 가족은 장기간 안정적인 직장에 나가는 충실한 남성생계부양자(male breadwinner)와 배우자, 자녀, 시부모, 더러는 친정부모까지 보살피는 평생 서비스를 수행하고, 필요하면 수시로 가계소득 보충을 위한 일자리도 가져야 하는 헌신적 주부로 구성되어야 하는 것으로 간주됐다. 이러한 조직 구성은 한국 가족에게만 한정된 것은 아니지만, 실제 수행해야 할 가족적 혹은 가족화된 의무와 기능들은 그 범위, 강도, 기간이 가히 엄청나다.

1990년대 후반 이후로 한국 경제의 위기 대응용 구조조정은 안정된 장기 일자리들을 무차별 제거했으며 결국 가족 생계를 책임지는 "가장" 남성의 지위를 근본적으로 교란시켰다. 금융위기 동안 해고되거나 대기 상태에 놓였던 노동자들 중 일부만이 원래의 직장과 지위로 복귀했지만, 노동시장의 새 진입자로서 청년 대다수는 안정된 산업이나 기업에서 이른바 "정규직"으로 자리잡지 못하고 평생을 살아내야 할지도 모르는 현실에 처해졌다(이승윤 · 김승섭, 2015; 이승윤 외, 2017). 반면 교육, 주거, 금융, 고용, 보호 · 부양상의 가족적 혹은 가족화된 의무와 기능들은 여전히 그대로이다. 사실, 주요 산업들의 정규직 고용규모 감소는 이러한 가족 의무 · 기능들의 필요성을 더욱 강화시켰다. 한국이 따른 독일 등의 "보수적" 사회보장 체계는 정규직 고용에 제도적으로 연동되어 있었기 때문에, 고용 위기는 곧 사회보장의 교란으로 이어지고 궁극적으로 가족의 자기복지 기능이 더욱 강화되어야 하는 역설적 상황이 전개됐다.[17] 기혼여성에게는 이 상황이 그들의 보완적 · 대체적 소득 획득 책임의 급속한 일상화를 의미했다.[18] 그러나 취업 기혼여성 가정에서의 이른바 "이차 근무"(second shift) 일상의 급속한 확산에도 불구하고 한국 남편들의 가사일에 대한 만성적 비협조에는 어떤 유의미한 변화도 없었다.[19] 그리고 갈수록 많은 미혼여성에게 결혼은 불안정하게 고용됐으면서도 가사 참여에 소극적인 (혹은 적극적일 수가 없는) 남편, 본인이 만들 가족뿐 아니라 국가, 사회, 경제를 위해 자신의 광범위하고 다양한 헌신을 요구하는 가족화된 의무와 기능들, 그리고 본인의 (세계 최고 강도를 자랑하는 한국적) 직장생활 사이의 유례없는 모순적 결합을 의미할 수 있다.

한국인들에게 가족관계는 가족자유주의 정치경제와 사회정책 체계에서 야기되는 매우 복잡한 조합의 사회적 위험들을 전달하는 통로가 됐거

---

17) 세계적으로 통용되는 Esping-Andersen(1990)의 복지국가 분류에 의하면 독일 등 중유럽 국가들은 "보수적 복지국가"(conservative welfare state)에 속한다. 이 분류에 의거할 때, 한국은 제도적으로는 "보수적", 실제 복지수준으로는 "자유주의적"(liberal) 복지국가로 평가될 수 있지만, 국가가 공격적 '산업정책'(industrial policy)을 통해 주로 경제개발에 치중해 온 "개발국가"(developmental state)의 전형이었다는 점에서 "복지국가" 개념 자체를 적용할 수 있는 것인지는 논란거리이다(Amsden, 1989 참조).

18) 이러한 추세에 대해 마산 · 창원 지역을 대상으로 한 중요한 연구로 허은(2016) 참조.

19) (미국 사회에서) "이차 근무"에 대해, Hochschild, Arlie Russell, with Anne Machung (1989), *The Second Shift: Working Parents and the Revolution at Home* (Viking Penguin) 참조.

나 될 수 있다. 이러한 딜레마에 직면한 한국인들은 가족관계의 유효한 범위, 강도, 기간을 조심스럽게, 더러는 절박하게 조절 · 관리함으로써 대응해 왔다. 이러한 점은 인구통계가 반복해서 분명히 보여주듯이 이혼과 별거, 결혼 연기나 기피, 출산 축소나 포기 등의 추세가 모두 유례없는 속도로 확산되는 데서 확인된다. 여성들이 특히 이러한 변화에 적극적인 것은 이해가 어렵지 않지만, 남성들 역시 마찬가지 추세를 따르고 있다(Chang and Song, 2010). 억압적이었지만 사회포섭적이기도 했던 개발국가(socially inclusionary developmental state), 남성중심적 (혹은 남성생계부양자 존중의) 산업조직들뿐 아니라 가족 및 사회에서의 이중종속적 지위를 감내해 왔던 여성들도 지금까지의 사회적 특성들을 버려나가고 있다. 특히 젊은 여성들은 동년배 남성들 못지않게 교육수준이 높고, 사회 · 정치적 페미니즘과 성중립적 부모 지원 하에 민주적으로 사회화되고, 세계화 및 서비스 중심화되는 경제에 대한 적합성이 강화되고 있다. 젊은 남성들은 갈수록 동년배 여성이 가족자유주의 체계 하에서의 편리한 보완적 성격의 동반자가 아니라 자신의 사회 · 경제적 경쟁자가 되어가고 있음을 깨닫고 있다.[20]

가족관계의 유효한 범위, 강도, 기간을 실용적으로 재조정하려는 한국인의 광범위하고 급진적인 노력에서 비롯된 인구붕괴 조짐은 일반 시민이 국가, 사회, 자본주의 경제와 공유하는 가족자유주의의 고질성을 역설적으로 반영한다. 이는 **가족자유주의적 개인과 가족들의 사회재생산에 관한 일종의 자기부과적인 구조조정**의 결과로 이해되어야 한다. 이런 맥락에서 보면, 광범위한 결혼 연기나 기피, 만연한 이혼과 별거, 심지어 역병처럼 번지는 자살은 모두 초저출산과 같은 뿌리의 근본 원인을 갖고 있다. 국가와 사회가 절박하게 바라는 인구 회복은 가족자유주의 정치경제와 사

20) 최유진 외(2016), 『2016년 양성평등 실태조사 분석 연구』 참조.

회정책 체계의 총체적 전환을 요구하는 것이다.

관련하여, 상당한 출산율 회복에 성공해 한국의 정책관료 및 전문가들의 부러움을 사고 있는 프랑스, 스웨덴 등의 상황은 한국의 구체적 현실과 매우 체계적으로 비교되어야만 유의미한 참고가 될 수 있다. 그동안 이러한 사회들의 상당한 “혼외출산율”(extra-marital fertility)에 대한 국내 전문가들의 꾸준한 관심이 있었지만, “혼외”의 현실적 의미가 복지국가(welfare state)라는 점이 간과됐다.[21] 이 사회들에서는, 출산, 육아, 교육에 대한 복지국가의 종합적 · 보편적 책임성이 전제됐기에 형식적 혼인을 통한 배우자의 법적 부양 책임을 전제로 한 자녀 출산을 고집해야 할 이유가 근본적으로 사라진 것이다. 요컨대, 사회재생산 체계로서의 가족자유주의와 사회민주주의 사이의 거리 및 차이에 대한 본격적 분석이 절실하다. (아울러 정치경제적 차원에서 한국의 개발자유주의와 서유럽의 사회민주주의를 체계적으로 비교 분석 · 평가할 필요가 있다.)

지금까지의 논의는 경제위기 이후 가족 관계 · 형태 변화에 관련된 인구 변동에 초점을 맞추었으나, 그 이면에는 (본서 제6장, 제7장에서 구체적으로 설명했듯이) 계급적 조직으로서의 가족이 겪는 중대한 변화들이 있다. 예컨대, 청 · 중년 남성 농민의 비의도적 미혼에 따른 농가 재생산 주기의 집단적 붕괴, 도시 노동자계급의 가족 해체, 규모 축소, 가장 여성화, 농민 · 노동자 일인가구의 급속한 확산 등 계급조직으로서의 가족이 겪어 온 장기적 교란 추세들이 국가경제 위기 및 대응적 구조조정에 따라 급가속된 현실이 있다. 반(反)생산대중적 성격의 개발자본주의 발전과정에서 농민과 노동자들 스스로가 자신의 가족을 계급조직으로서 장

21) 사실, 이들 사회에서 그동안 전개된 가족문화 및 인간관계의 근본적 변화를 감안할 때, “혼외출산율”(extra-marital fertility)이라는 개념 자체도 적절치 않으며, 가족적 관계 형성에 제도적 형식으로서의 혼인의 필요성을 유보한다는 점에서 ‘비혼출산율’(post-marital fertility)이 적절할 것이다.

기간 안정적으로 사회재생산하겠다는 분명하고 체계적인 의지를 갖기 어려웠지만, 가족자유주의 체제하에서 그들의 가족관계는 국가, 사회, 시장경제가 요구하는 다양한 계급적 요건들을 계급 내적으로 혹은 계급 교차적으로 충족시켜 왔다고 봐야 한다. 계급 내적으로는 해당 가족의 현재 계급(산업) 재생산의 사회적 요건을 충족시키는 것이고, 계급 교차적으로는 자녀나 형제가 속한 본인과는 다른 계급(산업) 재생산의 사회적 요건을 충족시키는 것이다.[22] 교육, 주택, 금융, 고용, 보호 · 부양 등에 관해 그들이 가족적 의무나 역할로서 수행해 온 다양한 활동은 농민 · 노동자 계급의 가족적 사회재생산의 실현 요건이었다.

22) 예컨대, 한국의 자본주의 산업화 과정에서 농민이 도시로 떠난 자녀 · 형제의 교육, 훈련, 생업, 살림을 가족 사랑의 차원에서 지원함으로써 도시경제의 '산업화의 사회적 전환비용'(social transition costs of industrialization)을 농민이 부담한 셈이다(Chang, 2010a).

개발자유주의(developmental liberalism)의 주요 내용[23]

[1] 사회정책의 탈정치화, 기술관료화, 개발주의적 착종: 사회정책 사안들을 정치적 지배나 경쟁에 있어 중심적 혹은 독립적 안건으로서 내세우지 않고 대신 관련 행정조직을 통해 선진국들의 제도와 경험을 참고하여 경제개발에 부담을 주지 않거나 도움이 되는 방향으로 처리하고 나아가 (교육, 노동 정책 등에서 드러나듯이) 사회정책의 인식과 설정 자체를 개발주의적 혹은 준경제정책적으로 한다.[24]

[2] 사회정책 대상 주체들의 개발주의적 포섭: 성인 노동연령 인구뿐 아니라 가능한 모든 사회집단을 국가에 의한 사회보장적 보호 대상으로서 인정하는 걸 거부하고, 대신 경제개발 과정에 다양한 형태로 참여시켜 일종의 '개발시민'(developmental citizen)으로서 경제적 보상이나 혜택을 추구하도록 유도해 왔다.[25] 이는 각종 선거 과정에서 (부동산 개발이익을 포함한) 경제개발 의제의 압도적 비중으로 이어졌다.

[3] 국가-자본의 기업(가)적 결합과 국가의 노자관계에 대한 직접적

---

23) Chang(2012), "Predicaments of Neoliberalism in the Post-Developmental Liberal Context"에서 축약함.

24) 이러한 맥락에서 특정 사회정책 부처가 분명한 사회정책적 의지를 가지고 새로운 정책을 추진하기 위해서는 관련된 사회문제의 사회·정치적 폭발성이나 주무 장관의 특별한 정치적 입지와 의지 같은 여러 특별한 조건을 필요로 하며, 실무 관료조직은 '준정당적' 차원의 정치적 정지작업을 병행해야 한다.

25) 필자는 이런 차원에서 박정희 시대 이후 유럽적인 "사회적 시민권"(social citizenship; Marshall, 1964) 대신에 일종의 '개발시민권'(developmental citizenship)을 중심으로 통치가 이루어져 왔으며(Chang, 2012b), 이명박 정부는 "IMF 경제위기" 이후 붕괴 일로의 개발시민권을 대중적으로 복원시킨다는 명분으로 집권했으나 오히려 그 역방향의 대기업 편향적 경제정책을 추진함으로써 국민적 분노를 사게 됐다고 본다(Chang, 2012c).

개입: 자본주의 산업화와 경제성장을 압축적으로 실현시키기 위해 국가는 필요에 따라 직접 생산기업을 설립 · 운영하기도 했지만 주로 기존 기업가들을 동원 · 지원하여 시기별로 특정 산업들을 전략적으로 육성했으며, 이 과정에서 사기업들을 국가의 핵심적 '개발도구'(developmental instrument)로서 인식하여 이들의 노자관계에 직접적으로 (반노동적인) 개입을 해 왔으며 명시적 노동정책도 국가의 이러한 계급(자본)적 입장에 종속되어 왔다.[26)]

[4] 사회적 시민권의 가족주의적 재설정: 헌법적으로도 선언되어 있는 사회적 시민권이 실제 보편주의적 사회보장 원칙에 의해 구체화되지 못했으며, 특히 안정적 고용을 통한 소득확보와 사회보장이 불가능하거나 실패한 집단들(예컨대, 노인, 아동, 청소년, 미혼모, 장애인 등)에게 핵가족을 넘어 확대(직계)가족적 부양 · 보호의무까지 다양한 방식으로 강제함으로써 결과적으로 국가의 정치적 책임과 재정적 부담을 면하는 전략이 지속되어 왔다. 이 과정에서 특히 서민 가정 중년 여성들이 임노동, 돌봄노동, 일상가사의 중첩적 수행으로 극한적 생활경험을 해 왔다(장혜경 외, 2006).

[5] 복지다원주의와 시민권 부정: 가족적 자기 부양 · 보호를 통해 관리할 수 없는 사회집단들에 관련된 보호(수용)제도나 사회서비스 공급을 위해서도 국가는 공공 책임의 최소화 원칙을 견지하고 가능한 모든 민간 행위자를 동원하려고 노력했으며, 이 과정에서 여러 민간 행위자의 (법적으로 허용되지 않는) 영리적 동기나 행위를 공공연히 용인하거나 비호하는 일이 잦았다. 심지어 피수용자들의 노동착취, 인격 · 신체적 학대, 종교자유 침해 등도 인권이나

---

26) 노사분규 현장에서 한국 경찰이 "구사대"(救社隊)적 개입을 하거나 아예 민간(불법) 구사대와 공동작전에 나서기도 한 것은 이러한 맥락에서 이해된다. 이는 사법행위라기보다는 차라리 '경제정책행위'라고 보아야 할 것이며, 특히 개발시대를 경험한 간부 경찰들의 '반노동계급적 아비투스'(habitus)를 형성하는 것 같다.

시민권 훼손 차원에서 대처하기보다는 사적 시혜관계의 일상적 부작용 정도로 치부하고 넘어가는 일이 잦았다. 특히 의료, 교육 등에 대해서는 준경제정책적 관리가 이루어져 왔으며, 이른바 “병원재벌”, “사학재벌”들이 탄생하기도 했다.

제2장 '위험가족' 시대의 개인 · 가족 · 사회 관계

1. 개인화? 혹은 개인주의화?

최근 한국인의 생활양식에 동시다발적으로 나타나고 있는 여러 인구(학)적 변화들을 정리해보자. 무엇보다도 21세기 들어 지속적 추세를 보이는 초저출산 현상이 있다. 이는 인구학적 분석에서 드러나듯이 기혼부부의 출산 회피보다는 만혼, 비혼, 해혼(이혼), 별거 인구의 지속적 증가에 기인한다. 그리고 고령화에 수반해 노인 부부가구와 독거가구가 농촌과 도시 모두에서 꾸준히 늘어나고 있다. 이러한 추세들이 합해져 이른바 독신가구가 세대, 지역을 아우르며 급증하고 있음이 각종 사회조사에서 드러나고 있다. 이러한 추세들은 서구적 맥락에서는 흔히 "개인주의화"(individualization)의 진행으로 해석되고 이는 인구(학)적 변화(demographic change)와 이념적 변화(ideational change)의 결합으로서 이해되어 왔다(Billari and Kohler, 2004). 그렇다면 한국 사회도 마찬가지의 변화가 진행되고 있는 것일까. 위에 열거한 변화들이 혼인 · 거주의 물리적 상태를 반영한 인구학적 현상, 즉 개인화를 넘어 한국인의 삶, 가족, 사회에 대한 근본적 가치와 태도의 변화를 반영한 이념적 현상일까.

이에 관련된 여러 사회조사와 심층연구는 매우 복합적이고 상충적인 결과들을 제시해 왔다. 전반적으로 볼 때 이념적 개인주의화 추세가 어느 정도 강화되고 있지만, 여전히 한국인들은 (국제비교적 관점에서) 가족지향성이 강한 삶을 선호하고 있고, 실제 개인화된 형태의 삶을 살더라도 이는 현실적 불가피성 때문임을 숨기지 않는다(Chang and Song, 2010). 더 심층적으로 들여다보면 한국인들의 개인화는 사실 가족(자유)주의적 압축근대성의 지속 및 이러한 가치 · 태도와 현실 사이의 상충과정에서 초래되는 경우가 많다.

대표적으로, 최근 여러 조사에서 드러나듯이 이른바 "N포세대"의 좌절은 고용(실업), 주택, 교육 문제의 중층적 압박 속에서 혼인과 출산의 불가능성 혹은 비현실성 때문이며, 이에 수반된 초저출산 현상은 이들의 개인주의화 혹은 가족 거부 태도를 반영하는 것이라고 보기 어렵다.[1] 오히려 이 세대는 부모 세대와 마찬가지로 현실적 책임성과 물질적 준비성에 기초한 혼인과 출산을 당연히 여긴다. 그리고 경제발전과 사회복지의 간극이 세계 최고(최악) 수준인 상황에서, 국가와 사회는 젊은 세대의 책임성 강한 가족주의를 당연한 것으로 여긴다. 아니, 사실상 강요한다. 아래에 부연하겠지만, 만혼, 비혼 및 이에 따른 초저출산 추세는 일종의 '가족주의적 개인화'라는 역설적 현상으로 해석할 수도 있다. 이때 가족

1) 2011년 『경향신문』은 대대적인 복지국가 특집("복지국가를 말한다")을 기획보도했으며 필자는 전 과정에 걸쳐 전문가 자문을 했는데, 이때 지향점으로서의 복지국가를 가족중심적 현실에 체계적으로 대비시켜 접근할 것을 강력히 제안했으며 특히 가족착취적 사회재생산 체계에 대한 관심을 환기시켰다. 이에 따라, 특히 특집 1부에서 "(1) 가족에게 미뤄온 국가복지"(http://news.khan.co.kr/kh_news/khan_art_ view.html?artid=201105082151085), "(2) 과부하 걸린 한국의 가족—연애 · 결혼 · 출산 포기 '삼포세대' … 버거운 삶의 비용, 가족도 사치다"(http://news.khan.co.kr/kh_news/khan_art_view.html?artid=2011051121 39085) 등의 주제에 대한 집중보도가 이루어졌다. 이후 범사회적 유행어가 된 "삼포세대"가 이렇게 등장했는데, 한국의 가족착취적 경제 · 복지 체제의 신자유주의적 왜곡이 사회재생산의 구조적 · 만성적 교란을 초래한다는 함의를 담고 있다(부록 2-1 참조).

주의는 개인의 사적 태도나 규범뿐 아니라 자유주의 사회, 국가, 경제체제에 내재하는 관행, 법규, 정책상의 가족중심성이나 가족의존성을 포괄한다는 차원에서 '가족자유주의적 개인화'라는 개념화도 가능할 것이다.

(본서 제5장에 설명하듯이) 사실, 노인의 개인화도 마찬가지로 이해될 수 있다. 한국 사회의 압축적 자본주의 산업화는 농촌 청년세대의 집단적 도시 이주를 수반했고, 부모 세대 대다수는 도시 자녀에 대한 헌신적 지원에도 불구하고 농촌에 스스로 잔류하여 살아왔고, 도시 노인들도 동거자녀의 지원으로 노후를 보내려고 기대하기보다는 자녀의 현실생활의 어려움을 감안해 스스로 노후를 책임져야 한다는 태도가 확산됐다(장경섭, 2009). 그러나 개인 및 국가 차원의 노후대비 결여, 고유병률 장수, 범세대적 고용위기 등이 뒤얽힌 상황에서 이러한 태도 자체의 현실성이 취약하다. 결국 고질적 빈곤과 병마에 시달린 수많은 노인들이 가족의 부담을 덜어주려고, 혹은 반대로 가족을 원망하며 스스로 목숨을 끊음으로써 한국이 세계 최고의 노인 자살 사회가 됐다. 노인 자살도 일종의 개인화로 볼 수 있는 것이다.

세계적으로 볼 때, 가족주의 사회체제하의 개인화는 분명 현대 한국 사회의 핵심적 특질이지만 그렇다고 배타적 현상은 아니다. (본서 제9장에 자세히 설명하겠지만) 예컨대 초저출산 문제를 공유하는 여타 동아시아사회들, 그리고 여러 남유럽사회들과 동유럽사회들은 공통적으로 가족중심적 사회경제 질서와 문화적 특징을 보여주고 있다(Chang, 2014; Ochiai, 2011). 이러한 공통점들은 결코 우연이 아니고, 다양한 문화·종교적 배경과 사회·경제적 현실이 조합되어 나타나는 '상황적 동질성'이 관찰된다.

2. 한국인들의 가족주의: 이념적 · 제도적 · 상황적 구성

이러한 설명을 좀 더 체계화하기 위해, '가족주의' (혹은 가족중심주의) 개념에 대한 이론적 부연이 필요하다. 우선 가족주의는 다른 '~주의'들처럼 개인의 도덕적, 정치적, 철학적 가치나 태도의 하나로서 볼 수 있고, 이 경우 한국인들의 가족주의는 흔히 전통시대의 유교이념을 중요하게 반영하고 있다고 여겨진다. 이를 '이념적 가족주의'(ideational familialism)라고 할 수 있다. 그런데 현대 한국인들의 (이념적) 가족주의는 유교적 가치와 태도에만 국한되지 않고, 서구지향적 근대화와 산업화의 과정에서 서구사회의 서정적 가족주의(affectionate familialism)가 꾸준히 확산되어 왔고, 최근에는 개인성의 증진을 수용 · 추구하는 가족문화로서 개인주의적 가족주의(individualist familialism)도 확산되고 있다. 이러한 가족이념들이 중층적으로 작용함으로써 한국인 가족은 매우 다양하고 때로는 상충적인 가치와 목표들을 실현해야 하는 책무를 떠안아 왔다(장경섭, 2009).

그런데 가족주의는 개인의 가치와 태도로서뿐 아니라 다양한 국가 · 사회적 제도, 정책, 법률 속에 내재되어서도 나타난다. 예컨대 "선가정보호, 후사회보장"을 철칙으로 하는 한국의 사회복지 제도와 정책은 국제비교적으로 볼 때 매우 강력한 가족(중심)주의에 기초하고 있다(Chang, 1997). 복지제도뿐 아니라, 교육, 주택, 일자리, 심지어 병수발조차도 가족이 중심이 되어 해결해야 하는 것이 한국 사회이다(장경섭 · 진미정 · 성미애 · 이재림, 2015).[2] 이러한 현상은 '제도적 가족주의'(institutional(ized)

---

2) 이른바 "~수저" ("금수저", "흙수저") 논란은 이러한 현실적 맥락에서 등장했다. 자녀가 기본적 생활자원("수저")을 부모로부터 제공받거나 상속받는 것임을 전제한 것인데, 사실 수저 재료가 "금"이냐 "흙"이냐 하는 것보다 더욱 본질적인 문제는 청년이 부모로부터 받지 않으면 수저(기본적 생활자원)를 마련할 수가 없는 (가족자유주의적) 사회 · 경제적 구조에 있다. 정유라의 (부모의) "돈도 실력 … 니네 부모를 원망해"(『경향신문』, 2016/10/19: http://news.khan.co.kr/kh_news/khan_art_view.html? artid=201610191120001)라는 SNS상의 망언도 이러한 실태를 반영한다고 볼 수 있다. 희망제작소의

familialism)라고 개념화할 수 있고, 최근 작고한 독일의 지성 울리히 벡 교수가 서구사회에 대해 논파했던 "제도적 개인주의"(institutionalized individualism)에 대비시킬 수 있다(Beck and Beck-Gernsheim, 2002). 한국의 개발자본주의 체제에서 제도적 가족주의는 그 정치경제적 내용과 성격을 감안하면 '가족자유주의'(familial liberalism)의 핵심적 기초가 된다.

한국인의 가족(중심)주의는 이념적 가족주의와 제도적 가족주의로 설명되지 않는 부분이 여전히 남아 있다. 국정을 총체적으로 교란시키고 퇴진당한 ("박정희 향수" 수혜자로서의) 전대통령 박근혜의 정치적 입지, 그리고 그의 요구(협박?)로 거액을 갹출당한 가족세습적 재벌 총수들의 사회경제적 기반, 식민통치, 전쟁, 경제난 등의 고난 속에 가족만이 생존과 행복의 기초라고 생각해 온 수많은 한국인들의 (몰?)사회적 신념 등은 역사·사회적 원리나 제도·정책적 이념이 체계적으로 반영된 가족주의라기보다는 특정한 시대 상황에서 배태된 적응적 가족주의, 즉 '상황적 가족주의'(situational familialism)라고 볼 수 있다. 그리고 이 상황성을 거시적으로 규정하는 보수적 자유주의 체제의 힘은 상황적 가족주의의 내용상 핵심이 가족자유주의임을 암시한다.

이와 관련해, "IMF 경제위기" 이후의 구조적 고용위기, 서비스산업화 등으로 남성의 우월적 경제지위가 상당 부분 소멸된 반면 고령화 추세 속에서 자녀와의 서정적 교호작용의 중요성이 강화되면서 한때 한국 사회의 고질적 병폐라고 여겨졌던 남아선호 출산 현상이 10여 년 전에 증발하듯이 사라진 것도 (기부장적) 가족주의의 상황적 성격을 반증한다(Chang, 2015). 또한 미국 등지에서의 한국인 이민자들의 치열한 생존전략으로서의 가족주의도 마찬가지 맥락에서 이해될 수 있다. 세계적으로

"2017시민희망지수" 전국 조사에서 "인생에 가장 큰 영향을 미치는 요소"로 응답자의 43.1%가 "부모(가족)의 경제력과 인맥"을 꼽았다(제1장 각주3 참조).

는 동유럽, 동아시아 등의 이른바 탈사회주의 전환사회들의 상당수에서 국가의 경제 · 사회적 기능 약화에 따라 급속히 강화되고 있는 인민들의 가족주의적 생존전략도 마찬가지 맥락에서 이해될 수 있다(Chang, 2014). 이러한 사회적 추세들은 예외 없이 자유주의적 정치경제 상황에 맞물려 있기에, 가족주의는 결국 가족자유주의를 의미한다.

한국인들의 (나아가 한국 사회와 국가의) 가족주의는 이처럼 이념적, 제도적, 상황적으로 구성된 매우 복잡한 가치와 태도이기 때문에 그 근본적 변화는 결코 간단히 이루어질 수가 없다. 문제는 가족주의가 쉽게 해소 · 포기되지 않지만 막상 가족적 가치와 책임이 현실적으로 실천되기 어려울 때 나타나는 딜레마를 작금의 한국인들이 공유하고 있다는 점이다. 이러한 현실에서 가족관계는 한국인들의 행복 실현을 위한 상호 자원 전달의 통로가 아니라 갖가지 사회 · 경제적 위험(risk)이 매개되는 통로가 될 수 있다. 이와 관련해 특별히 심각한 사회문제로서 한국인들의 가계부채 폭증은 그 발생 원인에서부터 변제 · 추심 과정의 고통에 이르기까지 전형적인 가족문제이며, 탈개발시대에 중첩된 경제 · 사회적 위기요인들이 가족관계를 통해 매개되어 한국인들의 고통을 증폭시키고 있다(Chang, 2016a).

이를 울리히 벡(Beck, 1992) 교수가 서구사회에 대해 설파한 “위험사회”(risk society)론에 대비시키면, 한국인들의 가족은 ‘위험가족’(risk family)으로서의 성격이 지속적으로 강화되고 있다고 하겠다(장경섭, 2011b). 그리고 경제인류학자 캘드웰(Caldwell, 1982)의 출산문제 논의인 “세대간 부의 흐름”(intergenerational wealth flows) 이론에 대비하면 세대 간, 혹은 모든 가족성원 간 ‘위험의 흐름’(intergenerational and interspousal risk flows) 가능성이 출산율뿐 아니라 가족관계의 형성과 유지 전반에 영향을 미치고 있다고 볼 수 있다. 이런 맥락에서 보면, 위에서 설명한 가족(자유)주의적 개인화는 일종의 ‘위험회피적 개인화’라고도 규정할 수 있다.[3] 한국인들

의 위험회피적 개인화는 달리 말하면 사회재생산으로부터의 집단적 이탈이 전개되어 왔음을 의미한다.[4]

3. 개인생애단계와 가족생활주기의 탈구

위험회피적 개인화는 개인들의 일종의 '합리적 선택'(rational choice) 행위이지만, 가족주의가 집단적 사회규범으로서 작동할 때 이러한 합리성이 제어될 수도 있다. 예컨대 남아선호 규범이 2000년대 초반까지 강하게 지속되어 온 것은 산모들 자신의 선택뿐 아니라 (시)부모들의 신념이 강하게 작용했을 수 있다. 이뿐만 아니라 이른바 혼인연령 규범이 실제 혼인으로 실현됐던 과정을 살펴보면, 부모나 친지의 "아직 결혼 안(못) 했니", "결혼 언제 할 거니"라는 거의 인사말 같은 참견과, "네가 결혼하는 걸 봐야 두 눈을 감을 수 있겠다"라는 부모의 압력(협박?)이 작용했다. 전통적으로 볼 때, 결혼, 출산, 혼인 유지(이혼 금기) 등에 관한 규범은 개인적 행복 실현보다는 가족의 사회적 재생산이라는 집단적 목표에 기능적으로 맞춰져 있었다. 그리고 개인은 이러한 사회재생산의 실현에 행복감을 느끼도록 정신적으로 사회화되고 있었다고 해석할 수 있다.

이를 가족과정 및 개인생애에 관련시켜 설명하면, 전통적으로 (혹은 적어도 20세기 중후반에는) 자녀의 개인생애과정(individual life course)이 부모의 가족생활주기(family life cycle)에 체계적으로 조율되어 있었다(Chang, 2015). 즉, 남녀가 결혼하여 (적정 수 및 성비의) 자녀를 출산하고 양육 및 교육지원 과정을 거친 후 모든 자녀를 (적정 연령에) 혼인, 독립

3) 이러한 관점에서 대만 여성의 출산 태도를 분석한 최근 연구로, Emily Freeman, Ma Xiaohong, Yan Ping, Yang Wenshan, and Stuart Gietel-Basten(2018) 참조.

4) '가족 위험'의 관점에서 최근 한국 가족의 변동에 관한 통시적 · 구조적 분석으로, 김혜영(2016) 참조.

시키는 것을 자신의 인생과업, 나아가 조상에 대한 책임 수행으로 여겼는데, 이는 자녀의 적정 연령기 혼인이 부모에 대한 규범적 의무가 됨을 뜻했다. 물론 여기에서 더 나아가 자녀의 자녀 출산에 대한 기대와 참견이 일반적이었다. 이런 관점에서 보면, 자녀 출산은 산모의 개인적 행위가 아니라 (대)가족 차원의 제도적 행위였다 (본서 제4장). 바로 이런 이유로 불임이나 남아출산 실패가 숱한 여성들에게 평생의 스트레스 요인이 됐다. 즉 출산의 주체는 개인(여성)이라기보다는 (대)가족이었다고 볼 수 있다.

그런데 21세기 한국은 (본서 제4장에 자세히 논의하겠지만) 더 이상 (대)가족이 출산하는 사회가 아니다. 그 이전에, 자녀의 만혼이나 비혼을 둘러싸고 부모가 자신의 가족생활주기 완성 차원에서 압박을 가하는 것이 적절하다고 생각할 수 없는 분위기가 확산됐다. 여성에게 출산을 요구(명령)할 수 있는 (대)가족적 권위나 자원이 지속적으로 희석되고 있으며, 이제 출산은 갈수록 여성 자신의 개인(주의)적 선택이 되고 있다(장경섭, 2011b). 이른바 사회경제적 양극화란 구체적으로 고용난, 주택난, 교육난 등이 갈수록 악화되고 있는 상황에서 이에 고통받는 청년인구가 증가일로에 있을 뿐 아니라, 이에 대처한 적절한 자녀 지원을 할 수 없는 부모인구의 증가를 동시에 의미한다. 이런 이유로 최근 혼인율과 출산율에 계층 간 차이가 나타나고 있다. (예컨대, 한국보건사회연구원과 한국경제학회의 공동연구는 자녀에 대한 경제적 지원이 자녀의 결혼연령을 앞당긴다는 구체적 분석결과를 제시하기도 했다.[5]) 물론 사회 전반의 이른바 미시적 민주화의 과정에서 부모-자녀 사이의 경제적 관계뿐 아니라 사회·심리적 관계의 양상도 급격히 바뀌고 있기 때문에 자녀 자신의 선택은 갈수록 중요해지고 있다. 아울러 고령화에 수반된 노년기의 급격한 연장

5) 이만우·김시광·김란영 (2012), 『부모에 대한 경제적 의존과 자녀의 만혼화』, 한국보건사회연구원·한국경제학회 연구보고서. 같은 맥락의 문제 제기로 김규원(2006).

이 부모 세대에게 가족생활주기의 적절한 완성뿐 아니라 스스로 개인생애단계의 순조로운 관리를 매우 어렵게 만들고 있다(장경섭, 2009). 자신의 무한정 노후를 걱정해야 하는 부모로서 자녀 인생에 대한 책임감 있는 통제나 간섭을 하기가 갈수록 어렵다. 예컨대, 이른바 주택연금 및 농지연금 제도의 도입은 주택과 농지 상속을 매개로 한 부모-자녀 관계의 규범적 조율이 이제 소멸됨을 의미한다.

부모 세대의 가족생활주기 완성이 부모 자신과 자녀 모두의 개인생애단계 완성으로 이어지지 못하는 상황에서 이제 한국인들의 가족주의는 그 집단적(가족적) 기초가 급격히 약화되고 있다. 이는 우선 상황적 차원에서 뚜렷하고 나아가 제도적 및 이념적 차원의 변화까지 불가피할 것이다. 그러나 아직은 한국의 청년세대가 부모세대와 마찬가지로 (국제비교적으로 볼 때는) 가족(중심)주의를 상당 수준 견지하고 있다고 여겨진다. 그러나 이제 가족주의는 (대)가족적 맥락에서 승계하는 것이 아니고 독립적으로 형성 · 유지해야 하는 과제이다. 구미에서 20세기 중반에 형성 · 확산된 서정적 핵가족주의가 기본모형일 수 있지만, 청년 고용위기, 주택가격 폭등 등으로 그 물적 기초가 갈수록 불확실해지고 있다.

결국, 21세기 한국의 현실은 (위에서 지적한) 일종의 단계적 가족근대화가 결코 순조롭지 않을 것임을 적시한다. 반면 여러 측면에서 오히려 급진적 개인화가 진행되고 있으며, 이는 구미의 그것을 오히려 상회하기까지 한다(Chang and Song, 2010). 생각하기에 따라, 균형잡힌 (혹은 전면적인?) 개인주의 사회로의 '질서있는 이행'이 불가피하다고도 볼 수 있다. (대표적으로는, 본서 제4장에 피력했듯이, 적극적 개인주의 출산문화의 확립이 고려될 수 있다.) 최근의 추세를 보면, 청년층과 노인층을 아우르며 일종의 상황적 개인주의의 확산이 감지되기도 한다(진미정 · 정혜은, 2010; 강은영 · 진미정 · 옥선화, 2010; Song, 2011). 그러나 이념적 및 제도적 차원에서의 개인주의화는 서구의 역사적 경험을 보면 매우 지난하고 장구한 과정이다. 21세기 한국인들의 앞으로의 삶은 그동안 경험한 것보다 더욱 복잡하고 급진적인 '압축근대성'(compressed modernity)의 무게를 지탱해야 하며(Chang, 2010b), 이에 대한 가족(주의)적 대응은 갈수록 상황 교란의 부작용이 커질 것이다(장경섭, 2011a).

한국 사회의 '미래 포기': 삼포로 저출산 심화... 성장잠재력 떨어져(『경향신문』, 2011/5/11)

'삼포(三抛)세대'는 미래 한국의 지속가능성에 대한 물음표다. 젊은층이 가족을 꾸리지 않으면 저출산·고령화는 심화된다. 지난해 기준 우리나라 여성 1명이 평생 낳는 자녀수는 1.22명으로 인구대체 수준(2.1명)에 크게 못미친다. 이는 경제협력개발기구(OECD) 30여개국 중 최하위 수준이다. 반면 혼자 사는 가구의 비중은 23.3%로 커졌다.

삼성경제연구소는 저출산 여파로 2029년부터 한국 경제가 마이너스 성장으로 들어설 것으로 예상한 바 있다. 일할 수 있는 인구는 적어지고 고령화로 인해 성장잠재력은 떨어진다는 것이다. 반면 65세 이상 노인 인구 부양비는 크게 늘어나면서 2010년 현재 생산가능인구 6.7명이 부양하고 있는 노인 1명을 2050년에는 1.4명이 부양해야 할 것으로 OECD는 추산했다. 2050년에는 일본에 이어 세계 두 번째의 '고령국가'가 될 것으로도 전망된다. 저임금의 노동시장과 척박한 국가복지에 짓눌린 청년층의 환경이 개선되지 않는 한 한국은 위기를 피하기 어려운 구조다.

(http://news.khan.co.kr/kh_news/khan_art_view.html?artid=201105112139085#csidxf58edc318a69e4494d19b4426a5aee5)

제2부

생활세계, 인구동태, 사회재생산

제3장 신전통주의 근대가족(혼인)의 위기

1. 서론

한국의 초저출산 추세는 기혼 부부의 출산 기피보다는 (법적) 혼인의 기피, 연기, 파경이 급속히 확산된 데 더욱 크게 기인한 것으로 분석된다(이철희, 2012). 기혼 부부들의 경우 평균적으로 일정한 출산율을 유지해 왔지만, 미혼 · 이혼 인구의 수와 비율이 급증함에 따라 사회 전체적으로 평균 출산율이 극히 낮아진 것이다. 물론 (법적) 기혼 인구의 규모가 뚜렷이 늘어나지 않더라도 여러 서구 사회들처럼 동거자 및 독신자 인구 사이에서 이른바 "혼외 출산"(extramarital fertility)이 충분히 늘어나면 사회 전체의 평균 출산율은 어느 정도 지지될 수 있다. (이 지역의 새로운 사회적 맥락을 제대로 고려하면, 이는 '비혼 출산'(postmarital fertility)이 더 적절한 개념일 수 있다.[1]) 그러나 한국을 비롯한 동아시아 사회들의 경우

---

1) 국내에서 제시된 "비혼"(우은정, 2001) 개념은 좀 더 (젠더)정치적이어서 혼인의 보편 · 정상성에 대한 여성(주의)적 비판 및 거부를 강조한다. 그렇지만 역사적 추세로서 혼인과 분리된 개인성과 이에 기초한 인간관계 및 생활세계의 확립 · 발전이라는 변화의 차원에서 두 지역은 공통적이라고 볼 수 있다.

혼외 출산은 여전히 매우 드물며 사회규범적으로 쉽게 용인되지 못하고 있다. 이는 흔히 이 사회들의 유교적 보수성의 결과로 인식되어 왔다. 한국을 위시한 동아시아 지역의 보편적 초저출산 추세는 한편으로 혼인과 출산의 조건에 대한 가족주의적 기준이 여전히 높게 유지되고 있으며 다른 한편으로 그러한 기준에 부합하는 혼인을 하기 어렵거나 유보 혹은 회피하는 인구가 급증해 온 사실을 반영한다. 이러한 측면에서 보면, 출산율 위기는 무엇보다도 혼인의 위기를 반영한다.

비혼, 만혼, 이혼의 급증으로 표현되는 혼인의 위기에도 불구하고 사회적 및 학술적으로 한국의 지배적 혼인 양태 및 그 변화에 대해 심층적이고 종합적인 관심이 부족했던 것으로 보인다. 여러 언론사, 각종 연구소, 개별 연구자 등에 의한 각종 사회조사에서 혼인에 대한 내용은 피상적으로 결혼 의향이나 필요성을 묻는 데 그치기가 일쑤이며, 구체적으로 어떤 성격의 혼인과 가족을 회피하거나 선호하는지에 대한 탐문이 불충분했다. 이 장은 역사적 맥락에서 현대 한국의 지배적 혼인 양태 및 가족 질서가 어떻게 형성됐고 변화(불변)해 왔으며, 이에 대해 한국인들, 특히 여성들이 어떻게 반응해 왔는지를 논의한다.

구체적으로, 현대 한국의 혼인은 해방 직후부터 유교적 가족문화의 범계층적 수용과 실천이라는 일종의 '신전통주의 근대성'(neotraditionalist modernity)의 발현으로서 형식과 내용이 결정됐으며 이 현상은 21세기 초반인 현재까지도 근본적 변화 없이 지속되어 왔다. 유교적 가족문화는 특히 여성의 지위와 역할을 가족의 집단적 필요에 전적으로 종속시켜 통제해 왔으며, 국가의 발전전략도 유교적 가족의 사회·경제적 자기책임성을 요구·활용하는 과정에서 아내, 어머니, 며느리로서 여성의 헌신을 차별적으로 강제해 왔다.[2] 그러나 근자에 여성의 사회·경제적 지위 및

---

2) 이재경(2003)은 한국 여성에게 이에 따른 "다중적 정체성"이 보편화되어 있다고 말한다.

거시적 사회 · 경제 체제가 급변을 계속함에 따라 보수적 혼인제도는 특히 여성들에게 원천적으로 역기능성을 갖게 됐으며, 이에 대응해 만혼, 비혼, 이혼이 급속히 증가한 것으로 보인다. 혼인의 현실성에 대한 혼란과 부정은 여성들 사이에서 더욱 뚜렷하지만, 남성들의 경우도 이에 연동된 태도 변화를 보일 수밖에 없다. 인구의 사회재생산 단위로서 부부가족(conjugal family)의 핵심적 중요성을 전제하는 한, 즉 보수적 가족주의 사회재생산을 당연시하는 한, 한국 사회는 혼인제도의 문명(문화)적 재창조를 거치지 않고는 작금의 초저출산 추세를 멈추기 어려울 것이다.

2. 신전통주의 근대성: 한국의 유교적 가족문화와 젠더

지난 세기 후반 국내외에서 회자되던 “유교 근대성”(Confucian modernity) 논의는 주로 정치, 산업, 교육 등 공식 영역의 근대적 발전과 관련한 문화적 특질에 초점을 두었지만, 가족관계 등 이른바 사적 영역(private sphere)에서 광범위하게 나타난 유교적 규범은 한국인들의 보수성 혹은 전통 계승성으로서 이해가 단순화됐다. 그러나 조선시대 중기 이후에 사대부 가정을 중심으로 공고화됐던 (신)유교적 가족관계 규범 및 의례가 계급 구분 없이 범사회적으로 보편화된 것은 전통적 상황이 아니라 현대적 상황이며, 전통 신분(계급)질서의 해체와 근대적 보편 시민지위의 확립에 맞물려 진행된 현상이라는 역설이 있다.[3] 따라서 전통 가족의 제도 · 문화사에 대한 심층적 연구가 보강되어야 현대 가족에 대한 적확한 이해도 가능하다.[4]

---

3) 이런 맥락에서 보면, 현대 한국 사회의 유교적 가족문화는 어느 정도 '발명된'(invented) 전통이다. “전통의 발명”에 대한 중요한 공동 연구로, *The Invention of Tradition*. edited by Eric Hobsbawm and Terence Ranger(1983).

4) 조선 이후 한국 가족의 문화적 · 구조적 성격 변화에 따른 시대구분에 대해 안호용(2012) 참조.

고려말 · 조선 초기에 사대부 일각에서 중국의 사상과 선례를 내세우며 도입이 주장된 종법적 가족제도 및 조상제사 의례는 조선 중기에 이르러서야 양반계급 사이에서 보편적으로 자리잡았다(이광규, 1990). 그리고 주자가례(朱子家禮) 등에 의거한 유교적 가족 · 친족 봉사와 의례를 포괄적으로 실행하는 것은 양반 중에서도 상당한 토지를 소유하고 수많은 가내 노비를 거느린 형편이 괜찮은 집안에서나 가능한 것이었다.[5] 제사 상속자로서의 장자에게 재산 상속시 우선적 지위가 부여되기 시작한 것도 마찬가지 이유에서였다(안호용, 2012). 양반가족의 내부에서 남성과의 관계 지위에 바탕을 둔 여성 사이의 질서인 고부관계도 종법적 기능을 반영해 (재)구조화되어 나갔다(김윤정, 2007).

반면 상민계급은 대다수가 부부가족을 형성하고 살았으나 이는 농업생산을 위한 노동력 단위로서의 성격이 핵심이었고, 여성은 분업 차원에서 특정 농작업과 가사에 대한 주요 책임을 맡았다. 국가에게는 조세, 병역, 노무 자원이었던 상민 인구를 최대한 유지하기 위해 상민가족의 안정이 요긴했으나 조선 중기를 지나며 사대부의 토지 독점화와 농업생산의 불안정성으로 (양반집 머슴살이 자원 등) 상민계급의 유사천민화와 가족해체가 심화됐다(임학성, 2013). 천민계급의 대다수인 노비의 가족 형성과 변화는 기본적으로 이들을 경제적 자산으로서 소유 · 관리하는 주인인 양반의 이해관계에 의거해 결정됐다. 특히 양반의 가내 예속노동을 하는 솔거노비(率居奴婢)들의 경우 배타적 부부관계를 전제한 가족적 독립성을 얻기가 어려웠고, 심지어 양반 자녀의 분가, 혼인, 상속 과정에서 노비 신분의 부모형제가 각자의 새 주인을 따라 뿔뿔이 흩어져야 하는 운명을 맞기도 했다(전형택, 1989, 2010).[6] 상민과 천민 가족은 현실적으

5) 이영훈(1989)의 연구에 따르면, 지역 양반으로서 세를 내세우려면 최소 60~80명 정도의 사노비를 소유해야 했고, 가구당 통상 40~50명의 가내(率居)노비가 있었다고 한다. 이이효재(2003: 175-176)에서 재인용.

로 양반 가족처럼 종법적 계통성과 내부질서를 가질 수 없었고 또 가질 필요도 없었다. 그러나 이러한 지배계급의 배타적인 자기구성 원리에서 파생된 가족부양 규범으로서의 효와 정절의 윤리는 적어도 상민계급에서는 적극적으로 권장됐고 심지어 포상되기도 했다(이이효재, 2003).

임진왜란과 병자호란 이후 만성화된 사회 · 경제적 불안정성을 극복하기 위해 다수의 개혁적 사대부들이 신분 차별의 다각적 완화나 폐지를 주장하고 나섰다. 그러나 현실적으로 나타난 것은 신분제도의 체계적 개혁이라기보다는 일종의 전방위적 신분 인플레이션이었다(이준구, 1992, 1996). 즉 18~19세기 조선사회에 원래 반촌(班村)이 아니었던 여러 지역에서도 공식 신분상 지배계급(양반) 인구가 비지배계급(상민, 천민) 인구보다 더 많아지는 기현상이 나타났다. 이는 현대 산업사회에서 노동자계급의 풍요가 소득수준이나 주관적 계층의식의 차원에서 광범위한 중산층화로 이어지는 것과는 성격이 달랐다. 오히려 사대부계급의 토지독점, 농업생산의 불안정, 국가의 수탈적 양민통제가 악순환을 일으키며 양민들의 삶이 급전직하(急轉直下)로 피폐해지는 가운데 주로 상민의 양반화가 광범위하게 이루어지는 현상이 발생했다. 그런데 이 추세는 역설적으로 이전부터 계속되던 상민의 유사천민화와 궤를 같이 했다. 상민들은 갈수록 악화되는 국가의 조세, 군사, 노역 수탈에 직면해 자신들과는 달리 이러한 국가적 의무로부터 면제되는 양반 신분을 얻기 위해 갖은 노력을 다했으며, 당시 양반 신분 획득 기준의 완화 추세와 맞물려 실제 전국에 걸친 광범위한 양반화가 일어났다(이준구, 1992, 1996). 상민의 양반신분 획득은 공식적으로는 지역 교육기관의 수학 인증에 의거한 유학(幼學)직역 취득과 국가에 곡식과 돈을 바치는 납속(納贖)제도 및 충 · 효 · 열(忠孝烈)의 모범적 실천을 보상하는 정표(旌表)제도를 통한 경로들

---

6) 솔거노비(率居奴婢)와 외거노비(外居奴婢)의 구분 및 관련된 논쟁에 대한 소개로 전형택(1996) 참조.

이 있었으나, 이러한 기회들은 일부 부유한 농민, 수공업자들이나 예외적 수준의 덕행을 인정받은 소수에게 국한된 것이었고 더욱이 납속의 신분적 효력은 당대에 한정됐다. 생계 위기에 직면한 수많은 상민들은 지역 부패관리들에 접근해 아예 호적상 신분 자체를 변경(위조)하는 방식으로 허위 양반이 됐다(권내현, 2014). 더러는 몰락한 양반 가문의 도움을 받아 친족관계를 문서상으로 확립함으로써 허위 양반이 되기도 했다. (수많은 천민 신분자들 역시 상응하는 별도 과정들을 통해 상민으로의 신분 상승을 이뤄냄으로써, 결과적으로 천민 인구가 급감하게 됐다.) 전반적으로 '무늬 양반화'라고 부를 수 있는 이러한 과정은 해당 상민들의 실질적인 사회 · 경제적 신분 상승보다는 오히려 사회 · 경제적 지위 교란의 결과로서 이해되어야 하며, 따라서 종법적 사회 · 문화 구성체로서 유교가족의 보편화와는 거리가 멀었다(이준구, 1992). 다만 기존의 양반 가문들이 신분질서의 문란에 대한 반응으로 가계 혈통과 예법을 더욱 강조했으며, 경제력이 뒷받침되는 일부 신흥양반은 과시적 관혼상제를 통해 역으로 대응했다.

일제의 조선 지배가 시작됐을 때, 한편으로는 사회 관리의 효율성을 높이기 위해 가족 · 친족 체계는 전래의 관습을 인정한다는 원칙이 세워졌지만(이희재, 2011), 다른 한편으로는 조선인의 정치 · 사회적 지위를 황국신민으로서 통일하면서 갑오개혁 때 선언된 전통 신분제도의 법적 무효화가 재확인됐다. 또한 조선 민중들로부터 경제 · 사회적 수탈을 위한 간접적 조치로서 "의례준칙"(儀禮準則)을 만들어 가족의례를 위한 인적 · 물적 자원의 투입을 최소화시키려 노력했다(이희재, 2011).[7] 그런데 실제 통치과정에서 구양반세력인 조선인 지주들의 정치 · 경제적 협력을 도모하기 위해 이들의 경제 · 사회적 기득권에 대한 용인이 이루어지고,

7) 명시적 확인은 없었지만, 이는 박정희 시대에 시행된 "가정의례준칙"의 선례가 된 것 같다.

이러한 물적 기초를 바탕으로 상당수 전통 양반 가문들은 지역사회에서 사회 · 문화적 차별성을 유지했다(정진상, 1995). 그러나 이후의 창씨개명은 종법적 구성체로서 양반가족의 정체성에 심각한 타격을 가했고, 문화적 차원에서 조선인들에게 계급(신분)을 넘어 연대적 저항의식을 불러일으켰다. 해방 후 즉각적인 창씨개명 무효화 및 이전 상태로의 회복 선언은 실제로는 지주계급의 물적 기반을 결정적으로 약화시킨 농지개혁과 맞물려 조선인(한국인)의 보편적 '소농양반화'라는 새로운 사회적 상황으로 이어졌다.8)

그런데 해방 후 남한에서 출범한 민주공화국 체제에서 확립된 보편적 '시민지위'는 서구 역사에서처럼 (상공계급 중심의) 도시인 중심으로 형성된 것이 아니라, 해방 후 인구의 대다수를 차지했던 농민 중심으로 형성된 것이며, 물질적으로는 농지개혁을 통한 보편적 생존 기반의 제공과 맞물려 있었다. 정치적 · 법적으로 평등하고 경제적으로 평준화된 한국인들은 사회 · 문화적 차원에서는 과거 귀족(양반)계급의 유교적 가족규범을 보편적으로 내재화하여, 이를 문명적 '자기시민권(self-citizenship)화' 시켰다. 즉 유교적 가족규범은 한국인들의 정치적 · 법적 차원의 근대적 평등성을 사회 · 문화적으로 보완(완결?)시키는 것으로 이해됐는데, 이는 문화적 상위 신분성 공유의 의미뿐 아니라 식민질서 극복을 위한 사회 · 문화적 주체성 회복의 의미도 지녔다.9) 그러나 지역사회의 수준에서는 여전히 각 가문의 신분사적 차이가 일종의 문화적 상징자본으로서 기능

---

8) 해방공간 경상도 지역의 관련된 사회 · 경제적 현실에 대한 심층적 사례연구로 정진상(1995) 참조.

9) 해방 후 조선 유학의 권위를 계승 · 독점하고자 하는 문화 · 사회 엘리트들의 다양한 시도와 경쟁이 있었는데 이들은 내부 분열 및 새 정치질서에서의 취약성으로 인해 주류적 지위를 확립하지 못했고 또 대다수 농민이었던 일반 시민들에 대해 체계적이고 포괄적인 영향을 미치지 못했다(이황직, 2014). 수많은 일반인들은 일종의 '습속의 재발명'으로서 자기유교화되어 나갔다.

했으며, 혼사 등에 있어서 반상(班常) 차이에 대한 고려가 20세기 후반까지 이어진 것으로 조사되기도 했다(김주숙, 1990). 이렇게 해서 해방 후 한국 사회는 사회 · 문화적 차원에서 일종의 '신전통주의 근대성'(neo-traditionalist modernity)을 띠게 됐으며, 유교적 가족구성, 관계규범, 가정의례가 현대 한국인의 보편적 생활원리로서 자발적으로 일거에 자리잡게 됐다.

이러한 문화적 차원의 신전통주의 근대성은 위에서 지적한 정치, 산업, 교육 등의 영역에서 명시적이거나 체계적인 규정이 없이도 유사유교적(pseudo-Confucian) 질서가 모호한 가족관계 이념이나 비유를 통해 확산되는 데 일종의 인식론적 맥락을 제공했다. 이른바 가족주의 기업 경영, 가부장적 정당 · 정파 조직화, 교사 · 교수의 사부(師父)적 지위는 모두 근대적 이차 사회관계를 유교적 가족관계로 치환한 것이었다.[10] 나아가 박정희는 "충효사상"을 내세워 국가(본인)에 대한 충성을 부모에 대한 효도와 동일시시키려 들었다. 이러한 공식 질서의 유사유교화는 정계, 재계 등을 중심으로 전통시대부터 헤게모니적 세력으로서 자임해 온 영남 엘리트의 득세로 촉진된 측면이 있지만, 지역 간 큰 차이 없이 진행됐다고 볼 수 있다.

박정희 정권은 독재 정치권력의 유교주의적 정당화를 시도했음에도 불구하고, 시민들의 생활세계에서는 유교적 가족문화의 보편화에 따른 일종의 의례 과소비에 대해서 적극적 통제 · 관리 정책을 펼쳤다. 이는 (저축 · 투자 증대를 위한) 소비 억제라는 개발주의적 목표와 계층 간 위화감 억제라는 대중정치적 목표가 반영된 것이다. 1969년에 이른바 "가정의례준칙"이 발표됐는데, 이를 통해 제례, 상례, 혼례에 대해 국가가 합

10) 이는 파슨즈(Talcott Parsons)가 제시한 "기능적 적합성"(functional fit) 혹은 베버(Max Weber)가 제시한 "선택적 친화력"(elective affinity)이 유교적 가족주의와 각종 근대화 과제들 사이에 존재할 수 있음을 암시하지만, 문제는 이렇게 수행된 근대화가 고질적으로 갖게 되는 몰사회성이다.

리적 혹은 현실적 기준을 정해 시민들의 일상에 구체적으로 개입하겠다는 의지를 명시화했으며, 실제 다양한 처벌 · 압력 수단을 동원해 국가의 의지가 관철되어 나갔다(부록 3-1; 고원, 2006). 사실, 박정희 정권은 5 · 16 직후부터 관혼상제 과소비에 대해 적극적 규제 의지를 표명했었다.[11] 가정의례준칙이 발표된 1969년은 박정희 정권이 "국민교육헌장"을 통해 국가주의적 시민권(성)을 구상해 선포한 해이기도 하다. 그런데 가정의례준칙도 그 사회 · 정치적 효과에서 보면, 그동안 시민들이 자기 시민권화 해 온 유교적 가족문화를 국가가 시민("국민")적 권리 · 의무로 구체화시켜 간접 공식화하는 효과가 있었다. 가정의례준칙 및 관련 정책활동은 결코 유교적 가족문화에 대한 도덕 · 정치적 부정이 아니었으며, 오히려 그 범시민적 보편성을 공인하고 근대화와 경제발전이라는 국가적 지상목표에 조율시켜 나가겠다는 정책의지의 표명이었다. 이에 대해 일반 시민들은 커다란 저항 없이 수용적 태도를 취함으로써 사적 생활세계의 문화적 시민권(성)화가 진행됐다.[12]

그런데 가정의례준칙의 선전 과정에서 한국 여성은 유교적 가족문화의 종속적 수행자에서 근대적 생활문화의 추진주체로 재설정됐으며, 다양한 관변 여성단체들이 국가의 가정의례 통제를 보조하도록 동원됐다.[13] 가정의례준칙 및 관련 정책활동은 유교적 가족의례 과소비에 따른 물질적 자원 및 (여성)노동력의 낭비를 제한하려는 것이지만 그 이면에 유교적 가족문화 및 이에 부속된 여성의 지위와 역할을 공인화하는 효과가 있었다. 즉, 가족 내부적으로 존재하는 여성 지위와 역할에 관한 차별성이 유교적 가족문화 전체로 뭉뚱그려져, 여성의 문화 · 사회적 시민권

11) 아울러, 일제시대의 "의례준칙"이 참고가 됐을 가능성이 있으나 기록이나 학술연구를 통해 확인된 바는 없다.

12) "가정의례준칙"은 여러 차례 개정을 거쳐 1999년 폐지됐고, 대신 시대적 변화를 대폭 반영한 "건전가정의례준칙"이 제정되어 오늘에 이르고 있다(부록 3-2 참조).

13) 이 시기 가족계획사업에서도 마찬가지 동원이 이루어졌다(배은경, 2005).

이 억압성과 파편성을 띠게 된 것이다. 적어도 문화적 차원에서는 한국인의 시민권(성)이 상당 정도 신전통주의적 근대성의 발현이었으며, 이에 수반해 여성 시민권(성)의 문화적 왜곡이 구조화됐다.

3. 신전통주의 근대가족: 서구 경험과의 비교

현대 가족문화의 신전통주의 성격은 서구 맥락에서도 발견된다. 자레츠키(Eli Zaretsky, 1973)에 의하면, 서구 현대 핵가족의 서정주의 성격 및 현모양처 이념은 역사적으로 빅토리아 시대 귀족계급 문화에 뿌리를 둔 것이다. 대규모 공장제 생산을 확산시킨 산업혁명을 통해 자본주의 체제가 확대재생산되면서 부르주아 계급의 경제활동은 초기의 가족생산자적 성격을 벗고 고용 노동력에 기초하게 됐다. 이때 부르주아 계급의 부인과 미성년 자녀가 가정 내적 존재로 재설정되는 과정에서, 귀족계급의 서정주의 가족문화가 부르주아지 가족으로 흡수됐다. 부르주아의 경제력이 가족문화의 귀족화로 이어진 것이다. 나아가 산업기술의 고도화와 산업생산성 및 노동임금의 지속적 제고에 맞물려 숙련노동자들을 필두로 노동자 계급의 중산층화 및 그 부인, 미성년 자녀의 탈노동자화가 진행됐는데, 부르주아 계급을 통해 현대로 이어진 귀족계급의 서정주의 가족문화가 궁극적으로 일반 노동자의 가족문화로 보편화되기에 이르렀다는 것이다.

서구에 대한 전방위적 의존을 통해 발전과 근대화를 추진해 온 한국사회는 서구의 서정주의 가족문화도 적극적으로 수용해 왔으며, 이는 흔히 개인주의적 "핵가족" 문화로서 (직계)대가족적 유대를 강조하는 한국의 전통적(유교적) 가족문화와 배치되는 것으로 이해됐다(Chang, 1997). 그러나 여성의 지위를 중심으로 생각해 보면, 두 유형의 가족문화는 공히 현모양처 이념에 기초하고 있고 이는 궁극적으로 귀족문화적 뿌리를 갖고 있다. 20세기 중후반부터 (도시지역) 한국 여성이 현모양처로서의 전업주부 지위를 거의 보편적으로 수용하거나 지향했던 것은 내부적으로 신전통주의 근대성으로서의 유교적 가족규범이 보편화되고 대외적으로 서구 추종적 근대화로서 서정주의 가족문화가 급속히 확산되면서 세대 간 이견이 거의 없이 이루어졌던 현상이다. 그리고 산업화 과정에서 도시 노동시장에 참여했던 농촌 출신 여공의 대다수가 노동자로서의 경력이 아닌 전업주부로서의 역할을 이상시했으며(Koo, 2001), 20세기 후반까지도 교육수준이 높은 여성일수록 (교육수준과 사회 · 경제적 지위가 높은 배우자를 만나) 전업주부가 될 확률이 높았던 현상은(Park, 1991; Roh, 2014) 신전통주의 유교문화와 서구문화를 동시에 반영한 현모양처로서의 지위가 광범위한 계급적 지향성과 상징성을 반영했음을 말해 준다(장하진, 1993).

그러나 한국 사회의 경우 신전통주의적 유교 가족문화의 보편화가 서구의 서정주의 가족문화처럼 산업자본주의의 확립과 발전에 수반된 경제적 여유의 계급적 확산이라는 확고한 물적 기초에서 가능했던 것이 아니라, 국제정치적 사건으로서의 해방과 이에 수반된 근대 시민지위의 법적 획득이라는 정치적 과정에 수반된 급작스러운 현상으로서 그 물적 · 인적 기초의 결여가 심각한 딜레마를 초래했다. 특히 상당수가 대토지 및 수십여 명의 노비를 소유했던 사대부 계급이 실천했던 유교의례는 현실적으로 서민(상민계급?)으로서의 물적 지위가 보편화된 것에 불과한 현대 한국인들이 제대로 실행하기가 근본적으로 어려웠다. 대다수가 농민이었던 한국인들은 비록 농지개혁을 통해 생존을 위한 최소한의 경제적 기반을 보편적으로 확보했지만, 이는 극히 영세한 자작 소농으로서의 빈곤을 평등하게 겪게 됐음을 의미하기도 했다. (심지어 "보릿고개"로 표현되는 계절적 빈곤을 집단적으로 겪는 상황이었다.) 그리고 가족의 집단적 생산노동 참여라는 가족농업의 원리는 가족문화의 귀족화와는 별개로 엄존했으며, 결국 여성의 경우 생산노동자로서 그리고 (귀족계급 가정의 전업주부적 지위를 전제로 했던) 현모양처로서의 역할을 동시에 수행하도록 요구받게 됐다(김주숙, 1990). 나아가 전통 시대에 대다수 사대부 가정에서 노비 노동력 동원을 전제로 했던 복잡다기한 유교의례의 수행을 위해 (예컨대, 4대 조상 제사 등을 실행하기 위해), 그리고 일상적 가사 실행 및 노약자 수발을 위해 (주로 며느리로서의) 여성 노동력을 동원하는 과정은 실제 이들에 대한 "천대"(賤待)로 이어졌었다.[14]

시어머니-며느리 사이뿐 아니라 여전히 한국인들의 가족문화에 흔적이 남아 있는 시누이-올케 사이의 위계적 갈등 관계는 신전통주의 근대성으로서의 유교적 가족문화가 빈곤한 한국인들에게 보편화되는 과정에서 여성이 혼인 제도를 통해 가부장적 가족들 사이에서 유사 노비적 존재로서 '교환'되는 측면이 있었음을 나타낸다. 모든 여성은 혼인 이전에 시누이로서의 지위에 기초해 올케의 시집에 대한 종속·복종 의무의 효익(效益) 향유에 가담할 수 있다고 이해됐지만, 본인의 혼인(시집가기) 후에는 예외 없이 스스로가 올케로서 그리고 며느리 및 아내로서 종속·복종 의무를 받아들이게 됐다. 혼인한 여성이 시집의 각 구성원과 맺는 관계의 위계성과 일방성은 이들의 지위가 사회계급적 차등과 종속을 내포하고 있었음을 말해준다. 그리고 이러한 지위하의 여성 교환의 집단적 필요성이 비혼(非婚) 가능성을 도덕적 차원에서 원천적으로 차단하고 이른바 출가외인(出嫁外人)의 규범을 현대적으로 (재)확립시켰다. "과년한" 미혼 딸에 대한 부모의 걱정과 꾸중은 이러한 차원의 사회적 압력을 가족이 전달했던 셈이었다. 또한 혼인 이전 단계, 즉 양육 및 교육 과정에서

14) 이러한 문화 혹은 습속의 흔적은 여전해, 최근 급증한 외국계 신부들이 며느리에 대한 '관습적 천대'를 이해하지 못해 시모와 갈등을 겪는 현상이 교육방송(EBS)의 "다문화 고부열전" 프로그램의 일상적 소재가 되고 있다(http://home.ebs.co.kr/gobu/ main). "다문화 가족"의 고부갈등에 영향을 미치는 요인에 관해 박진옥(2012) 참조.

의 딸 차별, 나아가 출산 자체에 있어 광범위했던 남아선호 역시 이러한 여성에 대한 교환체제의 역설적 산물이었다고 볼 수 있다.[15]

수많은 며느리들을 괴롭혔던 남아 출산에 대한 시집의 압박 및 이에 대한 수용은 며느리로서의 여성 교환체제가 가졌던 핵심적 특징이자 최대의 모순이었다. 아들을 출산하고 결혼시켜야 며느리를 얻어 본인도 궁극적으로 시어머니로서의 지위에 오를 수 있다고 전제하면, 남아 출산이 며느리에게도 이른바 '합리적 선택'(rational choice)이었다고 해석할 수도 있다. 그러나 이는 며느리가 가족문화의 유형 혹은 가족형태 및 가족관계의 내용에 대해서 전혀 자율적 선택권이나 창안권을 갖지 못한다는 전제가 함께 주어진 것이며, 결국 (빈번히 인위적인) 남아 출산을 통해 며느리들 자신이 반여성적인 유교적 가족문화를 재생산하는 데 결과적으로 동참했던 것이다.[16]

15) 1992년 10월에서 1993년 5월 사이에 방송된 문화방송(MBC)의 대성공작 드라마 "아들과 딸"은 바로 이러한 양육 및 교육에서의 딸 차별 문제를 소재로 했다.

16) 은기수(Eun, 2013)의 연구에 의하면 한국을 비롯 범세계적으로 남아선호 출산 현상이 현격히 약화됐지만, 한국의 경우 이 과정이 독특한 양상을 띤다. 대다수 사회들에서는 이 변화가 '성중립적'(gender-neutral) 출산 태도의 보편화를 의미하지만, 한국에서는 일부 잔존한 남아선호 태도에 대비된 여아선호 태도의 강화가 나타나 평균적으로 남녀 선호의 균형이 이루어져 왔다는 것이다. 즉 한국인들의 자녀 출산규범은 여전히 '성특정적'(gender-particular) 성격이 다른 사회들에 비해 매우 강하다는 것이다. 여아를 선호하는 부모들의 동기는 양육과정의 정서적 보상감뿐 아니라 급격히 연장될 자신의 노후에 자녀와의 관계유지 등이 반영되고 있다. 아울러 이미 태어난 여아들에 대한 (남아와의 차별이 사라진) 적극적 교육투자 및 사회활동 지원과 기대가 보편화되어, 얼마 전까지도 주로 남아를 통해 기대했던 세대 간 계급 · 계층 상승 욕구가 이제 여아를 통해서도 상당 정도 충족되기에 이르렀다. 산업화 과정에서 여성의 경우 고학력일수록 (교육 · 계층적 내혼을 통해) 전업주부가 될 확률이 높았던 거의 유일한 사회였던 한국이 지난 세기말 외환위기를 계기로 가속화된 산업 공동화 · 세계화 속에서 남성노동자들의 노동시장 지위가 급격히 불안정화하고, 남녀 간 노동시장 지위 분리 · 차등이 덜한 서비스업의 고용규모가 지속적으로 커지면서, (노동지위 하향평준화 우려에도 불구하고) 여성들의 사회(생산노동) 참여가 범세대적으로 확대되고 있다.

4. 신전통주의 근대성, 가족자유주의, 개발자유주의: 젠더체계의 정치경제

신전통주의 근대성으로서의 유교적 가족규범은 해방 후 남한사회의 정치경제적 통치 · 지배 이념과 긴밀히 결합되어 여성의 역할과 지위를 거시적 통치 · 지배 질서에 조율시켜 나갔다. (본서 제1장에서 자세히 설명했듯이) 냉전질서 하에서 이식된 미국식 자유주의는 한국 정치체제의 기본 이념으로서뿐 아니라 수구보수적 경제질서의 보편 원리로서 자리잡았지만, 현실적으로 (자작 소농, 도시자영업, 재벌 등) 경제활동의 가족중심성, (공공 사회보장 부재에 따른) 복지체제의 가족중심성 등을 반영해 매우 가족중심적인 자유주의, 즉 가족자유주의(familial liberalism)로 변형되어 착근됐다. 자유주의 체제의 현실적 혹은 물질적 기본 단위로서 가족이 확고한 중심성을 갖게 되는 과정은 가족지향적 유교규범 체계에 의해 문화적으로 보강됐다. 유교적 가족의례가 한국인들 삶의 문명(문화)적 목표로서 설정되고 노부모 봉양 등의 가족 보호 활동이 유교적 인간관계의 실현으로서 당연시됐다. 나아가 교육과 노동이 유교적 가족의무의 실천으로서 강조되면서, 한국인들은 새롭게 당면한 자유자본주의 체제를 가족을 기본 조직단위로 해서 현실적으로 수용해 나갔다(장경섭, 2009). 가족의 사회 · 경제적 자기책임성이 지상가치화 되는 추세는 적어도 물질적 차원에서는 사적 자치를 핵심으로 하는 자본주의의 자유주의 원리에 배치되지 않는 것으로 이해됐으며, 결과적으로는 자본주의적 생활양식을 일반 시민들에게 빠르게 착근시키는 효과를 가졌다고 볼 수 있다. 그리고 여성의 지위와 역할은 이러한 유교적 가족문화와 자유자본주의의 결합방식에 종속되어 결정됐으며, 결과적으로 자유주의로서의 자본주의가 잠재적으로 가질 수 있었던 사회 · 정치적 개인 해방의 효과가 대다수 여성에게 왜곡되거나 제한되는 현상이 나타났다(Chang, 1995).

한국 자유지본주의는 다른 한편으로 강력한 국가중심주의에 의해 변형 · 변용되어 나갔다. 특히 박정희 시대에는 국가경제 발전이 이른바 "민족중흥"의 핵심 과제로 설정됐으며, 이를 위해 박정희 정부는 급속한 자본주의 산업화를 직접적으로 추진해 나갔다. 산업화와 경제성장의 속도 자체가 국가의 정치적 목표로 설정되고, 이를 위해 시민들의 경제활동과 일상생활은 국가의 구체적이고 적극적인 통제 · 관리하에 놓이게 됐다. 특히 가족 차원에서는 소비 억제를 통해 저축 증대를 실천하고 노약자 보호 등 자체적 복지기능으로 공적 사회보장 필요성을 덜어줌으로써 국가가 산업화에 최대한의 투자를 할 수 있도록 협조를 요청받았다(Chang, 1997). 이는 나라 차원의 경제발전을 위해 산업화에 주도적 역할을 했던 국가, 즉 "개발국가"(developmental state)가 사회정책 차원에서는 (소극적) 자유주의의 입장을 견지했음을 의미하며, 이를 '개발자유주의'(developmental liberalism)로 개념화할 수 있다(Chang, 2012a; Chang, 2019). 그리고 복지, 교육, 주거, 생업 등에 있어 사회적 자기책임성의 원리에 충실한 유교주의 가족은 이러한 개발자유주의 국가의 핵심 통치기반으로서 기능했으며, (흔히 생업노동에 덧붙여) 가사와 돌봄을 책임진 유교가정의 여성들은 그 책임과 관련해 국가로부터 구체적이고 빈번한 독려를 받았다. 즉 신전통주의 유교가정의 한국 여성은 개발자유주의와 가족자유주의의 결정적 연결고리로 기능한 것이다.

한국적 개발자본주의 체제에서 여성에게 요구된 핵심적 역할이 국가에 의해 상징적으로 고양됐던 사례로서, 5월 가정의 달에 (대다수가 여성이었던) 모범 "효행자", "장한 어머니" 등에 대한 복지 주무부처 장관의 표창과 심지어 국가훈장 수여가 주기적으로 시행됐던 것을 들 수 있다. (이는 봉건 조선시대에 충 · 효 · 열(忠孝烈)의 모범적 실천을 장려했던 정표(旌表) 제도와 궤를 같이 했다.) 가족보호를 위한 인고의 세월을 국가가 표창과 서훈으로써 칭찬한 (대다수가 여성인) 도덕적 모범시민들은 사실 개발자유주의 체제의 사회적 모순을 일생을 통해 감내해야 했던 정치적 희생자들이었다(부록 3-1 참고). 이들 중 상당수는 일상적 살림살이 외에 배우자의 저소득을 보충하는 경제활동을 병행했음을 감안할 때, 표창받은 장기간의 특별한 가족보호 행위는 호크쉴드(Arlie Hochschild)의 비유를 확장해 '삼차근무'(the third shift)에 해당된다고 하겠다.[17] 민주주의가 정치제도적 차원을 넘어 국가정책과 사회질서 차원으로 확산되는 과정에서 이러한 국가행위가 사라진 것은 결코 우연이 아니었다.[18]

5. 탈개발시대 여성과 자유주의 근대화: '시집가기' 결혼의 종언?

21세기 한국 여성들은 급증하는 비혼, 만혼, 이혼 등의 추세로 가족과 분리되거나 가족의 비중을 근본적으로 축소하는 생애를 설계하고 영위하는 경향이 강화되고 있다. 남성들의 경우에도 이러한 경향이 드러나지만, 상당 정도 여성들의 변화에 종속된 현상으로 간주된다(Chang and Song, 2010). 여성들의 혼인으로부터 여러 경로의 분리는 한편으로 적극적으로 개인(주의)화된 삶을 추구하려는 지향도 반영할 수 있지만(Song, 2011), 이에 못지않게 신전통주의 근대 가족에 대한 거부감 및 탈신전통주의적 혹은 유의미한 '신근대적'(new modern) 가족의 부재에 따른 허무감이 초래하는 현상이다.[19] 한국 사회의 혼인은 대다수 여성에게 여전히 "시집가기"로 인식되기에, 자율적 삶의 개척과 확장 차원에서 이에 대한 회의적 태도의 확산은 놀라운 현상이 아니다. 이러한 여성의 입장에 대해 (이들에게 적극적 교육투자를 해 온) 부모의 태도도 점차 수용적이

17) Hochschild, Arlie Russell, with Anne Machung. 1989. *The Second Shift: Working Parents and the Revolution at Home*. New York: Viking Penguin.

18) 관련해서, 부록 3-3에 필자의 신문 칼럼 소개.

19) 필자는 별도 연구에서 이런 경향을 "개인주의 없는 개인화"(individualization without individualism)로 설명했다(Chang and Song, 2010).

되어 가고 있다(최유진 외, 2016). 또한 예비 배우자로서 남성(청년)은 경제적 지위의 불안정성이 확산되는 반면 여성의 취업은 (지금까지와 비교할 때) 계속 늘어나 적어도 물질적 생존 차원의 혼인은 불가피성이 급감하고 있다.

사실, 한국 여성의 신전통주의 근대 가족으로부터의 집단적 이탈은 이미 1960년대부터 산업화에 수반해 이루어진 급격한 이촌향도(離村向都) 과정에서 시작됐다. 초기 노동집약적 산업화 과정에서 수많은 농촌 여성들이 도시 제조업 노동자로서 취업 이주를 했지만, 반드시 취업이 전제되지 않더라도 그리고 퇴직을 하더라도 대다수 여성이 도시에 머물며 도시 가정을 형성했다(본서 제7장; 장경섭, 2009, 제6장). 이러한 결정은 배우자 부모의 농촌 잔류 경향에 맞물린 도시에서의 독립적 가구 형성 가능성과도 맞물려 있었다. 즉 농촌에 남은 시부모와 분리된 독립된 핵가족 가구의 형성이 가능했던 것이다. 물론 신전통주의적 가족규범뿐 아니라 농가경제의 구조적 불안정성, 농촌 생활환경의 고질적 낙후성 등이 한국 여성의 보편화된 농촌 거부 태도의 원인으로 작용해 왔다(김주숙, 1990).

그런데 이농·이촌 여성들이 도시에서 독립적으로 형성한 가족이 그들이 회피했던 신전통주의적 유교 가족문화를 폐기하고 전면적으로 새로운 가족문화를 지향했던 것은 아니다. 대다수 도시가족은 유교적 가족문화의 선택적 유지와 서구로부터 유입된 서정주의 가족이념의 수용 등을 통해 매우 복합적인 문화적 구성체로서 거듭났지만, 남성 중심의 가부장적 경제·사회 체제에 연동되어 적어도 여성의 지위와 역할에 관해서는 매우 보수적인 성격을 유지했다(장경섭, 2009, 제3장, 제4장). 그 결과 고학력 여성의 우선적 전업주부화(Roh, 2014), 도시가정의 일반화된 고부갈등 등의 현상이 전개되기에 이르렀다.

(본서 제6장에 자세히 설명한대로) 여성의 농촌 이탈은 21세기까지 이어져 대다수 농촌 지역에서 내국인 여성을 배우자로 찾지 못한 이른바

농촌 노총각들이 심지어 중장년이 되어서까지 원치 않는 독신생활을 영위해 왔으며, 이 중 상당수가 2000년대 중반부터 아시아 각지에서 외국인 신부들을 맞이하고 있다. 이러한 외국인 신부의 도래는 한국 사회에 이른바 '다문화화'(multiculturalization)를 가져온 것으로 이해되고 있고, 또한 적극적 '다문화주의'(multiculturalism)를 통해 이들의 한국 생활을 지원해야 한다고 정부와 사회가 합심하고 있다. 외국인 신부의 영입은 2000년대 초반 도시 주변부에서 재중동포(조선족)로부터 시작해 곧 한족(漢族) 여성들을 상대로 빠르게 늘어났지만, 다문화화의 명시적 · 공식적 인정은 2000년대 중반부터 농촌 남성들이 베트남 등 아시아 전역으로부터 외국인 신부를 맞이하기 시작한 것이 계기가 됐다. 그런데 다문화주의는 외국인 신부들의 인종 · 문화적 다름을 전제로 설파되어 왔지만, 사실 이들은 현실 생활에서 내국인 여성들이 거부한 한국의 신전통주의 가족규범의 학습과 실행을 위해 치열한 하루하루를 살고 있다. 특히 방송매체에서 이들 일상의 핵심 요소로 다루고 있는 한국인 시모(媤母)와의 복잡한 고부관계는 '신전통주의 한국 가족의 기능적 존속을 위한 혼인 세계화'라는 근본적으로 모순적인 사회적 기획의 불편한 단면을 드러내고 있다.[20)]

물론 21세기 한국 여성들은 도시 남성과의 혼인에 대해서도 갈수록 회의적 혹은 유보적이 되고 있다. 국내 여성들 사이에서 비혼, 만혼, 이혼 인구의 급증은 이미 장기적 추세가 됐으며, 이에 연동되어 남성의 비혼, 만혼, 이혼 인구도 급증해 왔다. 그런데, 여러 사회조사에서 젊은 한국인 여성들은 그들의 부모 세대와 크게 다르지 않은 보수적 결혼관, 즉 결혼 가능성 자체는 부정하지 않는다는 태도를 보이고 있다(Chang and Song, 2010).[21)] 이를 통해, 아직은 '어떤 결혼'을 할 것인가 혹은 할 수 있

---

20) 교육방송(EBS)(1997), "다문화 고부열전"(http://home.ebs.co.kr/gobu/etc/1/htmlMenu).

는가라는 질문이 결혼 자체를 할 것인가 말 것인가라는 질문보다 우선한다고 볼 수 있다. 그리고 비혼, 만혼, 이혼 인구의 급증은 현대 한국 여성이 이상적으로 여길 수 있는 형식과 내용의 혼인이 구상이나 실현 차원에서 어렵거나 현실적으로 실패하는 데 따른 것이라고 볼 수 있다.

이처럼 여전한 보수적(타율적?) 결혼관에도 불구하고, 비혼, 만혼, 이혼 인구의 급증에 따라 한국 여성들 사이에서 '실효적 개인화', 즉 여성 생애에서 혼인과 분리된 기간의 비중이 급속히 증가하고 있다. 그리고 이 추세는 여성 인구 전반의 고학력화 및 취업 역량 · 욕구 증가, 경제질서의 점진적 탈가부장제화(남녀 동등화), 정치 · 사회적 차원의 양성(兩性)관계 민주화 (여권 신장) 등의 변화와 맞물려, 여성들이 새로운 자유주의적 근대성(liberal modernity)의 추구 주체로 거듭날 수 있는 역사적 맥락 혹은 사회적 명분을 제공하고 있다.[22] 물론 새로운 자유주의적 근대성의 추구가 여성에게 반드시 독신생활을 요구하는 것은 아니지만, 적어도 지금까지의 신전통주의적 가족(혼인)규범은 이러한 역사적 변화와 병립하기 어려움이 분명하다.[23]

6. 전망

한국 사회에서 여성들이 이처럼 역사적 중요성을 가진 새로운 근대성의 주체로서 설정되고 있는 데 반해, 남성들은 가부장적 개발주의 정치경제 체제 및 신전통주의적 가족 체제에서 누렸던 특권적 지위가 소멸되어 가면서 쇠락해 가는 탈근대적 존재로 다양하게 투사되고 있다. 이러한 변

21) 나아가 결혼 후 가정 내 성별 분업에 대해서도 한국 여성들은 대체로 수용적이다(허은, 2017).

22) 본 연구의 중요한 한계로서, 성 불평등 · 차별 문제에 관련해 양성(兩性)관계로 관심을 제한하고 있어 다양한 성소수자의 상황에 대해 논의하지 못한다.

23) 홍찬숙(2015)은 이런 차원의 변화가 상당히 실제적이라고 주장한다.

화는 청년층의 고용대란, 중장년층의 생계불안, 노년층의 빈곤과 질병 등 구조적 경제 · 사회 양극화에 맞물린 전방위적 생활위기로 인해 세대를 가로지르는 것으로 인식된다. 남성의 경제적 지위의 침하나 붕괴는 흔히 여성의 경제활동으로 보완되지만, 이러한 경제적 역할 변화에 상응하는 가정 내에서의 남녀 관계 및 역할 변화는 그 속도가 더디기만 하다.

근래 방송매체가 부각시키는 한국의 (새로운) 남성상은 억지로 국제결혼에 나선 "농촌 노총각"으로, 외환위기 이후 갑자기 직장에서 밀려난 "명퇴자" 및 "실직자"와 아예 가족을 등진 "노숙자"로, 현실 생활의 정신 · 육체적 고통을 감당치 못해 도시와 가족을 벗어난 "자연인"으로, 대도시 공원으로 "출근"하는 노인으로, 심지어 남성으로서의 좌절을 여성에 대한 언어적 · 물리적 · 성적 폭력으로서 해소하려는 "여혐"(여성혐오)주의자로서 부각되고 있다. 실제 이들의 수와 비율이 얼마나 제한적일지의 측면과는 별개로, 한국 남성이 갖는 남성으로서의 정체성이 더 이상 20세기 중후반의 헤게모니적 사회집단으로서의 그것과는 현격히 멀어지고 있음이 분명하다.

경제 · 사회적 남성 지위의 침하, 그리고 이를 보완하는 여성의 경제 · 사회적 역할의 강화는 분명히 남성의 가정적 역할과 의무를 강화해야 한다는 요구를 논리적으로 정당화시킨다. (물론 국가적 사회보장을 통한 노인, 아동에 대한 지원 및 보호의 사회화도 당연히 요구된다.) 그러나 남녀(부부)의 가정 내 역할의 기능적 재정립은 한국 사회가 혼인(가족)이 갖는 신전통주의적 성격을 체계적으로 극복하는 문화(문명)적 재탄생을 전제로 하지 않고서는, 결국 계급 · 계층적으로 부분화된 사안에 머무를 수 있다. 다시 말해, 새로운 혼인(가족)문화의 창출은 탈개발주의 혹은 신자유주의 세계화 시대에 수반된 남성 가장의 경제 · 사회적 위기가 없었더라도 불가피하게 요구되는 것이다. 이러한 필요성은 적어도 사회재생산 단위로서의 (부부)가족 중심성을 지탱하려는 보수적 가족 · 사회관을 전제한 것이다. 여성이든, 남성이든 개인의 삶의 가치를 인구의 사회 재생산 혹은 부모(직계가족)의 가족가치 실현이라는 외재(집단?)적 목표에 전적으로 복속시키겠다는 각오를 다지지 않는 한, 한국 사회에서 혼인은 갈수록 그 의미가 원천적으로 혼란스럽고 모호한 사회제도가 되어 갈 것이다. 그리고 그러한 각오는 남녀를 불문하고 갈수록 강제하기가 어려운 것이다.

담화문: 〈가정의례준칙〉 공포에 즈음하여

친애하는 국민 여러분!

오늘 〈가정의례준칙〉을 공포함에 즈음해서 나는 국민여러분이 이 준칙의 내용과 정신을 옳게 이해하고 자발적으로 실천하여 하루속히 널리 보급되어 번잡한 옛의례에 따르는 고루(固陋)와 낭비가 빨리 시정되기를 바라마지 않는 바입니다.

무릇 의례란 한편으로는 조상이래의 전통을 무시할 수 없는 것이지만, 또 한편으로는 생활의 역사적 사회적 변화에 따라 수정되어 발전하지 않는 한 우리 사회생활은 불편과 번거로움을 면치 못할 것입니다.

전통이나 전래의 방법이란, 마땅히 길이 보전되고 전승되어야 할 문화적 유산이기도 하나, 그것은 그 정신이 중요한 것이지 결코 형식적인 절차가 중요한 것은 아닙니다.

실제로 우리의 관혼상제만 하더라도 이를 존중하는 그 정신이 귀중한 것이지 음복(飮福)이나 다과(茶菓)가 많고 적고하는 절차나 형식이 중요한 것은 아닙니다.

지금 우리는 모든 국민이 한 덩어리가 되어 조국근대화 작업에 총력을 기울이고 있습니다.

그러나 먼저 생활의 합리화, 근대화가 이룩되지 않는 한 이 과업수행은 어려운 것입니다.

이러한 시대적 요청에 따라서 우리는 그 동안 많은 국민들과 더불어 〈가정의례준칙〉의 제정과 그 실천의 필요성을 절실히 느껴왔던 것입니다.

이번 제정된 이 준칙은 이 여망에 따라 사계의 권위있는 인사들이 함께 모여 오랜 시일을 두고 심혈을 기울여 심의 검토한 끝에 마련된 것이며, 국민 여러분이 이 준칙에 대해 각별한 이해와 협조만 해 주신다면 좋은 준칙으로 생활화 될 것을 나는 확신하는 바입니다.

정녕 우리는 예부터 〈동방예의지국〉이라는 이름 아래 일상생활에서조차 남의 이목과 체면을 두려워한 나머지, 오랫동안 허례허식에 얽매어 왔습니다.

그러나 이제는 예의의 정신과 형식이 부합되는 생활의 근대화를 국민 각자가 과감하게 실천에 옮겨야 할 때가 왔습니다.

특히 국민의 지도층에 있는 여러분이 솔선수범하여 이 준칙이 철저하게 실천될 수 있도록 힘써주시기 바라며 또 언론 · 사회 · 교육기관에서도 이 준칙의 보급과 계몽에 앞장서 협조하여 주시기를 간절히 부탁드리는 바입니다.

끝으로 국민 여러분의 새로운 이해와 적극적인 실천으로서 하루바삐 이 준칙이 우리의 새로운 의례로 생화화되기를 간절히 바라 마지 않습니다.

1969년 3월 5일

대통령 박 정 희

건전가정의례준칙

[시행 2015.12.30.] [대통령령 제26774호, 2015.12.30., 타법개정]

여성가족부(가족정책과), 02-2100-6322

제1장 총칙

제1조(목적) 이 영은 「건전가정의례의 정착 및 지원에 관한 법률」 제5조제4항에 따라 건전가정의례준칙의 내용과 그 보급 및 실천에 관한 사항을 규정함을 목적으로 한다.

제2조(정의) 이 영에서 사용하는 용어의 뜻은 다음과 같다.

1. "성년례(成年禮)"란 성인으로서의 사회적 책무를 일깨워 주기 위하여 하는 의식절차를 말한다.
2. "혼례(婚禮)"란 약혼 또는 혼인에서 신행(新行)까지의 의식절차를 말한다.
3. "상례(喪禮)"란 임종에서 탈상까지의 의식절차를 말한다.
4. "제례(祭禮)"란 기제사(忌祭祀) 및 명절에 지내는 차례(이하 "차례"라 한다)의 의식절차를 말한다.
5. "수연례(壽宴禮)"란 60세 이후의 생일을 기념하기 위하여 하는 의식절차를 말한다.
6. "주상(主喪)"이란 상례의 의식절차를 주관하는 사람을 말한다.
7. "제주(祭主)"란 제례의 의식절차를 주관하는 사람을 말한다.

제3조(종교의식의 특례) 종교의식에 따라 가정의례를 하는 경우에는 이 영에서 정하는 건전가정의례준칙의 범위에서 해당 종교 고유의 의식절차에 따라 할 수 있다.

제4조(건전가정의례준칙의 보급 및 실천) 국가기관, 지방자치단체, 공공기관·단체 및 기업체 등의 장은 소속 공무원 및 임직원 등에게 건전가정의례준칙을 실천하도록 권장하거나 그 실천사항을 정하여 보급할 수 있다.

제2장 성년례

제5조(시기) 성년례는 만 19세가 되는 때부터 할 수 있다.

제6조(성년례) ① 국가기관, 지방자치단체, 공공기관·단체 및 기업체 등이 성년예식을 거행할 때에는 엄숙하고 간소하게 하여야 한다.

② 성년례의 식순, 성년선서 및 성년선언의 내용은 별표 1과 같다.

제3장 혼례

제7조(약혼) ① 약혼을 할 때에는 약혼 당사자와 부모 등 직계가족만 참석하여 양쪽 집의 상견례를 하고 혼인에 관한 모든 사항을 협의하되, 약혼식은 따로 하지 아니한다.

② 제1항의 경우 약혼 당사자는 다음 각 호의 서류를 첨부하여 별표 2의 약혼서를 교환한다.

1. 당사자의 건강진단서
2. 「가족관계의 등록 등에 관한 법률」 제15조제1항 각 호의 증명서 일부 또는 전부(당사자의 합의에 따라 필요한 경우에만 첨부한다)

제8조(혼인) ① 혼인예식을 거행할 때에는 다음 각 호의 사항을 지켜야 한다.

1. 혼인예식의 장소는 혼인 당사자 어느 한 쪽의 가정 또는 혼인예식장이나 그 밖에 건전한 혼인예식을 하기에 적합한 장소로 한다
2. 혼인 당사자는 혼인신고서에 서명 또는 날인한다
3. 혼인예식의 복장은 단정하고 간소하며 청결한 옷차림으로 한다

4. 하객 초청은 친척 · 인척을 중심으로 하여 간소하게 한다

② 혼인을 할 때 혼수(婚需)는 검소하고 실용적인 것으로 하되, 예단을 보내는 경우에는 혼인 당사자의 부모에게만 보낸다.

③ 혼인예식을 마치고 치르는 잔치는 친척 · 인척을 중심으로 간소하게 한다.

④ 혼인예식의 식순, 혼인서약 및 성혼선언의 내용은 별표 3과 같다.

제4장 상례

제9조(상례) 사망 후 매장 또는 화장이 끝날 때까지 하는 예식은 발인제(發靷祭)와 위령제를 하되, 그 외의 노제(路祭) · 반우제(返虞祭) 및 삼우제(三虞祭)의 예식은 생략할 수 있다.

제10조(발인제) ① 발인제는 영구(靈柩)가 상가나 장례식장을 떠나기 직전에 그 상가나 장례식장에서 한다.

② 발인제의 식장에서는 영구를 모시고 촛대, 향로, 향합, 그 밖에 이에 준하는 준비를 한다.

제11조(위령제) 위령제는 다음 각 호의 구분에 따라 한다.

1. 매장의 경우: 성분(成墳)이 끝난 후 영정을 모시고 간소한 제수(祭需)를 차려놓고 분향, 헌주(獻酒), 축문 읽기 및 배례(拜禮)의 순서로 한다.
2. 화장의 경우: 화장이 끝난 후 유해함(遺骸函)을 모시고 제1호에 준하는 절차로 한다.

제12조(장일) 장일(葬日)은 부득이한 경우를 제외하고는 사망한 날부터 3일이 되는 날로 한다.

제13조(상기) ① 부모 · 조부모와 배우자의 상기(喪期)는 사망한 날부터 100일까지로 하고, 그 밖의 사람의 상기는 장일까지로 한다.

② 상기 중 신위(神位)를 모셔두는 궤연(几筵)은 설치하지 아니하고, 탈상제는 기제사에 준하여 한다.

제14조(상복 등) ① 상복은 따로 마련하지 아니하되, 한복일 경우에는 흰색으로, 양복일 경우에는 검은색으로 하고, 가슴에 상장(喪章)을 달거나 두건을 쓴다. 다만, 부득이한 경우에는 평상복으로 할 수 있다.

② 상복을 입는 기간은 장일까지로 하고, 상장을 다는 기간은 탈상할 때까지로 한다.

제15조(상제) ① 사망자의 배우자와 직계비속은 상제(喪制)가 된다.

② 주상은 배우자나 장자가 된다.

③ 사망자의 자손이 없는 경우에는 최근친자(最近親子)가 상례를 주관한다.

제16조(부고) 신문에 부고를 게재할 때에는 행정기관 및 공공기관·단체의 명의를 사용하지 아니한다.

제17조(운구) 운구(運柩)의 행렬순서는 명정(銘旌), 영정, 영구, 상제 및 조객의 순서로 하되, 상여로 할 경우 너무 많은 장식을 하지 아니한다.

제18조(발인제의 식순 등) 발인제의 식순 및 상장의 규격은 별표 4와 같다.

제5장 제례

제19조(제례의 구분) 제례는 기제사 및 차례로 구분한다.

제20조(기제사) ① 기제사의 대상은 제주부터 2대조까지로 한다.

② 기제사는 매년 조상이 사망한 날에 제주의 가정에서 지낸다.

제21조(차례) ① 차례의 대상은 기제사를 지내는 조상으로 한다.

② 차례는 매년 명절의 아침에 맏손자의 가정에서 지낸다.

제22조(제수) 제수는 평상시의 간소한 반상음식으로 자연스럽게 차린다.

제23조(제례의 절차) 제례의 절차는 별표 5와 같다.

제24조(성묘) 성묘는 각자의 편의대로 하되, 제수는 마련하지 아니하거나 간소하게 한다.

제6장 수연례

제25조(회갑연 등) 회갑연 및 고희연 등의 수연례는 가정에서 친척과 친지가 모여 간소하게 한다.

[별표 1] 성년례의 식순, 성년선서 및 성년선언(제6조제2항 관련)

[별표 2] 약혼서(제7조제2항 관련)

[별표 3] 혼인예식의 식순, 혼인서약 및 성혼선언(제8조제4항 관련)

[별표 4] 발인제의 식순 및 상장의 규격(제18조 관련)

[별표 5] 제례의 절차(제23조 관련)

여성이 짊어진 '복지국가', 장경섭 (『경향신문』 시론 2001/5/3)

매년 가정의 달 5월이 되면 거르지 않고 반복되는 행사가 있다. 우리의 장한 어머니, 며느리들이 국가나 여러 단체로부터 그간의 노고에 대해 표창과 위로를 받는다. 방송매체를 통해 전국에 소개되는 이들의 인고와 헌신의 삶은 가히 온 시민의 귀감이 될 만하다. 전통시대로부터 이어져 내려오는 이러한 행사는 평소에 잊혀지거나 당연시되는 여러 여성들의 살신성인적 삶을 새삼 상기시켜 모범을 삼게 하려는 것이다.

남편을 갑자기 여읜 후 아무 가진 것도 없이 자신의 몸뚱이 하나를 움직여 여러 자녀를 훌륭히 키웠을 뿐 아니라 고질병을 앓는 시부모까지 줄곧 보살펴 온 경우, 뇌성마비 장애인인 자녀를 초등학교 때부터 업고 등·하교 시켜가며 일류대학을 졸업시킨 경우 등 인간승리의 실례들이 소개된다. 이러한 초인적 삶의 얘기들은 다른 시민들로 하여금 그동안 가족에 불충했던 스스로를 반성케 하고 나아가 노인, 아동, 장애인 등의 문제에 대한 가족적 책임의식을 환기시킨다.

그러나 이들의 극단적 고초는 과연 사회적으로 불가피한 것이었을까. 한 어머니가 장애아를 20여 년간 업고 다니며 뒷바라지를 하거나 여러 자녀와 병든 시부모를 홀로 먹여살리고 보살펴야 했을 때 국가는 어디에서 무슨 일을 하고 있었는가. 이들에게 표창장을 주고 격려하는 위정자들은 동시에 스스로의 직무유기에 대한 자기비판을 해야 하는 것은 아닌가.

한국 사회에서 여성과 국가는 도대체 어떠한 관계에 있는가. 왜 수많은 노인, 아동, 장애인이 헌법상 보장된 최소한의 인간적인 삶을 누릴 권리, 즉 청구권적 기본권을 국가로부터 보장받지 못하고 그들의 며느리, 아내, 어머니인 여성에게만 의존하여 가까스로 생존해나가야 하는가.

한국의 남성은 여성과 국가 사이에서 어떠한 위치를 갖는가.

갖가지 우여곡절 속에 근대화를 모색했던 20세기를 보내고 이제 21세기를 맞았지만 한국 사회에는 아직 두 가지 봉건성이 잔존해 있다. 하나는 국가와 시민 사이에, 다른 하나는 남성과 여성 사이에 존재한다. 이 두 가지 봉건성이 중첩되어 한국에서 장한 여인들이 생겨날 수밖에 없는 토양을 마련한다.

시민들은 격렬한 투쟁을 통해 형식상 민주정치를 쟁취했지만 여전히 근대국가의 주인으로서의 지위를 제대로 보장받지 못하고 있다. 국가권력을 행사하는 대다수 정치인, 관료의 사고와 행동에서 그들의 존재이유가 시민의 정치 · 사회 · 경제적 권리 실현임을 확인하기 어려우며, 이에 대한 시민들의 비판의식도 미약하다. 국가와 시민의 관계가 납세, 병역 등 시민의무 차원에서는 잘 확인되지만 인간적 생존을 포함한 갖가지 시민적 권리(citizenship rights)의 차원에서는 희미하다.

경제, 정치, 사회의 외형상 급변에도 불구하고 남성과 여성은 이 땅에서 여전히 다른 인종처럼 존재한다. 여성의 정치 · 사회적 활동은 이슬람권을 제외하면 여전히 세계 최저 수준에 가까우며 경제활동은 거의 굴욕적인 주변적 노동에 한정되어 이루어진다. 그러고도 사회 · 경제적 위기가 발생하거나 가족 차원의 난관이 닥치면 여성의 결정적 역할에 의존하여 어려움을 해쳐나가야 한다. 곤궁에 처한 노인, 아동, 장애인의 대다수가 여성에 의해 보호받고 있다. 국가와 시민, 남성과 여성 사이에 존재하는 두 가지 봉건성이 중첩되어 국가는 여성에 의존하고, 여성을 착취하고, 여성을 기만해야만이 여러 곤궁집단들을 겨우 연명시켜 나가는 형국이다.

해마다 5월이 되면 장한 여성들을 표창하고 위로하는 것은 우리네 이중적 봉건성의 역설적 표현이다. 언제까지 복지국가 대신에 '복지여성'을 통해 곤궁집단들을 보호해 나갈 수 있겠는가. 수명연장에 따른 노인인구의 급팽창, 사회해체에 따른 문제아동과 청소년의 급증, 경제위기에 따른 남성실직의 확산과 같은 새로운 문제들에 대해서 여성의존적 사회정책기조가 얼마나 실효를 거둘 수 있을까. 이번 5월에는 정말로 심각한 문제의식을 가져보자.

(http://news.khan.co.kr/kh_news/khan_art_view.html?artid=200105031846131&code=990303&fid=)

제4장 가족출산에서 여성출산으로

지금 같은 저출산 추세가 지속하면 2100년 우리나라에서 한민족 수가 절반으로 줄고, 2500년이 되면 거의 사라진다는 전망이 제기됐다. 특히 핵심 생산연령층의 감소세가 두드러져 20년이 지나면 마이너스 성장 시대에 들어갈 것으로 우려했다. 삼성경제연구소는 21일 '저출산 극복을 위한 긴급 제언' 보고서에서 국제연합의 합계출산율(15세 여성이 가임기간 출산할 것으로 예상하는 신생아 수 비율) 전망을 이용해 2051년 이후 남북 인구를 추계한 결과를 발표했다. 보고서는 "경제협력개발기구(OECD) 평균을 훨씬 밑도는 합계출산율이 유지되면 2100년 남한의 한민족 인구는 2천 468만 명으로 올해 인구(4천 887만 명)의 절반으로 축소될 것"이라고 밝혔다. 보고서는 "2500년이 되면 인구가 올해의 0.7%에 불과한 33만 명으로 축소되고 한국어도 사용되지 않는 사실상 '민족 소멸' 상태에 이를 것"이라고 예상했다. 특히 "고령화가 빠르게 진행돼 노동시장의 핵심 취업연령인 25~54세 인구가 올해부터 감소하기 시작해 2050년에는 올해의 54%에 불과한 1천 298만 명으로 줄어들 것"이라고 전망했다. 보고서는 저출산과 고령화의 영향으로 2029년부터 경제성장률이 마이너스 전환해 계속 하락할 것으로 예상했다.(『연합뉴스』, 2010/ 4/21)

"요즘 젊은 여성들이 엄마가 된 뒤 느끼는 절망과 좌절감의 깊이는 상상할 수 없을 만큼 컸습니다. 평등 교육을 받고 자란 그들은 마치 한순간에 삶이 나락으로 떨어진 느낌이라고 말했어요. 왜 이런 전쟁 같은 삶에 대해 아무도 알려주지 않았느냐고 분노했습니다. 반면 아이를 키우는 남성들을 만나보니 가부장적이고 유교적인 가치관에서 많이 벗어나 있더군요. 가족과 함께하고 아빠로서 행복을 느끼고 싶어 하는 욕구가 매우 강했습니다. 그런데 사회가 이런 젊은 여성과 남성들의 변화를 받쳐주지 못하고 있구나 절감했습니다."(김상희 저출산고령사회위원회 부위원장 인터뷰; 『한겨레』, 2017/12/19)

1. 서론

경제협력개발기구(OECD)의 예측에 의하면, 불과 수년 후인 2020년에 한국의 인구변화율은 -0.02%로 한국전쟁 이후 처음으로 인구 감소를 겪기 시작할 것이다(『연합뉴스』, 2010/5/20). 같은 해에 이른바 주요 20개국(G20) 가운데 한국 외에 러시아(-0.62%), 일본(-0.49%), 독일(-0.09%), 이탈리아(-0.08%)만이 인구가 감소할 것이라고 한다. 한국의 경우, 인구감소세는 무섭게 가속도가 붙어 그 후 불과 10년 만인 2030년에 인구변화율이 -0.25%로 열두 배가량 급속해질 것으로 전망된다. 이는 일본(-0.73%), 러시아(-0.68%), 독일(-0.28%)에 이어 네 번째로 급속한 인구감소국이 됨을 뜻한다. 1970년만 하더라도 한국이 2.21%의 높은 인구증가율을 보이며 위의 20개국 가운데 여섯 번째로 빠르게 인구가 늘어났던 사실을 감안할 때, 인구변동에서조차 한국은 웬만한 나라들이 상상하기 어려운 압축적인 변화를 기록해 가고 있다. 삼성경제연구소가 국제연합의 합계출산율(total fertility rate) 전망을 이용해 한반도 인구를 예측한 바에 따르면, 2100년에는 남한의 한민족 인구가 지금의 절반 수준인 2천 468만 명으로 줄고, 2500년이 되면 지금의 0.7%에 불과한 33만 명으로 사실상

"민족 소멸" 상태에 이를 것이라고 한다(『연합뉴스』, 2010/4/21).

이처럼 민족 인구의 점진적 자연소멸과 국가경제의 지속적 축소 가능성이 공공연히 거론되는 현실에 대해 정부는 진보 · 보수의 선을 넘어 이른바 "저출산 · 고령화 사회" 대책을 핵심적 국정사안으로 설정하고 요란스럽지만 아직은 신통한 방책이 없는 듯한 정책토론을 계속하고 있다. 여기에 관련 학자 및 전문가 차원의 다양한 논의와 대중매체의 꾸준한 추적이 더해질 뿐 아니라 아예 경제 · 사회 엘리트 전반의 관심까지 덧붙여지고 있다. 예컨대, 위의 기업연구소와 같은 기업집단(재벌)에 속한 삼성전자의 한 저명 경영인(윤종용)은 이러한 가능성을 염두에 두고 "중국, 베트남 등지에서 10-15년에 걸쳐 아시아계 남녀 100만 명씩 모두 200만 명의 이민을 받아들여야 한다"고 언론 인터뷰에서 제안함으로써 큰 논쟁을 촉발시켰다(『포브스코리아』, 2010/4/26).

인구의 감소는 출산율 하락, 사망률 증가, 인구 이출에 의해 초래될 수 있다. 한국의 인구감소 전망은 사망률의 지속적 하락 (혹은 기대수명의 지속적 연장) 및 제한된 인구 이동을 전제로 한 것이기 때문에, 무엇보다도 출산율 하락이 관건이 된다. 새로운 세기를 맞음과 동시에 한국의 출산율은 세계 최저 수준으로 곤두박질쳤으며, 이러한 상태는 당분간 쉽게 극복되기 어려울 전망이다. 그런데 출산율은 다시 초혼 연령, 혼인율, 이혼율, 혼인 유지기간, 혼외 출산 빈도 등의 요인들에 의해 달라진다. 초혼 연령 상승, 혼인율 하락, 이혼율 상승 및 이혼 연령 하락, (공식통계상의) 제한적 혼외 출산 등의 추세가 꾸준히 유지되고 있는 현실을 감안할 때, 출산율이 어떤 요인에 의해서도 쉽게 회복될 것이라고 전망하기 어렵다. 이러한 현실은 '사회재생산'(social reproduction)이라는 각도에서 체계적으로 조명될 필요가 있다.

부양 · 살림 능력을 갖추고, 결혼을 하고, 자녀를 출산 · 양육하고, 배우자를 부양 · 수발하고, 부모를 봉양하는 일련의 활동은 가족을 매개로 한 이른바 사회재생산 활동이다. 인구의 증감은 이러한 사회재생산 활동의 (단순)집합적 결과이다. 그런데 최근 수많은 한국인들은 사회재생산과 관련된 가족관계의 형성 및 유지에 심각한 부담을 갖게 됐고 궁극적으로 사회재생산의 필요성 자체에 회의감을 갖는 사람들조차 꾸준히 늘고 있는 추세이다. 그래서 결혼을 막연히 미루거나 포기하고, 결혼을 하더라고 자녀를 갖지 않거나 최소화(最少化)하고, 이혼이나 별거를 선택하고, 부모나 자녀와의 관계를 제한하고, 극단적으로는 "가족 동반" 자살까지 감행하는 사람들이 급속히 늘어나고 있다. (그리고 가족 차원의 사회재생산 유보나 포기와는 별개로 개인 차원의 사회재생산에 대한 무력감이나 회의감이 팽배함으로써 청소년과 노인을 중심으로 자살자들이 폭발적으로 증가해 왔다.) 그런데 이러한 현상은 반드시 한국인들이 그들의 강력한 가족주의를 포기하거나 나아가 새롭게 개인주의를 공고화시키는 사회문화적 변동을 수반하는 것은 아니다.

현대 한국에서 거시적 경제 · 사회 · 정치적 질서를 포괄하는 가족의존성과 이에 상응한 시민들의 가족중심적 삶이 여전히 확고하며, 이는 가족의존적 자본주의 근대성 혹은 '가족자유주의' 체제로서 한국 사회의 핵심적 특질에 긴밀히 연계되어 있다(본서 제1장 참고; 장경섭, 2009; Chang, 2010a). 이에 덧붙여 독일 사회학자 울리히 벡(Ulrich Beck)이 "이차근대성"(second modernity)으로 명명한 탈현대적 문명 상황이 한국에서도 (특히 "IMF 경제위기" 이후에) 압축적으로 발현되어, 산업경제, 노동조합, 정부, 정당, 학교, 복지체계 등 이른바 "(고전)근대적 사회제도"들이 급속하게 그 조직적 기초와 사회적 효용을 위협받고 있다. 이 과정에서 수많은 한국인들은 가족(친족)의 기능을 확대 · 심화시켜 사회적 위기에 대응하려는 모습마저 보이고 있다.

여기에서 핵심적 문제는, 자본주의 근대성에 대한 국내 및 세계적 차원의 교란요인들이 중첩적으로 부과된 상황에서 한국인들의 가족은 극도의 기능적 과부하를 겪게 됐고, 가족관계가 다양한 문제 해결을 위한 사회적 자원으로서 동원되는 동시에 복잡다기한 '사회적 위험'(social risk)들을 전달 · 파생시키는 작용을 한다는 점이다. 따라서 위험 관리(회피) 차원에서 현대 한국인들은 혼인, 출산, 부양관계 등에 관해 극도로 조심스러운 입장을 보이고 있다. 사회재생산의 위기는 바로 가족(자유)주의자로서의 한국인들이 전개하고 있는 위험 관리 노력으로서의 다양한 (생활형태상의) '탈가족화'와 '개인화'에 기인한 것이다.

2. 자본주의와 가족주의 근대성

한국의 급속한 자본주의적 경제발전은 매우 압축적인 양태의 가족중심적 자유주의 근대성을 수반했다. 필자가 한국 사회의 '압축적 근대성의 미시적 기초'로서 가족에 관한 연구에서 도출한 결론은, 한국의 산업화, 교육, 복지 등 근대화의 핵심 영역들에서 가족이 (서구에서 제시된) 고전적 근대화론의 설명과는 달리 과거보다 오히려 훨씬 확대되고 강화된 사회적 기능을 수행해 왔다는 것이다.[1] 이러한 현상은 시민들의 개별적 혹은 사적 노력으로 나타나기도 했지만, 국가, 기업 등 산업자본주의적 근대화의 주도 세력이 경제성장과 자본축적의 극대화를 위해 가족을 전략적으로 통제 · 동원한 데 따른 것이기도 하다.

이 과정에서 한국인 가족은 전통 · 토착적 가족문화(이념)뿐 아니라 현대 · 탈현대적 및 서구 · 세계적 가족문화까지 수용 · 동원해 이러한 다양한 문화에 내포된 복잡다기한 사회적 기능들을 동시에 수행하고 이를 통

1) 장경섭(2009), 『가족 · 생애 · 정치경제: 압축적 근대성의 미시적 기초』(창비) 및 여기에 가족자본주의(재벌) 문제를 추가로 분석하고 교육, 여성 등에 관련된 자료와 분석이 보완된, Chang Kyung-Sup(2010), *South Korea under Compressed Modernity: Familial Political Economy in Transition*(Routledge) 참조. 압축근대성의 관점을 가족 변화에 적용한 여타 논의로, 조은(1997), 이정옥(2012) 참조.

해 개인 · 가족 차원의 행복과 성공을 추구해 왔다. 구체적으로 한국인 가족은 유교적, 도구주의적, 서정주의적, 개인주의적 사회제도로서 개인과 사회 사이에서 극히 복합적이고 강도 높은 기능들을 수행했는데, 이 과정에서 한편으로 관련 기능들의 과다함과, 다른 한편으로 그 기능(이념)들 사이의 모순과 갈등으로 인해 구조적이고 만성적인 '가족피로'가 누적되어 왔다(장경섭, 2009, 2011a). 이러한 가족피로에 대한 불가피한 반응으로서 가족의 '실효범위'(effective scope)를 축소시켜보려는 다양한 시도들이 나타났다. 즉, 결혼을 늦추고, 자녀수를 줄이고, 불가피하면 별거나 이혼을 감행하여 '형태적'으로 가족을 축소하는 행위에서부터 가족(친족)에 대한 일상적 상호작용이나 정서적 · 물질적 지원관계를 철회하여 '실질적'으로 가족을 축소하는 행위에 이르기까지 다양한 (탈가족주의화가 아닌) 탈가족화(defamiliation) 증후가 나타나게 됐다. 한국인들은 그들의 가족을 통해 사회적으로 지탱해 온 압축적 근대성의 귀결로서 가족으로부터 거리를 두게 되는 역설적 상황에 직면하게 됐다.

가족(자유)주의 한국인들의 가족으로부터의 이탈은 지난 세기말 이후 "IMF 경제위기"를 전후해서 본격화된 신자유주의적 체제 전환, 혹은 울리히 벡(Beck and Grande, 2010)의 설명으로는 "이차근대"(second modernity)적 상황 하에서 급진적으로 가속화됐다. 이차근대성은 벡이 이른바 "탈근대성"(postmodernity)론에 비판적으로 대응해 제시한 이론으로, 20세기 후반 이후에 서구 혹은 세계의 문명 변화가 근대성을 넘어선 새로운 원리에 의해 특징지어지기보다는 근대성 원리의 극단화와 범세계적 확장에 의해 이전과는 다른 사회 · 경제 · 생태적 상황이 전개되고 있다는 주장이다.[2] 벡은 기든스(Anthony Giddens)의 이른바 "준거반성적 근대화"(reflexive modernization) 논리를 확장해, 현대의 다양한 과학기술, 사회제

2) 이는 기든스(Anthony Giddens)가 "고도근대성"(high modernity) 개념을 통해 주장하는 바와 상통한다.

도, 경제질서가 각 사회에서의 구체적 현실 적합성에 상관없이 자본, 국가, 지식권력 등의 이해와 관행에 따라 강박적이고 무차별적으로 확대적용되어짐에 따라 (후기) 현대사회는 구조적인 “위험사회”(risk society)로 변질되고 여기에 (신자유주의) 세계화 추세가 맞물려 궁극적으로 범세계적 차원의 위험사회(world risk society)가 도래한다는 주장을 펼쳤다(Beck, 1999).[3] 이러한 이차근대적 상황에서 고전 근대의 사회제도들(institutions of first modernity)이 구조적 기능 퇴화나 상실을 겪게 된다고 벡은 지적한다. 예컨대, 산업경제, 노동조합, 정부, 정당, 학교, 복지체계, 심지어 (핵)가족까지 지금까지 현대인들을 위해 수행해 오던 기능을 더 이상 안정적으로 유지하기가 어렵게 된다는 것이다. 이러한 상황에서 현대인들은 개인적 차원에서 각자의 삶을 능동적 · 창의적으로 재구성하여 거시적 경제 · 사회 · 생태 질서의 교란에 대처해 나가야 한다. 따라서 “개인주의화”(individualization)는 이차근대의 문명적 요건으로서 급가속화된다는 것이다.[4]

이러한 이차근대적 상황은 이미 선진산업국 반열에 오른 한국에서도 예외없이 파상적으로 그리고 어느 사회보다도 압축적으로 전개되고 있

3) 벡의 “reflexive modernization” 개념은 한국에서 흔히 “성찰적 근대화”로 번역되기도 하는데, 이는 사실 벡이 의도한 내용과는 오히려 반대되는 것이다. “성찰적”이라는 표현은 ‘자기대면성’을 전제로 하지만, 벡이 관찰한 현대인들은 자기대면적 반성이 아니라 사회환경이 “효율성”, “생산성” 등의 구호 아래 (대부분 본인 의지와 무관하게) 제시하는 갖가지 기준, 가치, 자극, 압력 등에 의거해 강박적으로 자기 비판 · 부정 상태에 놓이고 결국 그들의 삶이 지배체제를 확대재생산시키는 도구로 전락하며, 궁극적으로 사회 자체가 구조적 모순의 누적으로 “위험사회”(risk society)로 전락한다는 것이다. 사실 벡은 어느 저술에서도 이런 내용을 간명하게 정리하지 않았기 때문에, 학계의 혼란은 한국에만 국한된 것이 아니고 범세계적이다. 다만 필자가 벡과의 수년간 공동연구 및 토론 과정에서 이러한 혼란에 대해 대화를 나누기도 했으며, 최근 필자가 편집에 참여한 *The Wiley Blackwell Encyclopedia of Social Theory*에 “reflexive modernization” 항목을 포함시켜 직접 집필했다(Chang, 2017).

4) 최근 일군의 사회과학자 및 철학자들이 ‘공동체주의’(communitarianism)의 후기현대적 중요성을 제기하고 나서는 것도 마찬가지의 맥락에서 이해될 수 있다.

다. 특히 지난 세기말의 신자유주의적 금융위기와 이를 모면하기 위해 급진적으로 추진된 (다분히 역설적인) 신자유주의 세계화는 이전의 급속한 자본주의 산업화 과정을 넘어서는 숨가쁜 속도로 한국인들의 삶을 전면적으로 재편해 나갔다.[5] 특히 기업 차원에서 이루어진 대규모 정리해고, (노동집약적) 한계산업의 구조조정, 생산의 자동화 및 해외이전은 지금까지 산업노동을 통해 국가적 발전전략에 참여해 온 대다수 한국인들을 일순간에 '문명적 미아'가 되도록 만들었다(Chang, 2007). 또한 자본구성 및 생산기반의 세계화, 과학기술 세계 선두권의 진입 등의 추세에 따라 그동안의 주입식 교육체계가 효용을 상실하고, 다른 한편으로 대학마저 거의 보편교육화되다시피 하여 결국 대졸자 대다수가 고등교육 투자에 대한 보상적 수익을 거두기 어렵게 되고 지금까지 본인과 자녀의 교육에 전력 투자(투기?)를 해 온 한국인들이 집단적 공황상태에 처하게 됐다. 노동조합, 정당 같은 정치사회적 제도들은 그 사회적 구성 기반(social constituencies)에서부터 이념 · 정책적 노선에 이르기까지 미성숙 상태를 채 벗어나지 못한 상황에서 갑자기 후기산업사회적 재구조화를 요구받음으로써 자체적으로 존립의 정당성을 주장하는 것조차 어렵게 됐다. 그동안 "개발국가"(developmental state)적 산업정책을 통해 개가를 올려 온 정부는 1990년대 들어 신자유주의 세계 금융세력의 압박하에서 정책적 혼선을 거듭한 끝에 급기야 1997년의 환란을 초래했으며 또 이의 신속한 극복을 위해 채택한 노동배제적 산업고도화(구조조정) 정책을 통해 수많은 한국인들을 경제적 미아 상태로 만들어 왔다. 사회복지에 있어서는 그

5) 필자는 별도의 논문, "The Second Modern Condition? Compresssed Modernity as Internalized Reflexive Cosmopolitization"(Chang, 2010)에서 벡의 세계위험사회적 상황에 대처하여 각 사회 그리고 가족, 개인, 지역공동체 등은 세계화 과정 자체를 공격적으로 내재화시키는 반응도 보임을 지적했다. 이는 이차근대 상황에서 압축근대성이 범세계적으로 확산될 수 있으며, 이에 따른 사회 · 경제적 기회와 위험도 보편화됨을 뜻한다.

동안 소극적 가족책임주의로 일관하며 충분한 공적재원 축적을 하지 못한 상태에서 대규모 고용불안, 절대빈곤층의 급속한 확산, 세계최고 속도의 인구고령화가 요구하는 사회보장 수요를 장기적 · 체계적으로 감당할 엄두를 내지 못하고 있다.

그런데 이러한 이차근대적 혹은 신자유주의적 위험사회화 과정에서 한국인들은 벡이 전망한 것처럼 개인(주의)화의 길을 걷기보다는 오히려 가족중심주의적 대응을 강화해 왔다. 기업, 정부, 정당, 노동조합, 학교, 복지제도가 미증유의 경제 · 사회적 위기 상황에서 별다른 구조적 기능을 하지 못할 때, 한국인들은 주로 가족관계를 통해 급한 불을 끄고 나아가 새로운 탈출구를 모색해 왔다. "IMF 경제위기" 와중에 수많은 부인들이 실직가장을 대신해 가족 생계비와 자녀 (사)교육비 마련을 위해 (노래방 도우미 부업과 같은) 비상 취업전선에 나섰다. 나아가 사회 전반에 걸친 만성적 고용불안과 서민경제 위축은 결국 극심한 소득 양극화를 초래했지만 국가를 통한 재분배적 "사회임금"(social wage)은 거의 무의미한 수준에 머물러 있었다. 이런 상황에서 수많은 가족들은 은행, 신용카드 심지어 대부업체에까지 의존하며 당장의 생계비는 물론 주식, 부동산을 통한 대체소득 확보를 위한 투자자금 마련에 나섬으로써 환란 이후 가계부채가 세계 최고 수준으로 폭증하는 사태가 벌어졌다.[6] 고학력화, 세계화, 고용위축에 따른 교육경쟁에 능동적으로 대응하기 위해 수많은 가족들이 "기러기" 아빠와 유학 자녀 및 '보살피미' 엄마 사이의 이산(離散) 상태에 있다. 수많은 노부모들은 대기업 위주의 양극화된 경제질서하에서 구조적인 경영 위기를 겪게 된 중소사업가 혹은 자영업자 자녀를 위해 농지, 주택, 저축, 연금을 포기해야 했다. 취업에 실패하거나 막연히 교육기간만 늘려가고 있는 수많은 (미혼 · 비혼) 성인자녀들을 지원하기 위해 중

6) 필자는 이를 '빈곤의 금융화'(financialization of poverty)로 개념화하고, 이미 세계 최고 수준에서 악화일로에 있는 가계부채 폭증 문제를 분석했다(Chang, 2016a).

노년 부모들이 조부모 노릇 대신 부모 노릇을 연장하고 있다. 세계 최고 속도의 인구 고령화가 진행되는 가운데 노인인구의 절대다수가 빈곤층에 속하고 “유병장수”가 보편화되는 현실에서 수많은 자녀와 그 배우자가 여전히 효(孝)의 주체로서 최후의 사회보장 제도로 기능한다. 최소한의 신체 · 환경적 안전도 보장해 주지 못하며 경제자유화에 돌격적으로 치닫는 위정자들에 대항하기 위해 유모차를 앞세운 젊은 엄마들이 “촛불시위”의 선봉에 서기도 했고 사법수사와 보안사찰의 대상이 되기에 이르렀다.[7] 이러한 일련의 예들이 공통적으로 시사하는 바는 벡의 이차근대적 혹은 위험사회적 상황에서 한국인들은 개인주의화되기보다는 오히려 더욱 강력한 가족주의자로 거듭났다는 것이다. 그리고 이러한 가족주의적 대응은 이미 가족의존적 개발체제하에서 누적된 가족의 기능적 과부하 및 이에 수반된 가족피로 문제를 더욱 극단화시켜 종국적으로 (탈가족주의화가 아닌) 탈가족화와 (개인주의화가 아닌) 개인화 현상을 사회 전반에 확산시키게 됐다.

3. 가족주의 질서의 역설: 위험 관리로서의 ‘탈가족화’와 ‘개인화’

지난 2005년 한국의 합계출산율(total fertility rate)이 1.08명이라는 세계 최저 수준으로 떨어진 이후 최근까지 비슷한 수준에 머물러 있다.[8] 2017년의 합계출산율은 1.05명으로 전년보다 0.12명 감소했으며, 2014년 전체 평균이 1.68명인 OECD 국가들 가운데 최하위 수준이다. 전 세계에

7) 2008년 초중반 이명박 정부의 신자유주의 정책에 대한 “생활시민”들 중심의 1차 “촛불시위”를 말한다.

8) 기획재정부 중장기전략위원회 중장기전략 연구작업반(2017). “인구구조 변화에 대응한 중장기 정책과제” 2017/3/31(http://www.mosf.go.kr/com/synap/synapView.do?atchFileId=ATCH_000000000004737&fileSn=4)

서 한국보다 출산율이 낮은 나라는 도시국가의 특수성이 반영된 싱가포르, 중국과의 관계로 정치 · 사회적 미래가 불투명한 대만, 홍콩뿐이다. 반면 프랑스(1.98), 스웨덴(1.88), 미국(1.86), 영국(1.81) 등 구미 선진국들은 한국보다 월등히 높은 합계출산율을 보였다. 그런데 이러한 구미 선진국들과의 출산율 격차는 상당 부분 이른바 "혼외 출산"(extramarital fertility)의 차이에 의한 것이었다. OECD 자료에 의하면, 2014년 기준으로 한국 신생아의 1.9%만이 혼외 출생이었는데, 이는 2000년의 0.9%보다는 배로 늘어난 것이지만, 여전히 OECD 국가들 중 최저 수준이었다(『헤럴드 경제』, 2010/3/31). 같은 해 일본의 혼외 출산 비율은 2.3%로 한국과 비슷했으나, 유럽의 아이슬란드(66.9%), 프랑스(56.7%), 스웨덴(54.8%), 벨기에(52.3%) 등은 절반이 넘는 비율을 보여 한국과 현격한 차이를 보였다.[9] (사실, 법적 혼인의 필요성과 구속성에 대한 광범위한 의식 변화가 진행된 이들 사회의 시대적 맥락을 제대로 고려하면, 혼외 출산(extramarital fertility) 개념은 이제 타당성을 약하고, '비혼 출산'(postmarital fertility) 개념이 적합할 것이다.)

그런데 대다수 한국인들은 (다른 동아시아인들과 함께) 자녀 출산을 여전히 고전적(가부장적?) 부부가족의 틀 속에서 고집하고 있지만, 막상 이러한 보수적 규범이 현실적으로 출산빈도(자녀수) 자체를 심각하게 제한하는 결과를 초래하는 것으로 보인다.[10] 이러한 현상은 혼인 후 생활상의 어려움 등으로 자녀 출산을 미루거나 포기하기 때문에 나타나기도 하지만, 더욱 중요하게는 혼인 자체를 막연히 미루거나 쉽게 해체하기 때문에 아예 출산의 물리적 가능성이 급격히 줄어드는 데 기인한다. 다시 말해, 기혼자의 연령별 출산율은 어느 정도 유지되지만 가임

---

9) *OECD Family Data Base*(2017a) (http://www.oecd.org/els/family/database.htm).

10) 이는 서구에서는 상대적으로 보수적 가족주의 사회인 남유럽국가들에서도 마찬가지이다(Billari and Kohler, 2004).

연령 여성의 비혼(혹은 파혼)상태가 급속히 증가하고 있는 것이다.

구체적으로, 한국인들의 초혼연령을 살펴보면 2015년에 남자 32.6세, 여자 30.0세였는데, 5년 전인 2010년의 남자 31.8세, 여자 28.9세보다 각각 0.8세, 1.1세 높아졌고, 20년 전인 1995년의 남자 28.4세, 여자 25.3세보다 각각 4.2세, 4.7세나 높아졌다.[11] (이 수치들은 최근 신혼부부들 가운데 상당 비율이 만약의 이혼 가능성에 대비하기 위해 의도적으로 일정 기간 혼인신고를 하지 않고 지내는 세태는 반영하지 못했다.) 2016년의 조혼인율(인구 1천 명당 혼인건수)은 5.5로 역대 최저였으며, 2009년 6.2에서 2011년 6.6으로 약간 회복된 이후 지속적 하락 추세에 있다.[12] 조혼인율은 1980년에 10.6건으로 가장 높았다. 반면 조이혼율(인구 1천명당 이혼건수)은 2003년에 무려 3.4건으로 거의 세계 최고 수준에 올랐다 이후 감소해 2016년에 2.1건이었지만, 여전히 선진산업국들 가운데에서도 매우 높은 수준이다.[13] 2014년 기준으로 한국의 조이혼율은 OECD 평균과 EU 평균보다 높았다.[14] (유배우자 1천 명당 이혼건수인) 유배우 이혼율은 2015년에 4.4건으로 사상 최고였던 2003년의 7.0건보다 2.5건 줄었지만 이 역시 대다수 선진산업국들보다 높은 수준이다.[15]

21세기 들어 출산율뿐 아니라 초혼연령, 혼인율, 이혼율의 추이는 지난 세기말과 비교하더라도 가히 경천동지(驚天動地)의 변화라고 하지 않을 수 없다. 국제적으로 비교할 때도 한국인들이 흔히 "개인주의" 사회라고 지칭해 온 구미 선진국들의 상응하는 추세를 아예 넘어서는 것이

---

11) 통계청(2016), "2016년 일 · 가정양립 지표."

12) 통계청(2016), "2016년 혼인 · 이혼 통계."

13) 통계청(2016), "2016년 혼인 · 이혼 통계."

14) OECD(2016), "SF3.1: Marriage and Divorce Rates."(https://www.oecd.org/els/ family/SF_3_1_Marriage_and_divorce_rates.pdf)

15) 통계청(2016), "2016년 혼인 · 이혼 통계."

다. 그런데 흥미로운 사실은 한국인들이 막상 가족주의적 혼인관련 규범에 있어서는 아직 큰 변화를 보이지 않고 있다는 것이다. 예컨대, 혼인에 대한 태도를 살펴보면 미혼남성(20-44세) 가운데 결혼을 "반드시 해야 함" 혹은 "하는 편이 좋음"이라고 생각하는 비율이 2012년 각각 25.8%, 41.7%, 2009년 각각 23.4%, 46.4%, 2005년 각각 29.4%, 42%로 합해서 3분의 2가 넘는 수준을 큰 변화 없이 유지했다.[16] 반면 "하지 않는 편이 좋음"이라고 생각한 비율은 2012년 3.4%, 2009년 2.8%, 2005년 3.0%로 극소수였다. 미혼여성(20-44세) 가운데 결혼을 "반드시 해야 함" 혹은 "하는 편이 좋음"이라고 생각하는 비율이 2012년 각각 13.3%, 43.4%, 2009년 각각 16.9%, 46.3%, 2005년 각각 12.9%, 36.3%로 나타났고, "하지 않는 편이 좋음"이라고 생각한 비율은 2012년 4.4%, 2009년 2.8%, 2005년 3.7%로 나타나, 여성들의 결혼 필요성 인식이 상대적으로 덜 분명했지만 결혼을 부정하는 비율은 남성들과 마찬가지로 극소수였다.[17]

21세기에도 여전한 한국인들의 혼인에 대한 집착, 부부가족 내 자녀출산 규범, 나아가 가족주의 태도 일반은 한국 사회가 규범적 혹은 문화적 차원에서 '개인주의화'하고 있다고 볼 근거는 아직 뚜렷하지 않음을 말해준다. 즉, 생활형태상 다양하고 광범위한 '탈가족화' 혹은 '개인화'의 추세들이 나타나고 있지만 이것이 반드시 '개인주의화'를 내포하거나 초래한다고 예단할 수 없는 것이다.[18] (여기에서 탈가족화와 개인화는 상당 부

16) 김승권 외(2012), "전국 결혼 및 출산 동향조사."

17) 이혼에 대한 태도는 더욱 보수적이어서, 2004년 기준으로 "어떠한 경우에도 이혼하지 말아야 한다"는 비율이 5분의 1에 가까웠으며, "가능하다면 이혼하지 말아야 한다"는 비율이 40%나 됐으며, "이유가 있다면 이혼하는 것이 낫다"는 비율은 겨우 7% 정도에 그쳤다(김승권 외, 2012). 더욱 중요한 사실은 이혼 태도에 관한 이러한 비율 분포가 8년 전인 1994년과 대동소이하다는 것이다.

18) '개인화' 및 '탈가족화'의 다양한 유형 분류에 관해서는, Chang and Song(2010), "The Stranded Individualizer under Compressed Modernity: South Korean Women in

분 같은 추세를 지칭할 수 있지만, 탈가족화는 개인들이 가족으로부터 벗어나는 측면과 정도를 지칭하고, 개인화는 개인들이 개인으로서 삶을 영위하는 측면과 정도를 지칭하기 때문에 분석적으로 구분되어야 한다.) 그렇다면, 이러한 탈가족화와 개인화는 새로운 사회규범이나 문화적 가치의 창출 및 확산에 따른 한국인들의 적극적 변화추구 행위라기보다는 개인적 생활현실이나 거시적 사회환경의 구조적 · 장기적 불안정에 따른 소극적 위험회피 행위로 보는 것이 타당할 것이다.

앞서 지적한대로 한국 사회에서 고도 산업화 시기의 개발자유주의 체제와 1990년대 중반 이후 신자유주의 체제는 중첩적으로 한국인들에게 극도로 가족중심적인 삶을 요구했다. 이에 따라 한국인 가족들은 엄청난 사적 성취와 사회적 기여의 이면에 극단적인 '기능적 과부하'(functional overloading)를 겪게 됐고 이 과정에서 가족관계는 다양한 문제 해결을 위한 사회적 자원으로서 동원되는 동시에 복잡다기한 '사회적 위험'(social risk)들을 전달 · 파생시키는 작용을 하게 됐다. 특히 지난 세기 이른바 "IMF 경제위기" 및 이를 신속히 모면하기 위한 급진적 신자유주의 세계화 개혁은 가족관계의 '자원성'을 결정적으로 약화시키고 그 대신 가족관계의 '위험성'은 심각하게 증가시키는 결과를 초래했다. 한국인들의 가족관계가 캘드웰(John C. Caldwell, 1982)이 현대사회의 출산 전환(fertility transition) 이론으로 제시했던 "세대간 부의 흐름"(intergenerational wealth flows)이 아닌 (모든 가족성원들 사이의) '위험의 흐름'(risk flows)에 의해 규정되는 추세가 급속히 전개되고 있다. (이러한 심대한 변화를 감안하여, 출산, 혼인 등 인구현상과 관련하여 가족 간 '위험의 흐름'에 초점을 둔 새로운 사회이론의 정립과 이에 기초한 경험적 연구의 필요성이 절실하다.) 그리고 이러한 위험성이 개인별 보편 사회권의 직접적 보장이 아

Individualization without Individualism" 참조.

닌 "선가정보호, 후사회복지"의 조건적 사회정책 체계에 의해 제도적으로 증폭되어 왔다고 볼 수 있다.[19)]

이와 관련해 특별히 주목할 점은, 한국인들의 가족 관련 규범 중 이른바 '남아선호' 태도가 최근 급속히 사라져 왔다는 사실이다. 그동안 전통가족의 부계(父系)·부거(夫居)제 원리가 현대의 가부장적 경제질서 및 군사주의적 정치·사회질서와 맞물려 돌아가는 환경에서 제공되는 사회·경제적 기회와 영광은 대부분 남성에게 돌아갔으며 가족은 주로 남성(남편, 아들)을 통해 전략적 이해를 실현시키려고 노력해 왔다. 이러한 상황에서 발생한 인구현상이 출생성비의 심각한 왜곡인데, 산업화 및 도시화 과정에서 출산율이 하락하는 와중에 남녀 성비는 오히려 가파르게 상승하는 기현상이 벌어졌다(Park and Cho, 1995; Kye, 2014). 그러나 세기가 바뀌면서, 출산율의 추가 하락이 성비의 하락과 맞물리는 중요한 변화가 나타났다. 이는 가족관계의 자원성이 위험성으로 대체되는 과정이 특히 남성(아들) 지위에 심각한 위기를 초래했음을 말해 준다. 한국의 산업자본주의가 남성중심주의적이었던 데 비례해서 그 국내적 쇠퇴가 미치는 부작용도 남성에게 집중되어 나타나고 있다. 한국인들이 정치경제적 질서를 가부장적 가족질서를 통해 뒷받침한 데 비례해서 그 질서의 와해에 따른 가족 내적 충격도 남성에게 집중되는 것이다. 남성이 갑자기 '위험한 성'(risky gender)으로 부각되는 과정에서 가족 차원의 위험회피 행태의 역설적 귀결로서 출생 성비 왜곡이 바로잡아지고 있다. 이런 맥락에서 보면, 최근 출산율의 추가 하락은 부분적으로는 비정상적 방법을 통해서라도 아들을 가져보려는 욕구가 사라짐에 따른 결과일 수도 있다. 굳이 아

19) 각급 학교의 무상급식 논란도 이러한 맥락에서 이해될 수 있다. 무상급식에 대한 시민들의 압도적 지지에는 단순한 "좌파적" 물질적 재분배 욕구를 넘어 아동에 대한 위험사회적 보호 동기가 깔려있다고 볼 수 있다. 넓게 볼 때, '노동계급'이 아니라 ("유모차 부대"로 상징되는) 생활조직으로서의 '가족'들이 주도한 2008년 "촛불시위"의 핵심적 성격도 마찬가지로 이해될 수 있다.

들을 얻지 않아도 된다고 생각하는 한국인들이 늘어나는 가운데 아예 출산 자체를 포기하거나 축소하는 경우도 상당수 있기 때문이다.

이처럼 사회 · 경제적 위험의 가족적 반영이 예전 같으면 무참히 제거(살해)됐을 수도 있는 여태아(女胎兒)들을 살리는 (혹은 처음부터 잉태되지 않도록 하는) 다행스러운 변화를 가져왔지만, 다른 한편으로 이미 태어난 어린 자녀들이 (혼자 남겨지면 불행하게 될까봐 이 세상으로부터 함께 데려 가겠다는 부모의 집착에 의해) 영문도 모른 채 "가족 동반" 자살로 희생되는 사건들이 빈번히 벌어져 왔다.[20] 앞선 장들에서 소개한 끔직한 사건들처럼, "환란"(煥亂) 당시에 그리고 외형적으로 한국 경제가 화려하게 재도약해 온 오늘날까지 가족관계를 매개로 한 충격적 생명훼손 사건이 끊임없이 이어져 온 것이 현실이다. 위험관리(도피)적 자살과 가족 살해가 상당수 한국인들의 삶을 규정하고 있는 충격적 현실이 언론매체를 도배하는 일이 잦지만 이에 대해 대다수가 둔감해져버리기까지 한 현실도 못지않게 충격적이다.

20) 이현정(2012)은 한국, 일본, 중국에서 자녀 살해 후 부모 자살 행위가 사회적으로 어떻게 인식 · 수용되는지에 대한 비교연구에서, 이 행위가 한국과 일본에서는 "가족 동반 자살"로 인식(인정)되는 데 반해, 중국에서는 타인에 대한 '살인'의 측면이 더 부각된다고 밝혔다. 산업화 · 도시화가 포화상태로 진행된 한국과 일본에서는 독립된 핵가족 체계하에서 부모의 위기가 바로 자녀의 위기로 간주되는 데 반해, 중국의 경우 친족과 사회의 지원관계가 어느 정도 작동한다는 현실적 조건이 반영된다. 이현정의 연구에서 충분히 강조되지는 않았지만, 중국의 경우 사회주의 체제의 사회적 및 제도적 환경이 여전히 개인의 생존조건으로서 어느 정도 기능하고 있는 것으로 보인다. 반면 한국과 일본의 경우는 거의 보편화된 핵가족이 이 연구에서 제시하는 '가족자유주의'의 사회적 단위로서 개인의 생존에 대해 거의 절대적인 중요성을 갖는 것으로 보인다.

4. 개발시대, 위험(회피)시대, 사회재생산

1960년대 이후 질풍노도와 같이 달려온 개발시대는 1990년대 후반 이른바 "IMF 경제위기"를 계기로 근본적 변화를 겪게 됐다. 대다수 한국인들은 이전 개발시대의 희망과 활력을 반드시 되찾기를 바랐으나, 금융위기의 조기 진화를 위해 이른바 신자유주의 세계 경제질서에의 무차별 노출을 받아들인 한국 경제는 결과적으로 한국 노동인구의 집단적 배제와 소외를 가져왔으며 국가의 경제개발 정책은 일부 대기업의 수출경쟁력 제고와 해외진출 지원으로 변질됐다.[21] 이 과정에서 개발시대 혹은 '개발시민권'(developmental citizenship)의 시대는 대다수 한국인들에게 실질적으로 종언(終焉)을 고하게 됐으며(Chang, 2007; Chang, 2012c), 대신에 구조적 금융위기의 반복과 같은 새로운 "세계위험사회"(world risk society)적 상황이 자리 잡게 됐다(Beck, 1999). 이러한 추세는 무엇보다도 삶에 대한 공격적 설계보다는 위험회피적 안전장치 마련에 골몰하는 청년인구가 급증하는 현실로 대변된다.[22]

개발시대에서 위험(회피)시대로의 전환은 한국인들에게 사회재생산의 의미와 효과를 근본적으로 변화시켰다. 개발시대의 한국인들에게 사회재생산은 한편으로 (교육, 근로 등의 헌법적 의무로 규정되기까지 했듯이) 국가경제와 사회의 발전을 위한 사회적 조건 마련에 동참하는 통로

21) 이러한 맥락에서 볼 때, 이명박 정부의 기획재정부 장관(윤증현)이 일자리를 한국 바깥으로 이전하는 기업의 해외 진출이나 일자리를 없애는 생산설비 자동화 투자에 대해 정부의 지지(지원) 입장을 재고하겠다는 잇달아 밝힌 것은 중요한 '사건'이 아닐 수 없었다(윤증현, 2010; http://ebrief.korea.kr/briefing/briefingDetailPopup.do?brpId=19233&gubun=G).

22) 이런 상황의 청년들 사이에서 공무원 시험 준비에 매달리는 인구가 급증하고, 공기업이 "신의 직장"으로서 갈구되고, 심지어 (단기 고수익을 노린) 증권투자 붐이 일었다. 2016년 조사에서 공무원 시험 준비자가 일반 기업 입사 준비자의 거의 두 배에 달하는 기현상이 나타나기도 했다.(『조선일보』, 2016/7/22).

이기도 했지만 다른 한편으로 경제 · 사회적 발전의 혜택을 개별적으로 실현시키는 장치이기도 했다. 자신의 풍요로운 삶과 자녀의 성공적인 삶에 대한 강한 기대를 바탕으로 한국인들은 열심히 교육 · 훈련에 임하고 누구나 결혼하고 예외 없이 자녀를 낳아 교육시켜 왔으며 한동안 이에 대한 충분한 보상을 받고 있음을 높은 중산층 귀속 의식을 통해 보여주었다(Chang, 2002). '개발자유주의'(developmental liberalism) 정책 노선하에서 경제개발을 위한 사회적 비용의 압도적 부분을 가족전담적 사회재생산 체계를 통해 직접 부담한 한국인들은 폭발적인 산업화와 경제성장 과정에서 자신과 자녀의 직업적 기회와 소득수준이 지속적으로 향상되는 사실에 집단적인 만족감을 느꼈다. 그런데 위험시대로의 전환은 한국인들에게 사회재생산과 관련한 물질적 · 사회적 조건의 급격한 악화를 야기했을 뿐 아니라 사회재생산을 통해 오히려 사회적 위험을 가족에게 매개할 수 있는 딜레마를 초래했다. (예컨대, 자녀 교육비용이 최근에 더욱 급증하고 있지만 막상 교육을 통해 자녀에게 약속되는 경제 · 사회적 기회는 갈수록 불분명해지고 있으며 이로 인한 부모-자녀 관계의 갈등과 스트레스는 어느 가정에도 예외 없는 현상이다.) 개발시대의 사회적 대전제였던 고용안정과 소득증가가 근본적으로 불투명해지고 있지만 사회재생산 비용의 가족 전담은 여전한 상황에서, 대다수 한국인들에게 사회재생산은 안정적으로 수행하기도 어렵고 또 수행하더라도 현재와 미래의 사회적 위험에 가족을 노출시키는 결과를 각오해야 하는 진퇴양난(進退兩難)의 시대가 전개되고 있는 것이다.[23]

23) 이처럼 암울한 상황 전개와 관련하여 한국의 사회학을 비롯한 관련 학문들의 체계적 대응은 여전히 미진하기만 하다. 반면 여러 국내 언론에서 매우 종합적 · 심층적으로 관련 사회문제들을 다루고 있는 사실은 인상적이다. 예컨대 다음과 같은 제하의 기사들이 시사적이다: ""신빈곤층 될 일 있나" 이유있는 '결혼 파업'"(『경향신문』, 2010/3/23); "전통적 복지모형 안 통하는 '신사회위험'"(『한겨레21』, 2010/4/16); "혼인신고 지연－위험분산"(『매일경제』, 2005/3/28). 비록 이처럼 제목으로 바로 드러나지는 않더라도, 사실상 최근의 대다수 관련 기사들이 마찬가지의 문제의식을 직간접으로

이러한 딜레마는 사실 한국 농촌에서 일찍이 시작됐다. "선진국 따라잡기"식의 급속한 자본주의 산업화를 추진하면서 한국의 경제발전 및 이에 수반된 사회변동은 극도의 반(反)농촌 · 농민적 성격을 띠었다. 이러한 환경에서 한국의 개발시대는 얼마가지 않아 농민들에게 일종의 '위험시대'로 다가오게 됐으며, 도시의 폭발적인 경제 · 사회적 성장과 맞물려 세계에서도 유례없는 급속한 도시화(농촌인구의 도시 이탈)가 전개됐다(본서 제6장 참조). 그리고 농업은 어느 누구도 선호하지 않는 직업으로 전락하게 됐다.[24] 이 과정은 농촌에서 구조적이고 만성적인 사회재생산 체계의 교란을 야기했으며, 여러 연구에서 밝혀졌듯이 사회재생산의 핵심 주체인 여성들에게 특히 심각하게 받아들여졌다(김주숙, 1994). 그 결과 여성들이 떠난 한국 농촌에 잔류한 남성(노총각)들은 사회재생산의 최소 요건을 확보하려 아시아 전역에 '원정 맞선'을 보러 다니는 처지가 됐고, 적어도 인적 구성을 따질 때 한국의 세계화(globalization 혹은 cosmopolitanization)가 농촌에서 가장 전면적이고 급속하게 전개되는 역설이 벌어지게 됐다(Kim H., 2011).

이처럼 농촌에서 누구도 상상하기 어려웠던 방식으로까지 가족 중심의 사회재생산 체계를 보완하려 드는 것은 가족농과 농촌 문화의 특수성으로 인해 가족의 조직적 재생산이 없이는 정상적 농업생산과 일상생활이 전혀 유지될 수 없기 때문이다(본서 제6장 참조).[25] 이에 반해, 이제 도

담고 있다고 해도 과언이 아니다. 이러한 기사들은 울리히 벡의 '위험사회'(risk society)론 같은 새로운 사회이론들을 바탕에 깔고 작성된 것은 아니지만 구체적 현실에 객관적으로 천착하여 21세기 한국 사회의 가족관련 사회문제들을 설득력 있게 기술 · 분석하고 있다. 주요 한국 언론의 당파성과 음모성에도 불구하고 적어도 최근의 가족위기에 관해서는 상당히 결집된 양상의 객관적 · 비판적 문제의식을 보여주고 있다. 여성, 아동 · 청소년, 노인 등 구체적 개인들이 삶의 최후 보루로 여겨져 왔던 가족을 통해 오히려 사회적 위험에 파상적으로 노출되는 새로운 현실이 좌우 구분을 넘어 심각하게 인지되고 있다.

24) 이화여자대학교 농촌문제연구소(1994), 『한국 농촌청소년 문제의 현황과 대책』.

시지역에서 급속히 확산되고 있는 사회재생산 체계의 교란은 (노동집약적 중소기업들이 외국인 노동자에 의존하듯이) 외국인 신부(외국인 재생산노동자?)들을 동원해 봉합될 수준을 훨씬 넘어서며, 또 산업자본주의 체제하의 한국 도시인들이 굳이 그런 방식으로까지 사회재생산을 위한 가족 형성에 나서야 할 근본적 이유나 동기도 없는 것이다. 다시 말해, 가족적 사회재생산의 유보, 포기 혹은 실패에 대해 도시인들이 느낄 좌절감은 농민들에 비해 제한적이며, 이로 인해 산업자본주의 자체가 장기적으로 직면할 구조적 와해 위험성 또한 당장 개인적인 차원에서 심각한 고민거리로 삼을 이유는 없다. 이런 이유로, 2000년대 초중반 도시 주변부에서 시작된 국제결혼 추세가 2000년대 중후반 농촌에서 급속히 확산됐지만, 제한적일 수밖에 없는 농촌의 국제결혼 수요가 상당히 충족됨에 따라 2010년대 들어서는 국제결혼의 전국 규모가 뚜렷이 감소하고 있다 (본서 제6장 참조).

그동안 한국의 자본주의 경제발전은 단순히 농업사회로부터 도시 산업사회로의 단축적 전환만 수반한 것이 아니고 도시경제 내부에서 지속적이고 급진적으로 고기술 · 고부가가치 산업으로의 재구조화(restructuring)를 수반했다. 이러한 변화는 미국, 일본 같은 선진국들을 추격하기 위한 동기에 기초했으나, 최근에는 폭발적 경제성장세에 있는 중국 등 후발산업국들에게 추격당하지 않기 위한 동기가 덧붙여졌다. (본서 제7장에 자세히 설명한대로) 이러한 산업구조의 연속적 격변은 한국 노동자들의 노동생애사(working life history)의 구조적 불안정성을 초래했고, 이들이 물질적 주부양자 역할을 맡는 가족의 만성적 생활불안 및 특정 가족생활주기(family life cycle) 단계에서의 심각한 생활위기를 야기했다. 특히 지난 세기말의 "IMF경제위기" 이후로는 산업구조의 전환뿐 아니라 산업

25) 이러한 맥락에서, 외국인 신부감으로서 넓게 보아 유교문화권인 중국, 베트남의 (주로 농촌 출신) 여성들이 특히 환영받는 것은 결코 우연이 아니다.

조직의 급진적 유연화 · 슬림화가 보편화되어 이와 같은 문제들이 한층 심각해졌다. 그리고 본격적 노동생애 진입을 앞둔 청년층에게는 가족부양은 물론 일신의 생존조차 여의치 않은 상황에서 이전 세대에게 보편적이었던 유형의 가족생활주기를 재현하기가 근본적으로 어려워졌으며, 이들 '잠정적 독신'들이 새로운 사회집단으로 급속히 부각되고 있다.

5. 국가주의적 · 가족주의적 · 개인주의적 사회재생산: 가족출산에서 여성출산으로

21세기 한국에서 농촌과 도시를 막론하고, 후기자본주의적 위험시대의 사회재생산 위기는 국방과 마찬가지로 국가적 차원에서 종합적으로 마련된 정책과 자원을 통해서만이 점진적이나마 대처할 수 있다. 전쟁의 위험에 국가적으로 대비하기 위해 의무징집된 병사에게 총, 군화, 모포 등을 각자 준비해 오라고 할 수 없듯이, 국가의 경제 · 사회적 불확실성을 줄이기 위한 사회재생산을 거의 국민적 의무처럼 재촉 받는 생활인들에게 사회재생산의 기초적 자원과 수단들을 각자 알아서 마련하라고만 할 수는 없는 것이다. 21세기 한국에서의 사회재생산은 터너 교수(Bryan S. Turner)가 지적한 "공헌적 권리"(contributory right)로서의 시민권(citizenship right)임이 어느 때보다도 확연하며, 이는 좌 · 우의 이념 · 정책적 차이를 넘어서는 것이다.[26] 특히 사회재생산과 관련된 가족위기가 개발자유주의와 신자유주의의 중첩적 작용에 의해 그 어느 사회에서보다 심각하다

26) Isin and Turner(2007), "Investigating Citizenship: An Agenda for Citizenship Studies." 바로 이런 이유로, 시민권(그리고 인권)의 제약을 통해 노동 착취를 조장하는 외국인 노동자 고용(연수) 체계가 사회재생산 문제를 해결하기 위해 응용될 수 없는 것이다. 더욱이 사회재생산의 결과로서 다음 세대의 시민을 양성하는 목적이 그런 식으로 결코 정당화될 수 없을 것이다.

는 현실을 직시하면, 종합적 사회서비스와 사회보장을 통해 사회재생산을 '사회화' (socialization)시키는 국가적 노력을 당장 '급진적'으로 전개해야 한다는 결론이 내려진다. 파업 중인 사회재생산 주체로서의 한국인들에게 (개발권위주의 체제하에서 파업 중이었던 산업노동자들과는 달리) 국가가 어떠한 강제력도 행사할 수 없기 때문에, 웬만큼 급진적이지 않은 사회정책으로는 어떠한 정책목표도 달성하기 어려울 것이다.

이처럼 사회재생산의 사회화는 21세기 한국에서의 시대적 요청이지만 그렇다고 한국만의 정치(정책)적 과제는 아니다. 서구 복지국가들의 사례에서 보듯이 치밀하고 다양한 사회보장 및 사회서비스 제도들이 시민들의 일상생활을 안정시키고 나아가 출산과 같은 사회재생산 행위에 나서도록 유도한다는 것은 거의 상식적 현실이다. 그런데 사회재생산과 관련된 서구 복지국가체제의 교훈은 두 가지 점에서 매우 면밀하게 고려되어야 하는데, 이는 출산 등과 관련된 국가주의 및 가족주의의 극복이다.

먼저, 최근 한국에서 전개된 정부 주도의 저출산 · 고령화 정책담론이 한편으로 사회재생산의 국가 · 사회(경제)적 '공공재'(public good)성을 인식 · 확산시키는 긍정적 효과가 있지만, 다른 한편으로 사회재생산의 개인적 위험(매개)성에 대한 시민들의 우려를 증폭시키고 결국 출산 동기를 더욱 약화시킬 가능성도 있다. 특히 개발경제 체제의 신자유주의적 왜곡으로 한국 자본주의의 (계급 · 계층 간 및 세대 간) 사회적 통합성이 근본적으로 와해된 상황에서 시민들의 가족(자유)주의와 맞물려 나타난 저출산 문제를 언어적 여과도 없는 인구정책적 대증요법으로 해결하겠다는 국가주의적 발상은 정책적 현실성도 없고 정치적 규범성은 더더욱 문제가 된다. 예컨대, 인구 연령구성의 심각한 불균형으로 인한 미래세대의 (노년세대를 위한) 사회보장비 지출부담의 급증, 생산연령층 인구의 감소로 인한 국가경제의 급격한 위축 등 거시 사회 · 경제적 차원의 문제점들이 강조되고 이를 예방 · 완화하기 위한 출산율 제고의 필요성이 국가(주의)적으로 제기될 때마다, 미래세대의 부모인 현 청년층으로서는 개인적 사회재생산이 결과적으로 자녀들의 국가·사회적 차원의 희생으로 이어질 수 있다는 윤리적 딜레마를 느끼도록 만들 수 있다. 따라서 사회재생산에 관한 사회정책적 지원은 인구 유지라는 기술(정책)적 관점이 아니라 시민의 존엄한 삶 보장이라는 윤리(정치)적 관점에서 소통되어야 한다. 시민 개개인의 안정되고 행복한 삶이 각자의 사회재생산에 대한 적극적 의지를 높이고 그 집합적 결과로서 거시적 사회재생산, 즉 인구 유지가 귀결되는 과정을 거치지 않고서는 어떠한 근본적 문제해결도 어려울 것이다. 이는 언어적 기만이 아니라 서구 복지국가들의 역사적 경험이다. 특히 출산과 출생의 주체인 여성과 아동의 권익 및 행복을 국정의 진정한 목적으로서 설정하지 않고서는 어떠한 변화도 기대하기 어렵다.

이는 사회재생산의 질적 및 양적 측면의 차이점으로 연결시켜 생각해 볼 수 있는데, 질적 측면에 대한 관심이 흔히 출산율을 제한하는 작용을 할 수 있다. 과거 국가적 가족계획 사업의 구호인 “아들, 딸 구별 말고 둘만 낳아 잘 키우자”, “잘 키운 딸 하나, 열 아들 안 부럽다” 등의 논리는 바로 사회재생산의 ‘질적 제고’를 위해 ‘양적 제한’을 하자는 것이었다. 지금 일반 한국인들의 태도는 ‘잘 키우기 힘드니, 낳지 말거나 하나로 제한하자’는 것인데, 이는 사회재생산의 질적 측면에 대한 시민들의 관심이 양적 측면, 즉 출산율에 부적(否的)으로 반영된 것이다. 현재 국가는 논리가 분명치 않은 양적 재생산주의를 밀어붙이고 있지만 이것이 갈수록 재생산의 질적 측면에 치중하는 시민들에게 분명한 체계적 효과를 갖기 어렵다.

여기에서 한 걸음 나아가 가정생활과 가족관계를 물질적으로 안정시켜 출산율 회복을 꾀하겠다는 가족주의적 정책관도 근본적으로 보완되어야 한다.[27] 가족관계의 위험(매개)성으로 인해 사회재생산의 제 단계가 와해되고 있는 현실에서 다양한 가족지원책은 복지정책과 인구정책의 공통적 필요조건이지만 그렇다고 충분조건과는 거리가 멀다. 사회재생산의 가족중심성은 그 정치적 모순과 위험뿐 아니라 물질적 지속가능성의 약화로 근본적인 변화와 보완을 요구받고 있다. 가부장적 가족질서 및 사회 · 경제체제 하에서 대다수 여성이 결혼해야 했고 결혼 후 (시)가족의 기대에 부응하기 위해 거의 예외 없이 출산했던 (나아가 여아 낙태를 거듭하며 아들을 낳아야 했던) 실질적인 '가족출산' 시대가 (시)가족 및 여성의 동시적 변화로 갑자기 저물어가고 있는 것이 현실이다.

가족출산은 구체적인 가족 형태 · 구조를 반영하여 '직계가족출산'과 '핵가족출산'으로 나누어 볼 수 있는데, 급격한 산업화 · 도시화에도 불구하고 (출산에 관한 시어머니의 권위로 집약되는) 직계가족출산 규범이 20세기 후반까지도 상당히 강력하게 작용했다. 그런데 1990년대 들어서는 사회적 민주화와 청년인구의 경제력 향상으로 점차 젊은 부부의 자결권이 강조되는 핵가족출산 규범이 확산되기 시작했다.[28] 그러나 얼마가지 않아 미증유의 경제위기가 닥치고 청년 세대가 다시 경제적 자율성을 집단적으로 상실하게 되면서 이러한 출산규범의 진화에 급제동이 걸리게 됐다. 그리고 사회 · 문화적 페미니즘 확산과 맞물려 진행된 젊은 여성인구의 고학력화 및 경제활동 강화는 핵가족의 가부장적 성격과 충돌해 핵가족출산 규범을 더욱 약화시키게 됐다. 그렇다고 이러한 변화들이 직계가족출산 규범의 보편적 재강화를 가져올 수는 없었기 때문에, 결과적으로 (가족 단위) 출산규범의 실종 사태가 전개되기 시작한 것이다.

---

27) 넓게 보아 농촌에서 외국인 신부를 맞아들여 사회재생산을 꾀하도록 유도(방치?)하는 것도 결국 가족주의적 정책관의 표현이다. 이른바 "다문화주의"는 가족주의에 종속된 것일 수밖에 없으며, 관련 정책이 "다문화가족 정책"으로 명명된 것은 우연이 아니다.

28) 이 시기에는 심지어 청년인구 핵가족의 "개인주의"를 국가와 대중매체가 (노인인구의 가족 내 보호 등을 위한) 사회정책적 차원에서 집단 비난하기도 했다(장경섭, 1992; Chang, 1997).

최근의 국가적 저출산 대책은 기본적으로 핵가족출산 규범을 보강하기 위한 재정적 · 사회제도적 지원에 초점을 맞추고 있다. 그러나 국가가 모든 신혼 가정에 (경제위기 이후 급격히 붕괴되어 온) 정규직 남성가장의 "가족임금"(family wage) 혹은 "가족생계임금"(family subsistence wage)을 대체할 수 있는 수준의 파격적이고 장기적인 재정 지원을 할 수도 없으며 가정 내로 침투해 (극도로 저조한 남성의 육아 · 가사 참여로 드러나는) 부부관계의 가부장성을 근본적으로 혁파할 수도 없기 때문에, 이러한 대책이 뚜렷한 효과를 거둘 수 없는 형편이다. 이러한 정책적 한계로 결국 여성의 "일 · 가족 양립"에 대한 지원이 강조되어 왔는데, 이는 결국 생산 · 재생산 노동력으로서의 여성 동원의 극대화를 통해 경제체제와 가족문화의 모순을 보완하려는 미봉책인 것이다.

이러한 사회적 · 정책적 환경에서는 궁극적으로 여성 스스로가 자신의 사회 · 경제 활동, 이성 · 부부 관계, 모성 가치 등을 종합적으로 고려한 기초 위에서 자발적으로 출산을 결정하는 '여성출산' 시대의 보편적 확립을 기대할 수밖에 없을 것이다. (물론 이 경우에도 위에서 지적한 가족관계의 위험(매개)성은 여전히 문제가 될 것이다.) 한국의 인구 전문가들이나 정책관료들이 이제 내놓고 부러워하는 서구의 높은 "혼외출산율"(extramarital fertility)은 가족이 출산하지 않고 여성이 출산하는 사회 · 정치적 변화의 산물이며, 사회해체의 결과가 아니라 사회진화의 산물이다.[29] 따라서 이는 혼외출산율이라기보다는 '비혼출산율'(postmarital fertility)로 이해되어야 할 것이다. 이러한 서구의 혹은 서구적 진화를 한국이 따라야 할 필요성이나 따르게 될 개연성이 얼마나 될지는 논란거리일 수 있다. 그러나 여성의 광범위한 사회 · 경제적 참여 및 양성관계의 민주화라는

---

29) 관련된 서구의 사회 · 문화적 환경 변화에 관한 연구로, Ulrich Beck and Elisabeth Beck-Gernsheim(1995), *The Normal Chaos of Love*. 및 Anthony Giddens(1993), *The Transformation of Intimacy: Sexuality, Love and Eroticism in Modern Societies*.

역사적 변화를 한국과 서구가 공유하게 된 작금의 현실에서 출산에 대한 여성의 자결권 확대가 혼인지위에 무관한 대세임이 서구에 국한된 현상일 수 없다. 그런데 서구의 복지국가는 광범위하고 치밀한 모성 및 아동·청소년기 보호 장치들을 통해 출산에 수반된 신체·사회·경제적 위험들을 예방하거나 사회화함으로써 여성의 출산에 대한 자결권이 (혼인지위에 무관하게) 실제 출산행위로 이어지도록 만드는 결정적 작용을 해 왔다.[30] 이러한 서구의 경험에 비추어 볼 때, 한국의 사회정책이 서구의 복지국가 모형을 면밀히 참고하고 적극적으로 반영하게 되면 여성출산 시대의 도래라는 사회적 변화에 조응하는 인구정책적 효과가 함께 나타날 것임을 쉽게 예측할 수 있다.

서구적 맥락에서 '여성출산'은 울리히 벡(Beck and Beck-Gernsheim, 2002)이 지적하는 "제도화된 개인주의"(institutionalized individualism)의 핵심적 측면 가운데 하나이다. 노동시장, 교육제도 등과 함께 복지정책은 서구의 여성들이 (가부장적) 가족질서에 구애되거나 의지하지 않고도 개인 차원에서 안정되고 독립된 삶을 영위할 수 있는 제도적 환경을 조성했으며, 궁극적으로 자녀 출산·양육이 여성의 개인(주의)적 모성 실현의 차원에서 접근되는 문화와 규범이 확산되어 왔다. 이에 반해, 한국 사회는 일종의 '제도화된 가족주의'(institutionalized familialism)가 여성의 (그리고 남성의) 일상적 삶과 사회적 재생산을 규정해 왔다고 볼 수 있다.[31]

---

30) 이런 측면과 관련해 일부 보수적 논자들은 복지국가가 (여성이 남성생계부양자 대신에 "복지국가와 혼인"하도록 만듦으로써) 가족 해체를 조장한다는 비판을 전개하기도 하며, 역으로 일부 비판적 논자들은 복지국가가 가부장적 성격을 기초로 여성들의 사회재생산 전담을 지속시킨다는 비판을 제기하기도 한다. 어떠한 입장에 서든 이런 환경에서 태어나는 아동들은 ("흙수저"가 아니라) 일종의 '복지국가적 실버스푼'으로서 자기 부·모의 개별적 능력과 의지의 차이에 따른 성장조건의 불평등이 사전·사후적으로 축소되기 때문에 비교적 공평한 행복을 누리며 자랄 것이라고 예상할 수 있다.

31) 한국 사회에서 제도적 가족주의의 다양한 측면에 관한 연구로, 장경섭·진미정·성미애·이재림(2015), "한국 사회 제도적 가족주의의 진단과 함의: 소득보장, 교육, 돌봄 영역을 중심으로."

사회와 국가 모두가 한국인들로 하여금 출생(출산)부터 양육, 교육, 생업, 노후부양에 이르기까지 가족을 중심으로 가족에 의지하여 가족을 위하여 삶을 살도록 규범적으로 강요하고 제도적으로 강제해 왔다.

그런데 한국 사회의 제도화된 가족주의는 국가와 사회가 가족부양 및 가정생활을 물질적으로 지원하기보다는 가족이 부양과 생활의 책임을 전담하도록 요구 · 유도함으로써 국가와 사회의 부담을 더는 방향으로 작용해 왔다. 이는 서구의 제도화된 개인주의가 개인(주의)화된 삶을 사회 · 경제적으로 지지 · 보호해 주는 효과를 가졌던 것과는 대조적이다. 제도화된 가족주의하에 한국인, 특히 여성들은 가족을 통해 자기 욕망을 형성 · 추구하고 사회적 참여(경쟁)를 해 온 것도 사실이지만 궁극적으로 가족을 통해 매개되는 복잡다기한 사회 · 경제적 위험에 노출되어 만성적으로 고통받아 왔음을 부인하기 어렵다. 최근의 초저출산 경향 및 이에 직결된 비혼, 만혼, 이혼, 별거의 급증 현상은 상당 정도 제도화된 가족주의의 모순이 누적되어 나타난 것이다. 그렇다고 이러한 추세를 되돌리거나 완화시키려고 서구처럼 제도화된 개인주의를 사회 · 국가적으로 촉진시켜 나가는 것이 실행 가능할지, 실행되더라도 당장 분명한 출산율 제고 효과를 가지고 올지는 불분명하다. 앞으로도 상당 기간 한국인들은 가족주의와 개인주의가 혼재된 상황에서 더러는 가족지향적 지원정책에, 더러는 개인중심적 지원정책에 반응하며 혼인, 출산, 양육, 부양 등의 활동에 임할 것이다. 그러므로 이러한 사회 · 문화적 다원성을 사회정책적 다원주의로 조응시켜 나가야 한다. 그리고 이같은 정책다원주의는 인위적 출산율 제고와 같은 기술관료적 혹은 사회공학적 목표에 기초한 것이 아니라 성별, 연령, 지역, 민족, 직업, 혼인지위 등과 관련된 어떠한 차별 없이 보편적 사회시민권 체계의 확립이라는 차원에서 이해되어야 한다.

제5장 노인의 무(無)개인주의 개인화

1. 서론: 노인성 구성의 다양성과 유동성

2017년 8월 말을 기점으로 한국은 65세 이상 노인인구가 전체 인구의 14% 이상을 차지하는 유엔 기준의 "고령사회"(aged society)에 공식 진입했다.[1] OECD 회원국 가운데 최고령국은 일본이고, 최고 속도 고령화국은 한국이다. 한국은 고령화 속도와 연동해 노인 빈곤율과 자살률에 있어서도 OECD 회원국 가운데 단연 선두에 있다.[2] 2014년 기준으로 66-75세 노인의 상대빈곤율(전체 인구 중위소득의 50% 이하 소득자 비율)은 42.7%, 76세 이상 노인의 상대빈곤율은 60.2%로 OECD 회원국 전체의 해당 연령대 평균인 10.6%와 14.4%에 비해 각각 4배와 4.2배에 달했다. 한국 인구 전체의 상대빈곤율인 14.4%에 비해서도 각각 3배

1) 행정안전부는 주민등록 인구 기준으로 2017년 8월 말 현재 전체 인구 5175만 3,820명 중에 65세 이상 인구가 725만 7,288명으로 14.0227%를 차지함으로써 "고령사회"(aged society)가 됐다고 밝혔다(『경향신문』, 2017/9/3). 한국이 지난 2000년 노인인구 비율 7% 이상의 "고령화사회"(aging society)가 된 지 17년 만의 일인데, 이 전환 기간은 그동안의 세계 기록이었던 일본의 25년을 크게 단축한 것이다.

2) OECD(2017b), *Preventing Ageing Unequally.*

와 4.2배에 달했다. 2015년 65세 이상 한국 노인의 자살률은 10만 명당 58.6명으로 OECD 회원국 중 1위를 차지했으며, 이는 회원국 전체 평균의 두 배를 훌쩍 넘는 것이었다. 인간의 장수는 개인적으로나 사회적으로 축복받을 일이지만 한국 노인들의 실제 삶의 모습은 그러한 축복과는 거리가 너무 먼 것이며, 이들의 불행은 이제 국제사회의 화제 거리로 자리매김했다. OECD가 최근 회원국 전체의 핵심적 공통 관심사로 제기한 "불평등한 노년의 방지"(Preventing Ageing Unequally)를 위한 실태보고서 및 실행계획에서 한국은 단연 (문제적 사례로서) 집중 관심의 대상이 됐다.[3)]

대중매체에 흔히 비치는 21세기 한국 사회의 노인은 농어촌에서 삼삼오오 소박(빈한?)한 삶을 영위하거나, 외국 출신 며느리와의 고부관계에 우여곡절을 겪고 있거나, 대도시 공원에 매일 "출근"하다시피 소일하고 있거나, 폐지수거 수레를 밀고 있거나, 공동주택 경비원으로 일하며 저임금에 혹사당하고 일부 주민들의 횡포에 시달리거나, 부양 의무를 저버린 자녀와 다툼 중에 있거나, 병든 자신에 대한 자녀의 장기간 간병과 보호가 미안해 자살을 하거나, 장기요양시설의 부주의나 무책임으로 고통받고 있거나, 대중교통 이용 중 젊은 세대와 갈등을 겪거나, 사회 · 정치적 소외감을 도심의 "태극기 시위"에서 표출하고 있거나, (극소수지만) 자신에게 집중된 경제 · 정치적 권력을 사회에 행사하거나 사회로부터 지키기 위해 혈안이 되어 있다. 급속한 인구 고령화 혹은 보편적 장수의 시대가 도래하면서, 개별적으로는 누구나의 소망인 장수의 실현이 사회의 집합적 상황으로서는 숱한 모순, 소외, 갈등, 불안, 좌절, 분노로 점철되어 있다. 이러한 상황은 노인 자신뿐 아니라 수와 비율이 급증한 노인인구와의 관계가 갈수록 중요해지고 있는 다른 세대들 입장에서도 결코 반갑지가

---

3) OECD(2017c), *Preventing Ageing Unequally.*; OECD(2017), *Preventing Agein Unequally - Action Plan.*

못하다.[4)]

현재 노인들의 삶이 스스로 희구해 온 것과는 거리가 멀고 젊은 세대의 입장에서도 따르고 싶은 것이 아니라면 보편적 장수시대란 한국인들이 "울며 겨자 먹기"로 갖가지 부작용과 비용만 감내해야 하는 우울한 기간으로 전락한다. 위에 열거한 고령화 시대의 갖가지 군상은 각각 수와 비율이 제한적일 수 있지만 어느 집단의 삶에서도 (한국인들이 빈번히 그러나 막연히 상정하는) 이른바 전통사회의 미덕이 구현된다고 느끼기 어렵다. 오히려 노인들의 이러한 실제 삶의 상황들(life situations)은 다른 세대보다 더 새로운 시대적 질서와 조건을 반영하고 있는 경우도 많으며, 내적 다양성과 유동성도 매우 크다(박경숙, 2003). 예컨대, 노인 빈곤이 다른 세대와 비교해서도 심각할 뿐 아니라, 세대 내부의 경제적 불평등도 노년 세대가 다른 세대들보다 훨씬 심각하다(남상호 · 권순현, 2008; 손병돈, 2009; 최현수, 2003).[5)]

우선, 장수 노인들의 보편적 등장 자체가 역사상 처음 있는 일이어서 이들은 스스로의 존재만으로도 삶에 심대한 영향을 받는다(장경섭, 2001). (물론 다른 세대들의 삶 역시 마찬가지로 심대한 영향을 피해갈 수 없다.) 그리고 역사적 세대(cohort)로서의 노인들은 해방 전후의 혼란, 한국전쟁의 참상, 이승만 실정에 따른 피폐, 개발독재적 자본주의 산업화 및 폭발적 도시화의 격랑, "IMF 시대"의 충격 등을 차례로 거치며, 각 사건(사태)이 차례로 야기한 사회 · 경제적 고난이나 혼돈을 감내해 왔다. 이 세대가

4) 이 글에서 '고령인구'와 '노인인구'는 동의(同義)로 혼용되지만 특별히 물리적 연령대를 표시할 때는 '고령인구'를, 사회문화적 세대집단을 표시할 때는 '노인인구'를 사용한다.

5) 남상호 · 권순현(2008)의 분석에 따르면 50세 이상 중 · 고령자 가구의 순자산점유율은 상위 1%가 순자산의 12.0%, 상위 5%는 34.0%, 상위 10%는 전체 순자산의 절반에 가까운 49.3%를 보유하고 있었고, 소득점유율은 상위 1%가 총소득의 8.2%, 상위 5%가 총소득의 23.4%, 그리고 상위 10%가 총소득의 36.1%를 올리고 있었다.

각 시대에 겪은 어려움은 다음 시대에 저절로 소멸되는 것이 아니라 그 효과가 순차적으로 누적되어 노후의 삶의 상황을 매우 복합적으로 규정해 왔다. 아울러, 식민지 시대에서 현 신자유주의 시대에 이르기까지 지금의 노인 세대는 근대적 보편 '사회권'(social citizenship)을 바탕으로 사회 · 경제적으로 통합되어 온 것이 아니라, 위에 열거한 격동적 상황들을 거치는 과정에서 사회 · 경제적 내부 구성이 매우 복잡다양한 집단이 됐다. 지금의 현실에서 노인으로서의 존재성, 즉 노인성은 단순히 나이 많음의 공통성으로 규정되는 것이 아니라, 한국 사회의 역사적 및 사회구조적 복잡성이 누적적인 삶의 조건으로 작용하는 데서 발생하는 사회 · 문화 · 경제적 다양성에 의해 특징지어진다.

이러한 현실적 노인성의 복잡다양함은 이 세대 공통의 사회 · 문화적 속성이라 볼 수 있는 가족지향성 및 이에 맞물린 가족중심적 사회 · 경제 체계, 즉 가족자유주의에 의해 완화되기보다는 증폭되어 왔다. 특히 자녀와의 관계에 있어, 이들의 헌신적이고 공격적인 자녀 지원의 사적 결과가 파행적이고 불안정한 자본주의 체제에서 매우 다양하고 차별적으로 나타남에 따라 자녀와 본인의 삶의 상황이 뒤얽혀 노후가 단순히 노인들만의 문제가 아니라 확대(직계)가족 전체의 문제인 경우가 많다(박미연 · 차경욱, 2008). 예컨대, 효(孝) 규범은 여전히 한국인에게 중요한 가치이지만(성규탁, 1995), 자립한 자녀가 보은의 차원에서 노부모를 장기간 편안하게 모실 수 있는 경우에 못지않게 자녀 자신의 사회 · 경제적 문제를 (더러는 효를 빌미로) 노부모에게 전이시키는 경우가 흔한 것이 현실이다. 이는 개인들의 도덕적 쇠락의 결과라기보다는 경제와 사회의 구조적 교란의 결과이다. 다른 한편으로 노인 빈곤율과 유병률이 선진 산업사회들 가운데 유달리 높은 한국에서 장수 노인의 상당수가 자녀에 장기간 의존한 생계유지와 투병생활을 함으로써 궁극적으로 자녀의 생활까지 안정성을 위협받는 경우가 허다하다. 이 역시 개인 도덕성의 문제라기보다는 사회 · 경제적 질서의 문제이다.

이러한 맥락에서, 독거노인의 급증, 고령기 노동의 확산, 노인의 사회 · 문화적 소외와 고립의 보편화, 심지어 노인 자살의 급증 등 노령층 삶의 개별화 혹은 개인화를 드러내는 일련의 추세는 노인들 사이에서 가족중심적 (자녀종속적?) 노후의 '상황적' 비현실성이나 역기능성이 빠르게 인지 · 대응되고 있음을 말해준다. 물론 노후의 개인화만으로 갖가지 사회 · 경제적 문제에 대한 근본적 해결책이 찾아지는 것은 아니지만, 적어도 문제의 단순화를 통해 심리적 차원의 관리라도 용이하게 하려는 절박함이 존재한다. 다른 한편으로, 노인이 안고 있는 문제들의 내용과 성격의 복잡다양성을 반영해 이들의 개인화 역시 그 양태가 매우 복잡다양하다. 노인들의 이러한 '상황적 개인화'(situational individualization)에도 불구하고 이념(규범)적으로 한국인들은 세대를 불문하고 여전히 효로 대표되는 가족중심주의를 견지해 왔지만 결국 최근 들어 노후 부양에 대한 사회의(가족과의) 연대 책임성을 지적하는 시각이 커지고 있다. 이에 맞물려 국가는 "주택연금", "농지연금" 등을 통해 노인 생계의 장기적 분립을 유도하고, 나아가 각종 사회보장에서 이른바 "부양의무자 기준"을 폐지키로 하는 등 노후 개인화를 '제도적'으로 뒷받침하기 시작했다.[6]

노인들의 이러한 상황 적응적 개인화와 이에 맞물린 국가정책 전환은 당장의 현실적 불가피성에 따른 것이지만, 궁극적으로 인구 고령화를 이른바 "신사회위험"(new social risk)에서 '신사회자원'(new social resource)으로 재설정하기 위한 사회재생산 체계의 재편에 대한 함의가 중요하다.[7]

---

6) 문재인 정부는 저소득층일지라도 일정한 재산 · 소득의 가족이 있으면 생계급여와 의료급여에서 제외되던 "부양의무자" 기준을 단계적으로 폐지하기로 했다. 보건복지부 · 국토교통부 · 교육부(2017), "제1차 기초생활보장 종합계획(2018-2020)(안)." 2017/8/10.

7) "신사회위험"의 개념과 내용에 대해 Taylor-Gooby(2004), 한국 가족문제의 신사회위험적 성격과 내용에 대해 Choi(2007), 윤홍식(2008) 참조.

정년 연장, 연금수령 시기 조정 등에 대한 최근 논의에 드러나듯이 노년기는 서서히 생산자원으로서 재설정되어 가고 있으며 이에 연동해 고령인구에 대한 사회재생산적 관점이 시급히 확립되어야 한다. 물론, 역사적 '신세대'(new generation)로서 등장한 이들의 사회·문화적 활동 전반은 생산노동 참여와 별개로 사회와 국가에 대해 새로운 시대를 설정하는 것이므로 마찬가지의 관점은 어차피 필수적이다(장경섭, 2001). 그런데 사회재생산의 관점에서 보면 노인들의 개인화 실태는 이들의 능동적이고 창의적인 사회·경제적 참여를 담보하는 것이 아니며, 특히 도시지역에서는 오히려 새로운 사회적 게토(ghetto)의 형성으로 이어지고 있다.

2. 이념적·제도적·상황적 개인화

독일 사회학자 울리히 벡은 서구 사회들의 개인화 현상을 설명하기 위해 "제도적 (제도화된) 개인주의"(institutionalized individualism) 개념을 도입한다(Beck and Beck-Gernsheim, 2002). 이는 개인주의를 흔히 다른 "~주의"들처럼 개인들의 도덕적, 정치적, 철학적 가치나 태도를 담은 이념적 구성물(ideational construct)로서 전제 혹은 이해하는 대신 국가·사회적 제도, 정책, 관행, 법률 속에 내재되어 나타나는 현실적 효과로서의 개인중심성이나 지향성을 지칭한다. 즉, 제도적 개인주의와 이념적 개인주의는 분리되어 존재하고 작용할 수 있다. 현대 서구사회는 재산권제도, 노동시장, 교육체제, 사회보장, 지역행정 등 일련의 측면에서 시민들로 하여금 개인 중심의 생활을 영위하도록 직간접으로 유도하고 있으며, 시민들은 각자의 이념적 지향에 상관없이, 즉 이념적 개인주의자이든 아니든 그러한 개인화의 제도적 효과나 압력을 수용하며 살아가야 하는 것이다.

개인주의 서구 사회와 대비해 한국은 흔히 가족주의 사회로 이해되는 경우가 많은데, 이는 유교사상 등 가족중심주의적인 전통 이념체계의 현대적 계승이나 수용의 결과이기도 하지만, 현실 생활을 규정하는 갖가지 국가 · 사회적 제도, 정책, 관행, 법률 속에 시민들의 가족 중심성이나 지향성을 유도하는 가족자유주의의 효과 때문이기도 하다. 즉 현대 한국인의 가족주의적 삶은 '이념적 가족주의'(ideational familialism)와 '제도적 가족주의'(institutionalized familialism)의 동시적 영향을 받는 것이다. 그런데 (본서 제2장에서 지적한 것처럼) 한국인들의 가족주의는 이념적 및 제도적 차원에서 충분히 설명되지 않는 부분이 남아 있는데, 식민지배, 전쟁, 경제난, 산업화 및 도시화, 금융위기 등 숨가쁜 격변을 거치는 과정에서 가족만이 안정적 생존과 행복의 기초라고 여기게 되는 상황적 조건들에 직면하면서 체계적인 이념적 지향이나 제도 · 정책적 원리와는 별개로 특정한 시대 상황에 배태된 적응적 가족주의, 즉 '상황적 가족주의'(situational familialism)가 광범위하게 관찰된다.

서구 개인화에 대한 울리히 벡의 논의를 보충하면, 한국인의 상황적 가족주의처럼 서구인들도 '상황적 개인주의'(situational individualism)에 갈수록 중요한 영향을 받고 있는 것으로 보인다. 벡이 이른바 "이차근대"(second modernity)라고 지칭한 후기자본주의 혹은 신자유주의 시대에 서구인들은 그들 사회의 노동시장, 교육체제, 복지국가, 지역행정 등의 약화나 교란으로 인해 집합적 삶의 위기를 겪고 있는데, 역설적으로 이러한 개인주의 사회제도들의 쇠락이 서구인들로 하여금 사회, 국가와 별개로 개별적 자구책으로서 다양한 (상황적) 개인화의 길을 걷도록 만들고 있다. 즉 서구인의 개인주의에 있어, 이념적 · 제도적 측면에 대비한 상황적 측면의 중요성이 갈수록 커지고 있다. (벡은 이러한 상황성을 따로 구분하지 않고 제도적 개인주의 논의에 포함시켜 관련 사회현상들을 설명했다.)

근자의 역설적인 사회적 추세로서, 상황적 개인화가 한국인들 사이에서도 (나아가 자본주의 동아시아인들 전반에 걸쳐서도) 나타나는데, 이들의 이념적 가족주의와 사회 · 국가 차원의 제도적 가족주의가 현실에서 오히려 급진적 개인화를 초래하는 것이다. 한국인들에게 가족 중심적 삶을 요구하는 이념 · 제도적 환경은 갈수록 이를 위한 안정적인 물적 기초와 괴리되고 있으며, 이 과정에서 가족은 실패의 위험이 급격히 커진 삶의 기획이 되고 있다. 즉 이념적 · 제도적 가족주의가 상응하는 사회 · 경제적 조건의 붕괴로 상황적 개인화를 유도하고 있는 것이다. 일종의 '무개인주의 개인화'(individualization without individualism)로 부를 수 있는 이러한 현상은, 특히 젊은 세대에 두드러져 비혼, 만혼, 이혼 등 광범위하고 급격한 혼인 퇴조 현상이 나타났지만, 사실 비슷한 구조적 성격을 가진 상황적 개인화가 (아래에 설명할 노인 세대를 포함해) 전 세대에 걸쳐 진행되고 있다.[8)]

상황적 개인화는 한국(동아시아)에서든 서구에서든 현실 적응적 추세이지만, 이념 · 제도적 환경과의 접합의 차원에서 두 지역 사이에 근본적 차이가 존재한다. 서구의 경우 상황적 개인화는 기존의 이념적 및 제도적 환경하에서 이미 진행된 개인화가 급진화되는 것을 의미하기 때문에 그 결과 영위되는 개인화된 삶이 사회나 국가로부터 문화 · 도덕적 혹은 법적 · 정책적 이단으로 낙인찍혀 소외되거나 억압받을 이유는 없다. 반면 한국에서의 개인화는 이념 · 제도적 환경의 (현실적 뒷받침이 어려운) 가

---

8) 필자는 별도 연구에서 한국을 위시해 일본, 대만 등 동아시아 여성들의 무개인주의 개인화를 자세히 설명한 적 있다(Chang and Song, 2010). 필자는 무개인주의 개인화가 가족주의적 개인화의 측면을 지적했지만, 그렇다고 두 개념이 완전히 같은 것은 아니다. 필자의 논의를 응용하는 한국, 일본 학자들(Ochiai, 2014; 심영희, 2013)이 주로 "가족주의적 개인화"(familialist individualization) 개념을 사용하지만 이때 가족주의 자체가 이념적 구성물로 그치지 않고 정치경제적 질서와 상황적 사회환경을 반영하기 때문에, 이를 제대로 지적하지 않으면 개인화를 이념적 요인에 의한 변화로 잘못 이해할 수 있다. 필자와 벡의 개인화 논의에 대한 비판적 비교 및 한국 개인화의 문화 · 이념적 차원의 중요성에 대한 논의로 홍찬숙(2015), 『개인화: 해방과 위험의 양면성』 참조.

족 중심성, 특히 가족자유주의로 인해 발생하지만, 그 결과 영위되는 개인화된 삶이 여전히 개인주의와는 거리가 먼 사회 · 국가적 이념, 문화, 정책, 법규에 의해 지속적으로 소외, 통제, 차별되고 있다. 예컨대, 이혼은 여전히 숨길 일이고, 미혼모 출산은 곧 낙인 대상이고, 자녀의 불효는 차마 밝히지 못할 일이다. 또한 국가는 진보와 보수 정부를 막론하여 구두선으로서의 복지국가를 내세우지만, 실제 사회보장 제공에 있어서는 가족의 우선적 책임성을 내세워 이미 가족 내 부양 실패에 따른 물질 · 정신적 고통을 겪고 있는 시민들에게 행정적(?) 수치심을 유발하기까지 한다. 상황적으로 개인화된 한국인들이 일종의 임계치 규모나 비율의 인구를 형성하여 궁극적으로 개인주의 지향의 이념 · 제도적 환경 변화를 만들어낼 수도 있지만 이는 상당한 시간을 요할 것이며, 그 때까지는 개인화된 삶에 숱한 사회심리적 불편함이 수반될 것이다.

3. 노인의 개인화 실태: 거주 형태, 직업 · 소득 실태, 여가 · 문화 활동

세계 최고 속도 고령화 사회답게 대중매체, 정책토론, 학술연구 등에서 인구 고령화와 노년기에 대한 관심이 지속적으로 확대되고 있지만, 막상 그 대다수 내용은 한국인들의 장수가 구조적 불행의 확대로 귀결되고 있다는 것이다. 이 불행은 단지 노인들에게 국한된 것이 아니라 이들을 개인적 및 사회적으로 "부양"해야 하는 자녀 세대들이 함께 감내해야 할 것으로 지적된다. 한국 노인들의 작금의 사회적 이미지는 막노동, 경비직, 심지어 폐지수거 등 도시 최하층 저임노동으로 연명하거나, 빈한한 농어촌 삶을 그래도 긍정적으로 감내하거나, 도심 공원에서 무인도 표류자처럼 소일하거나, 장기요양시설에서 고독과 소외를 한탄하거나, 노후 부양이나 장기간 간병을 둘러싸고 어려워진 자녀와의 관계로 고통받고 있는 등 대다수 매우 암울한 것이다. 이러한 불행이 국가의 사회정책적 방기 때문인지, 자녀 세대의 불효 때문인지, 국내외 경제질서의 교란 때문인지, 아니면 (예측 범위를 훨씬 넘어선 저출산 및 수명연장에 따른) 인구학적 충격(사건?)에 따른 것인지의 논란은 끝이 없다. 한 가지 분명한 사실은 노인들의 개인화가 이 불행의 과정 혹은 결과로서 급속히 그리고 다양하게 진행되고 있다는 점이다. 정부의 의뢰로 한국보건사회연구원이 2014년에 수행한 전국 "노인실태조사" 결과를 바탕으로 거주 형태, 직업 · 소득 실태, 여가 · 문화 활동의 순으로 한국 노인의 개인화를 간략히 살펴보자.[9]

3-1. 주거 형태

먼저 거주 형태를 보면, 65세 이상 노인 중 자녀와의 동거 노인은 2014년 기준으로 28.4%로 1994년 54.7%, 2004년 38.6%에 비해 급격히 감소하고 있다.[10] (이하에서 별도로 언급하지 않는 한 노인은 65세 이상을 지칭하며, 자료의 시기는 2014년 기준이다.) 반면, 독거노인 비율은 2014년 23.0%로 1994년 13.6%, 2004년 20.6%로부터 꾸준히 증가해 왔다. 결국 독거노인의 비율이 자녀와의 동거 노인 비율에 근접해 가고 있는 것이다. 부부가구에 속한 노인은 2014년에 44.5%로 독거노인의 약 두 배였는데, 개인 대신 가구 비율로 따지면 두 유형이 비슷했다. 이 기간 동안 노인 중 도시거주자 비중이 1994년 56.4%, 2004년 67.9%, 2014년

9) 한국보건사회연구원(2014), 『2014년도 노인실태조사』, 정책보고서 2014-61. 아래 지문에 자료 인용 시 내용의 복합성으로 별도 면수 표기는 생략하고 해당 장 · 절만 표시함.

10) 노인의 주거 형태와 관련한 자료는 동 보고서인 한국보건사회연구원(2014), 『2014년도 노인실태조사』의 제3장("노인의 일반 실태"), 제12장("노인의 생활환경"), 제4장("노인의 가족 관계와 사회적 관계")에서 인용됨.

76.6%로 빠르게 늘어났음을 감안하면, 이제 노인의 독립적 삶이 (젊은 자녀를 도시로 떠나보냈던) 농촌뿐 아니라 도시에서도 보편적 추세로 잡아가고 있음을 알 수 있다. 자녀와 동거하지 않는 노인, 즉 독거 및 부부가구 노인들은 2014년 기준으로 32.7%가 자녀의 결혼, 20.6%가 자녀의 타지역 거주를 자녀와의 비동거 이유로 들었다. 즉 절반을 약간 넘는 자녀 비동거 노인들이 자녀의 사정을 따랐다. 반면 같은 해 15.5%는 개인이나 부부만의 독립적 생활을 선호, 11.1%는 기존 거주지에서의 계속 거주 희망을 이유로 들었다. 즉 자녀 비동거 노인 넷 중 한 명은 본인의 적극적 의지에 의한 선택을 한 것으로 조사됐다. 이처럼 노인들의 자녀와의 비동거가 대부분 본인의 희망과는 무관하다는 점은, 이들이 경제적 불안감(25.8%), 아플 때 간호 문제(25.6%), 심리적 불안과 고독(21.7%) 등의 어려움을 표출하고 있는 사실과 맞물린다. 기혼자녀와 동거하는 노인들의 경우, 동거 이유로서 24.4%가 자신의 경제적 능력 부족, 21.8%가 자녀 가사 지원 등 도움 제공, 16.0%가 자녀의 경제적 능력 부족, 15.4%가 노인 수발 등 현실적 사안을 들었으며, 사회규범으로서 기혼자녀와의 동거를 지적하는 경우는 15.6%에 그쳤다. 노인 주거의 독립화 추세는 본인 인지 만성질환율이 90.4%, 의사 진단 만성질환율이 89.2%에 이를 정도로 한국 노인의 장수가 높은 유병률로 얼룩져 있다는 사실과 교차될 때 중대한 함의를 제시한다. 즉 노인들의 건강상의 문제가 동거 성인자녀에의 의존증가 추세로 뚜렷이 이어지지는 않는다. 거주 형태상으로 한국 노인들은 최근 급격한 개인화를 겪고 있으며, 이는 본인의 이념적 개인주의화보다는 자녀의 현실생활 존중이라는 가족적 배려를 반영하며 고령화 시대의 새로운 '부모됨'의 의식 내지는 윤리로 자리잡고 있다.[11] 이 추세는 기혼자녀와의 동거 노인들의 상당수도 자녀에 대한 경제적 지원과 가사 보조

11) 심영희(2013)도 같은 맥락의 설명을 제시한다.

를 수행하는 현실과 맞물린다.[12)]

3-2. 직업 · 소득 실태

노인들의 경제활동을 살펴보면, 2014년 기준으로 65세 이상 노인의 28.9%가 일을 했으며, 해당 비율이 지역별로는 도시(동부) 23.8%, 농촌(읍 · 면부) 45.5%였고, 연령별로는 65-69세 39.1%, 70-74세 31.5%, 75-79세 25.3%, 80-84세 16.4%, 85세 이상 6.3%로 나타났다.[13)] 즉 도시에 비해 농촌에서 노인들의 경제활동 참여율이 거의 두 배로 높았으며, 고연령층으로 갈수록 경제활동 참여율이 낮아졌지만 80대 노인들의 상당수도 일을 했다. 노인 경제활동의 부문별 구성은 단순노무직이 36.6%, 농림어업종사가 36.4%를 차지해 대다수가 소득수준이 낮은 부문에 속했다. 관리직(3.7%), 전문직(2.7%) 종사자는 희소했다. 지역적으로는 도시(동부)에는 49.1%가 단순노무직, 농촌(읍 · 면부)에는 72.7%가 농림어업 종사였다. 일의 종류로 보면 농어업 38.3%, 경비 · 수위 · 청소 19.3%, 운송 · 건설관련 10.8%였고, 종사상 지위로는 자영업 38.7%, 임시근로자 26.2%, 무급가족종사자 13.7%의 순이었다. 노인 경제활동의 주된 이유는 절대다수인 79.3%가 가계생활비 마련을, 8.6%가 용돈 마련을 들었고, 반면 보람된 노년기를 지향한 경제 외적 이유는 희소했다. 이는 전체 노인의 65.3%가 일을 하고 싶어 하지 않으며, 현재 일을 하지 않지만 앞으로 희망하는 비율이 9.7%에 불과한 사실과 맞물린다. 일을 하는 노인들의 23.7%가 현재하는 일을 계속하고 싶어 하지만, 이는 대다수 경제적 이유

12) 물론 이러한 역할은 여성 노인에 집중된 것이다(김주현, 2007).

13) 노인의 직업 · 소득 실태 관련한 자료는 동 보고서인 한국보건사회연구원(2014), 『2014년도 노인실태조사』의 제7장("노인의 경제 상태"), 제10장("노인의 경제활동"), 제4장("노인의 가족 관계와 사회적 관계")에서 인용됨.

때문이다. 한국 노인들은 국제적 기준에서도 매우 높은 비율로 경제활동에 참가하고 있는데, 이는 생활비 및 용돈 마련이라는 경제적 필요를 스스로 해결해야 하는 현실, 즉 경제적 차원에서의 상황적 개인화 현상이다. 관련하여, 2014년 기준으로 노후생활비 마련의 선호 주체로 대다수가 "스스로"(31.9%) 혹은 "본인과 국가(사회보장제도)"(34.3%)를 꼽았고, "가족과 자녀"(7.9%)나 "본인과 자녀"(6.9%)를 꼽은 비율은 "국가(사회보장제도)"(18.6%)를 꼽은 비율보다도 훨씬 낮았다. 요컨대, 노인들은 현실적으로 확대되는 스스로의 경제활동에 대해 대다수가 개인적 성취나 보람으로 느끼기보다는 싫지만 불가피한 것으로 여기는 태도에서, 노인의 경제활동이 이념적 개인화와는 거리가 멀다는 것을 알 수 있다. 이러한 사실은 노인 소속 가구와 노인 개인의 소득 수준 및 구성을 살펴보면 더욱 분명해진다.

2014년 기준 노인가구의 평균 연총소득은 2,305.0만 원에 머물렀는데, 이는 2011년 2,161.8만 원으로부터도 큰 변화가 없는 것이었다. 소득항목별로 살펴보면, 각 소득항목 존재비율 및 (해당 소득항목 미획득 가구 포함) 평균 금액과 이 소득항목의 전체 소득 중 비율(괄호 속)이 근로소득 39.4%, 862.0만 원(37.4%), 사업소득 25.1%, 357.1만 원(15.5%), 재산소득 38.2%, 188.5만 원(8.2%), 사적이전소득 93.9%, 347.8만 원(15.1%), 공적이전소득 92.7%, 520.4만 원(22.6%), 기타소득 4.8%, 29.8만 원(1.3%)이었다. 지역별 노인가구 평균 연총소득은 시(동부) 2,454.7만 원, 농촌(읍 · 면부) 1,812.7만 원으로 도농 간 상당한 차이가 있었다. 소득구간(계층)별로는 제1오분위에서 제5오분위까지 노인 가구의 평균 연총소득이 각각 553.6만 원, 969.3만 원, 1541.5만 원, 2,606.3만 원, 5,860.7만 원으로 최저 및 최고 구간 사이에 약 10.6배의 차이가 존재했다. 이러한 가구소득의 차이는 가구소비의 차이로 이어져 월평균 소비지출액이 제5오분위 소득의 노인가구는 305.9만 원인 데 비해 제1오분위 소득의 노인가구는 52.1만 원에 불과했다. 노인의 주관적 가구생활 수준은 거의 절반인 49.7%가 "낮다"라고 자평하고 "높다"라는 비율은 3.2% 불과하며, 심지어 제5오분위 가구소득 노인 사이에서도 "높다"가 9.3%에 불과하다.

2014년 기준으로 노인 자신의 개인별 평균 연총소득은 959.3만 원으로 2011년 849.5만 원에서 약간 증가했다. 소득항목별로 살펴보면, 각 소득항목 존재비율 및 (해당 소득항목 미획득 가구 포함) 평균 금액과 이 소득항목의 전체 소득 중 비율(괄호 속)이 근로소득 14.3%, 122.3만 원(12.7%), 사업소득 13.8%, 145.0만 원(15.1%), 재산소득 27.6%, 110.6만 원(11.5%), 사적이전소득 92.9%, 228.7만 원(23.8%)이었고, 사적연금소득 0.8%, 4.3만 원(0.4%), 기타소득 2.5%, 12.9만 원(1.3%)이었고, 공적이전소득은 세부 항목별 존재비율이 기초노령연금 66.4%, 공적연금 31.9%, 기초생활보장 5.4%, 기타 공적급여 14.6%였고, 그 총액 평균과 전체 소득 중 비율(괄호 속)이 335.5만 원(35.0%)이었다. 대다수 노인이 가족으로부터의 사적이전소득을 갖고 있었지만 평균 금액은 본인의 근로 · 사업 · 재산상의 경제활동 소득은 물론 사회보장적 소득에도 훨씬 못 미쳤다. 즉 한국 노인은 소득 획득의 차원에서 가족에 대한 의존이 매우 제한적이고 주로 자신의 경제활동과 사회보장지원에 의존했다. 다만 저소득층 노인들은 전체 소득 중 사적이전소득의 비율이 매우 높아 예컨대 개인소득 제1오분위 노인은 45.7%, 제2오분위 노인은 43.3%, 제3오분위 노인은 30.5%으로 공적이전소득의 비율과 비슷했다. 노인 개인소득의 계층별 차이를 보면, 제1오분위에서 제5오분위까지 노인 개인의 평균 연총소득이 각각 468.8만 원, 620.4만 원, 852.5만 원, 1,096.6만 원, 1,764.4만 원으로 최저 및 최고 구간 사이에 3.8배의 차이가 존재했다. 이러한 계층별 차이는 특히 사업소득에서 두드러졌는데, 제1오분위가 16.2만 원, 제5오분위가 387.3만 원으로 두 집단 사이에 약 23.9배의 차이가 있었으며, 아울러 재산소득에 있어 약 13.0배 차이, 근로소득에 있어 약 12.5배의 차이가 두 집단 사이에 존재했다. 심지어 공적이전소득에 있어 두 집단이 각각 198.5만 원 및 650.9만 원으로 약 3.3배의 차이가 드러났는데, 이는 노년기 사회보장체제의 역진성을 여실히 말해준다. 반면 사적이전소득에 있어서는 계층 간 차이가 미미했다. 한국의 노인가구나 노인 개인은 평균적으로 저소득 및 생활 불만 상태에 있으며, 나아가 노인들 사이에도 심각한 내부 불평등이 존재해 많은 노인들이 극심한 빈궁 상태에 놓여 있다(남상호 · 권순현, 2008; 손병돈, 2009; 최현수, 2009). 그리고 이를 극복하기 위한 가족에의 의존은 매우 제한적이면, 결국 노인 자신의 경제활동이 가장 중요하고 최근으로 올수록 사회보장적 소득의 완충작용이 강화되고 있다. 노년기 빈곤에 대한 자기책임성은 현실적 혹은 상황적 조건에 의한 경제적 개인화 추세의 보편화를 드러내고 있는 것이다.

3-3. 여가 · 문화 활동

노인의 개인화는 여가 · 문화 활동의 측면에서 이미 오래전부터 고착화되어 왔다.[14] 자녀 세대의 도시 이주로 홀로 남은 농촌 노인들의 경우는 물론이고, 도시 거주 노인들의 경우도 그들 세대만의 매우 특수하고 고립적인 여가 · 문화 활동의 양상을 보인다. 2014년 기준으로 지난 1년간의 여가 · 문화 활동 참여율을 보면, 텔레비전 시청(82.4%)만이 보편적이었고, 일부가 친지 · 취목단체 친교(31.8%), 목욕 등 개인휴식 활동(27.0%), 산책(17.8%), 독서(11.3%), 스포츠(10.2%), 원예(10.1%)를 경험했다.

14) 노인의 여가 · 문화 활동 관련한 자료는 동 보고서인 한국보건사회연구원(2014), 『2014년도 노인실태조사』의 제11장("노인의 여가 활동과 사회 활동")과 제4장("노인의 가족 관계와 사회적 관계")에서 인용됨.

이러한 양상은 도시와 농촌 사이에, 노인 연령대별로 뚜렷한 차이가 없었는데, 특히 연령대별 차이가 매우 작았다. 다만 지역별로는 농촌 노인들이 텔레비전 시청과 친지 · 친목단체 친교 경험이 약간 높았고, 도시 노인이 산책, 독서, 스포츠, 원예를 체험한 비율이 약간 높았는데, 이런 차이는 농촌 노인이 마을공동체의 사회관계와 개인적 영농활동의 차원에서 도시 노인과 생활상 차이를 갖고 있음을 반영한다. 연령별로는 고령자일수록 텔레비전 시청 비율이 약간 높았고 (신체적 부담이 따르는) 스포츠, 원예 체험이 약간 낮았다. 그 외의 여가 · 문화 활동 가운데, 화투놀이(9.3%), 종교활동(8.3%), 등산(5.7%), 바둑 · 장기 · 윷놀이(4.8%), 음악감상(4.5%), 노래교실 · 악기연주(3.6%), 관광 · 나들이(3.3%) 체험이 조사되는데, 화투놀이, 바둑 · 장기 · 윷놀이, 관광 · 나들이 등 함께하는 활동일수록 농촌 노인의 체험 비율이 약간 높았으나, 연령대별로는 등산을 제외하면 거의 차이가 없었다. 그리고 영화보기(0.7%), 미술활동(1.4%), 스포츠관람(1.2%), 낚시(1.0%) 등이 매우 희소한 체험거리였다. 이러한 수치들을 뒤집어 설명하면, 한국 노인들 대다수는 관광 · 나들이 체험조차 하지 못하며, 등산, 낚시, 영화 · 스포츠 관람 등 다른 세대들에게 흔한 취미활동도 거의 해보지 못하고 지낸다. 여가 · 문화 활동의 차원에서 한국 노인의 삶은 결핍과 소외로 점철되어 있으며, 이에 대해 가족, 사회, 국가는 대체로 방임적 자세를 갖고 있다. 즉 여가 · 문화적 결핍과 소외 자체가 삶의 개인화를 규정하고 있는 것이다. 다만 지역별로는 농촌 노인이 그들의 공동체적 사회관계에 기초해 여가 · 문화적 차원의 소외를 부분적이나마 극복해나가고 있다. 그리고 노인 연령대별로 두드러진 차이가 없다는 사실은 여가 · 문화적 차원의 결핍과 소외가 노년기 시작 단계에서부터 고착화되고 있음을 의미한다. 노인들 대다수가 텔레비전 시청자로서 노후를 보내고 있으며, 일부 케이블 종합편성방송이 이들을 주로 겨냥한 방송전략을 채택하고 있는 것이 시사적이다.

4. 개인화로서의 노인 자살

한국의 고령화는 그 예외적 속도의 이면에 광범위한 노인 빈곤과 더불어 극단적으로 높은 노인 자살률로 국제사회의 주목을 끌고 있다. 2015년 65세 이상 한국 노인의 자살률은 10만 명당 58.6명으로 OECD 회원국 가운데 단연 선두이며, 회원국 전체 평균의 두 배를 훌쩍 넘었다(OECD, 2017). 2016년 기준으로 연령대별 한국인 10만 명당 자살률을 보면, 70대 54.0명, 80대 이상 78.1명으로 40대 29.6명, 50대 32.5명, 60대 34.6명에 비해 고연령층의 자살률이 압도적으로 높은 수준이다(중앙자살예방센터, 2017). 이러한 높은 자살(실행)률은 높은 자살생각률과 자살시도율에 의해 전조된 것이다. 앞서 인용한 한국보건사회연구원의 전국 노인실태조사에 따르면, 2014년 기준으로 65세 이상 전체 노인인구 가운데 10.9%가 60세 이후에 자살을 생각해 본 적이 있으며, 이들 가운데 12.5%가 실제 자살을 시도해 본 적이 있다고 조사됐다.[15] 자살생각률은 지역(도시·농촌), 성별, 연령대에 따라서는 큰 차이가 없었지만, 결혼상태(무배우자, 14.3%), 거주형태(특히 독거, 15.3%), 교육수준(특히 무학문맹자, 16.8%), 취업상태(미취업자, 11.8%), 소득계층(특히 제1오분위, 16.5%), 신체기능 상태(신체기능 제한자, 15.7%)에 따라 중요한 차이가 나타났다. 자살생각자 중 자살시도율은 지역, 결혼상태에 따라서는 큰 차이가 없었지만, 성별(여성, 13.9%), 연령대(특히 70-74세, 15.2%), 거주형태(특히 요양시설 등 기타, 20.8%), 교육수준(특히 고졸, 17.5% 및 무학비문맹자, 15.6%), 취업 상태(미취업자, 13.4%), 소득계층(특히 제1오분위, 14.1%, 제3오분위, 13.3%, 제4오분위, 12.4%)에 따라 중요한 차이가 나타났다.

자살생각자들의 주된 자살생각 이유로는 경제적 어려움(40.4%)이 두드

15) 노인의 자살 태도에 관한 자료는 동 보고서인 한국보건사회연구원(2014), 『2014년도 노인실태조사』의 제6장("노인의 노후 생활에 대한 인식과 태도")에서 인용됨.

려졌고 건강(24.4%)도 중요했으며, 외로움(13.3%), 인간관계(부부, 자녀, 친구)상의 갈등과 좌절(11.5%) 등 심리적 요인도 지적됐다. 자살생각 이유로서의 경제적 어려움은 도시(동부, 42.0%), 남자(42.0%), 70대 후반(43.9%), 기타 주거(73.4%), 전문대 이상(57.3%), 무학비문맹(46.1%), 고졸(45.0%), 취업자(49.5%), 소득 제2오분위(49.6%), 소득 제4오분위(43.3%), 신체기능 제한자(43.5%) 사이에 상대적으로 높게 나타나 노인 특성별 분포가 매우 복잡했다. 자살생각 이유로서의 건강은 농촌(읍 · 면부, 32.5%), 무학문맹자(33.9%), 미취업자(26.1%), 신체기능 제한자(43.0%) 사이에 상대적으로 높게 나타나 경제적 어려움과는 차이를 보였지만, 노인 특성별 분포가 덜 복잡했다. 자살생각 이유로서의 외로움은 남자(16.7%), 65-69세(15.5%), 80-84세(14.8%), 무배우자(15.4%), 독거노인(17.9%), 전문대 이상(24.2%), 중졸(20.7%), 소득 제5오분위(23.6%), 소득 제1오분위(18.0%) 사이에서 상대적으로 높게 나타났는데, 특히 고학력자 및 고소득층 사이에서 두드러졌다. 자살생각 이유로서의 인간관계 문제는 농촌(읍 · 면부, 14.2%), 여자(12.7%), 65-69세(14.0%), 70-74세(13.4%), 유배우자(13.9%), 자녀동거자(13.7%), 중졸(14.6%), 고졸(13.6%), 무학비문맹(12.8%), 소득 제5분위(19.6%), 소득 제3분위(16.1%), 신체기능 비제한자(13.4%) 사이에 상대적으로 높게 나타났는데, 특히 고소득층 사이에서 두드러졌다. 한국 노인들은 경제적 빈곤과 사별, 독거에 따른 고립 상태에 놓일 때 그렇지 않은 노인들보다 자살 충동을 강하게 느끼며, 이 경우 스스로 인식하는 이유로 경제적 어려움과 건강문제가 특히 중요했으며, 외로움, 인간관계 문제 등의 심리적 이유는 특히 부유층 사이에 두드러졌다. 이러한 자살충동 이유들은 실제 한국 노인의 자살시도율 및 자살(실행)률이 높기 때문에, 궁극적으로 자살의 원인들이 되는 것이다.

자살의 사회적 의미는 뒤르케임(Emile Durkheim, 1951) 등이 사회학의 태동기부터 핵심적 주제로 연구해 왔고 복잡다양한 분석과 이해의 대상이지만, 한 가지 분명한 것은 적어도 자살 실행 시점에서는 개인성의 가장 궁극적인 표현이라는 점이다. 한국 노인들이 세계 최고의 자살률을 보이는 가운데 대두되는 최대의 자살 이유로서 경제적 어려움과 건강문제는 비교사회(학)적으로 볼 때 한국적 개발자본주의 질서와 이에 배태된 사회불평등 구조 및 사회정책적 오류가 기저에 깔려 있다. 그런데 한국 노인의 자살에 대한 심층적인 연구결과들을 살펴보면, 가족자유주의자로서의 한국인 사이에서 노인의 중대한 경제문제와 건강문제는 흔히 가족관계상의 엄청난 지원 · 보호 "의무"로 이어지고 이 의무의 실천과 실패 모두의 상황에서 해당 노인들은 (경제적 및 건강상의 고통에 더해) 극심한 정신적 고통을 받게 되며, 이를 견디지 못해 자살하는 경우가 빈번하다.[16] 자녀의 노부모에 대한 장기간 부양 · 간병의 고충을 덜어주려는 노인 자살과 노부모의 궁핍과 질병을 외면하는 자녀에 대한 배신감으로 인한 노인 자살은 자신의 불행한 노년의 고통이 가족관계적으로 확대재생산되는 과정을 스스로의 결단으로 멈추려는 일종의 개인화 전략이라고 볼 수 있다. (물론 노인들의 이러한 "부모 마음"(이재림, 2013)의 표현이 손자녀 양육 지원과 같은 가족관계의 새로운 확장 · 강화로 이어지기도 한다.)

위 노인실태조사의 관련 내용으로, 65세 이상 노인들의 자녀와의 갈등 경험률 수준은 소득계층이나 신체상태에 따라 크게 다르지 않았지만, 실제 갈등경험자들이 꼽는 구체적 이유를 살펴보면 노인생활비 보조와 수발문제가 저소득층 노인들 및 신체기능 장애 노인들 모두에게 특별히 문제가 되고 있다.[17] (역설적으로, 저소득층 노인들은 동시에 자녀의 경제적 지원 요구에 의한 갈등도 상대적으로 많이 겪고 있는 것으로 조사됐

16) 중요한 관련 연구로, 김궁자(2010), 김현순 · 김병석(2007), 이소정 외(2009), 한삼성 외(2009), 한림대학교 고령사회연구소(2015).

17) 한국보건사회연구원(2014), 『2014년도 노인실태조사』, 〈표 4-13〉.

다.) 또한 노인들의 학대경험률은 저소득층, 독거·시설수용자, 무배우자, 신체기능 장애자, 저학력자 사이에 특히 높았고, 도시거주자와 여성이 농촌거주자와 남성에 비해 높았다.[18] 학대경험자들이 꼽는 구체적 학대유형을 살펴보면 저소득층일수록 가족이나 다른 보호자가 방문과 생활비 제공을 하지 않거나, 돌봄 제공을 거부하는 경우가 특히 많았다. 대체로 마찬가지 양상이 독거·시설수용자, 무배우자, 신체기능 제한자, 저학력자, 고령자, 미취업자, 여성, 도시거주자 사이에서도 드러났다. 한국 노인들에게 만연한 빈곤과 질병이 가족관계를 매개로 정신적 고통과 학대경험을 초래하고, 궁극적으로 자살 충동과 시도로까지 이어진다고 볼 수 있다. 또한 그동안 여러 학술연구뿐 아니라 대중매체에 빈번히 소개되는 개별적 자살사건들에서 구체적으로 드러난 노인 자살의 배경이나 원인의 상당 부분이 이러한 가족관계적 맥락에서 이해될 수 있다.[19] 따라서 광범위한 노인 자살은 가족관계에 매개된 모순적 경제·사회 질서의 고통에 대해 개인화된 방식의 대처를 하면서 나타나는 일종의 상황(도구)적 개인화라고 볼 수 있다. 이는 상대적 부유층 노인들이 외로움과 인간관계 문제에 따른 자살 충동을 더 빈번히 느끼는 일종의 심리(정서)적 개인화에 대비된다.

5. '신세대'로서의 노인과 개인화: 사회재생산적 함의

홍콩의 동성애자에 관한 한 연구에 따르면, 인구 고령화로 인한 노년기 연장에 따라 동성애자 남성 중 이성과의 결혼 및 처자 부양의 가부장적 의무를 충분히 수행한 이후 비로소 동성애자로서의 본인의 정체성과

---

18) 한국보건사회연구원(2014), 『2014년도 노인실태조사』, 〈표 6-15〉.

19) 김궁자(2010), 김현순·김병석(2007), 이소정 외(2009), 한삼성 외(2009), 한림대학교 고령사회연구소(2015).

성관계를 추구해 나가는 방식으로 노년을 보내는 사람들이 늘어나고 있다(Kong, T., 2012). 범세계적인 인간수명 연장이 개인 생애에 새로운 단계들을 더해 나가는 가운데, 홍콩에서는 동성애자 남성들이 그동안 사회규범적으로 요구(강요?)되어 온 남성적 지위와 역할을 청 · 중년기에 충실히 수행한 이후 급격히 연장되는 노년기를 동성애자로서 향유하려는 추세가 나타난 것이다. 이는 인구 고령화가 보수적 동아시아 사회들에서도 개인(주의)화를 촉발시키는 중요한 계기가 됨을 의미한다. 이처럼 '노년의 개인화'(individualization of old age)는 적극적인 이념 · 철학적 변화로서 '개인주의화'를 내포할 수 있지만, 위에서 살펴본 한국 노인들의 경우처럼 (개인주의화와 무관한) 상황 적응적 개인화에 불과할 수도 있다.

전 세계에 걸친 급속하고 보편적인 인구 고령화로 인해 집단적으로 등장하는 고연령층 노인들은 사실 이전 역사에서는 존재하지 않았던 일종의 '신세대'(new generation)이며, 이는 인구 고령화 속도가 세계에서 가장 빠른 한국에서는 더욱 그러하다. 그리고 이들 '신세대 노인'의 삶은 전통사회 · 문화적 환경에서처럼 가족을 중심으로 영위되기 어렵고, 국가 및 경제체제 차원에서도 근본적이고 새로운 통합 · 활용 · 지원 대책이 필요하다. 결국 이들 신세대 고령자들은 기본적으로 개인적 혹은 개인화된 주체로서 역사와 사회에 등장하는 것이며, 기존의 사회규범, 국가정책 등의 (부주의한) 연장으로서 인위적으로 설정되는 가족 중심적 노년기는 현실적으로 근본적인 모순이나 혼란들에 봉착할 수밖에 없다. 특히 국가의 사회 · 경제적 정책체계가 노년기의 인위적 가족 중심성을 전제로 함으로써 결과적으로 고령화 시대에 요구되는 국가정책 혁신과 사회질서 재창출이 막연히 미뤄진 경우 이러한 모순과 혼란들이 극심해진다. 이러한 사회적 위험에 있어 한국이 바로 대표 사례라는 것은 노인의 빈곤율과 자살률이 단연 세계 최고 수준이며, 그 통계치의 이면에서 대다수 노인과 가족이 엄청난 물질 · 심리적 고통을 공유하고 있다는 사실에서 분명해진다.

전국적 노인실태조사 결과를 중심으로 살펴본 바에 따르면 한국 노인들의 빠르게 연장된 노년기는 분명히 여러 측면에서 개인화로 특징지을 수 있다. 그러나 개인화의 구체적 양태는 역설적으로 노인 자신과 가족, 나아가 사회와 국가 차원의 가족(자유)주의가 복잡하고 불안정한 경제 · 사회적 환경에서 초래하는 상황적 변화로 집약된다. 반면 이념적 차원에서 노인들의 보편적 개인(주의)화를 확인할 수 있는 뚜렷한 현상이나 추세를 아직 탐지하긴 어렵다. 다만 국가 정책적 차원에서는 노년기 사회보장체계의 미비에 대한 임기응변의 대응책으로서 벡(Ulrich Beck)이 지적한 "제도적 개인주의"(institutionalized individualism)의 효과를 가진 주택연금, 농지연금 등의 새로운 제도들이 고안 · 실행되고 있으며(오병국, 2011), 아울러 각종 공적 노령연금들이 확충됨으로써 점진적이나마 노년기의 개인화를 경제적으로 완충시켜 나가고 있다.

거주 형태, 직업 · 소득 실태, 여가 · 문화 활동, 심지어 자살 의식에 걸쳐서까지 나타나는 한국 노인의 상황적 혹은 무개인주의 개인화는 개인 차원에서의 목전 현실 적응의 효과와 국가와 사회 차원에서의 노인 부양 · 보호 · 지원 부담 최소화라는 소극적 유용성이 있을지 모르지만, 새롭게 집단 등장한 신세대로서의 고령노인 인구와 그들의 노년기를 사회 및 국가 발전의 새로운 핵심 자원으로 활용해야 한다는 역사적 과제 수행을 원활하게 하지는 못할 것이다. 이를 사회재생산의 관점에서 보면, 한국 노인들이 집단적이고 급속하게 연장되는 노년기를 사회 · 문화 · 경제적 발전이나 혁신의 새로운 자원으로 활용하기 위해서는 청 · 중년(기존) 생산연령층과 마찬가지로 자신들에 삶에 관한 사회재생산의 조건과 과정에 대해 매우 적극적이고 체계적인 노력을 기울이고 국가와 사회의 전폭적 지원과 협력을 요구할 수 있어야 한다. 유럽을 중심으로 추구되어 온 이른바 "능동적 고령화"(active ageing) 혹은 노년기의 "능동화"

(activation of old age)가 관련된 문제의식으로서 이해될 수 있지만, 노인 문제 대책을 넘어서 새로운 총체적 사회 · 경제 발전 패러다임의 확립이라는 차원에서 고령화 시대가 접근되어야 한다.[20] 그러나 이 연구에서 확인된 바와 같이, 한국 노인들의 자원(自願)적이 아닌 주거상의 고립, 만연한 빈곤에 따라 감내해야 하는 저소득 경제활동, 무인도 표류자와 같은 여가 · 문화적 소외, 빈곤과 질병에 뒤따르는 자살 충동 등의 현상은 상황적으로 개인화된 노년기 삶이 사회재생산적 차원에서도 심각한 한계와 부작용을 안고 있음을 암시한다. (이 장에서 논의하지는 못했지만, 이러한 노년기의 사회재생산적 차원의 결핍과 불안정은 노인가정 내에서 성적으로 편중된 가사노동의 과중함으로 이어져(안미영, 2016) 결국 인구고령화가 양성관계 불평등 질서의 또다른 확장을 귀결시키고 있다.)

연장된 노년기가 빈곤, 과로, 질병, 소외, 고독으로 점철된 하루하루로 채워진다면, 이는 삶이 개인 · 사회적 차원에서 발전적 확대로 귀결되는 것이 아니고 '죽음의 예비기간'만 길어지는 셈이다. 수많은 노인이 극심한 빈곤과 질병의 덫으로 악화일로에 있는 노년기의 일상을 스스로의 결단으로 중단하려는 충동을 느끼거나 실제 중단하는 현상은 불치병 연명치료에 대해 대다수 노인들이 반대의사를 표명하는 것과 같은 맥락에서 이해될 수 있다.[21] 이러한 노년기의 사회재생산적 차원의 결핍과 혼란은 이들 자신의 빈곤과 소외를 악화시킬 뿐 아니라 궁극적으로 이들과 사회관계를 맺고 살아가야 할 청 · 중 · 장년 세대 및 이들에 대한 사후 복지적 개입을 해야 하는 국가에 대해 심각한 위험(risk)을 안길 수밖에 없다. 요컨대, 인구 고령화를 이른바 "신사회위험"(new social risk)에서 '신사회자원'(new social resource)으로 재설정하기 위한 노년기 사회재생산

20) WHO(2002), *Active Ageing: A Policy Framework* 참조.

21) 한국보건사회연구원(2014), 『2014년도 노인실태조사』, 〈표 6-19〉.

체계의 재편에 대한 본격적이고 체계적인 논의가 시급하며, 이와 관련해 한국 노인들 삶의 상황적 개인화에 대한 면밀한 검토와 이해가 필수적이다.[22)]

22) Peter Laslett(1989)이 학술 · 사회적으로 주도한 영국의 "제3생애기 대학"(The University of the Third Age; https://www.u3a.org.uk/)이 이러한 방향으로의 대표적인 사회적 혁신 사례이다.

제3부

생산체제, 계급실태, 사회재생산

제6장 농가 재생산체계의 붕괴와 혼인 세계화

제7장 남성 노동생애와 가족생활주기의 착종 (최선영 · 장경섭)

제8장 개발가부장제 노동체제와 여성 상용노동 시대

제6장 농가 재생산체계의 붕괴와 혼인 세계화

1. 서론

한민족의 사회, 문화, 경제를 수천 년간 떠받쳐 온 농촌이 말 그대로 내우외환의 구조적 위기에 처해 존망이 불확실한 지경이다. 농촌 위기의 결정적 측면의 하나로, 위기상황에 대한 정부나 전문가들의 분석 자체가 농민들의 현실 정서와 괴리되는 경우가 흔하고 그 분석에 기초한 정책 대안들이 농촌문제를 오히려 악화시키는 경우가 잦다는 것이다. 농촌 위기에 대한 오진의 소지는 다양하게 존재하지만 분석대상의 차원에서 농업문제와 농민문제가 체계적으로 구분되지 못하고, 분석단위의 차원에서 농가 문제와 지역공동체 문제가 체계적으로 구분되지 못해서 나타나는 혼선이 있다. 농촌은 경제적 차원에서는 주로 농업생산이 이루어지는 물리적 공간(physical space)으로 인식되지만, 사회적 차원에서는 농민들이 물질적 생산 · 소비 활동에 임할 뿐 아니라 다양한 사회 · 문화적 생활을 영위하고 정치적 욕구를 표현 · 실현시키는 과정에서 형성 · 유지 · 변화되는 사회생태학적 실재(socioecological entity)이다. 그리고 농업과 농민생활은 모두 농촌의 두 기초 조직단위인 농가(peasant household)와 마을공동체(village community) 차원에서 이루어지게 된다. 농가가 농지 소유 · 경작의 단위이자 생계소비 등 일상생활의 단위로서 작용한다면, 마을공동체는 농업생산 과정에서의 작업 협력, 기반시설 유지, 재화 교환의 단위이자 사회 · 문화적 상호작용과 정치 · 행정적 조직화의 단위로서 작용한다.

농업위기와 농민위기의 구분에 대해 부연하면, 농업위기는 농촌 생산체계의 위기로, 농민위기는 농촌 사회재생산체계의 위기로 파악할 수도 있다. 생산체계의 위기는 농촌 내부 조건이나 외부환경의 영향으로 생산성 하락, 채산성 악화 등이 누적되어 농업의 경제적 자생력이 심하게 침하되고 경제구조상의 비중이 급격히 감소되는 것이다. 사회재생산체계의 위기는 역시 농촌 내부 조건이나 외부 환경의 영향에 의해 농촌의 기초 조직들, 즉 농가와 마을공동체의 인구적, 사회 · 문화적, 정치(행정)적, 경제적 유지 기반들이 와해되어 감으로써 농민들의 사회적 존재성이 변질 · 소멸되는 것이다. 다시 말해 사회재생산체계의 위기는 농가와 마을공동체의 역사적 연속성이 구조적으로 와해됨으로써 농촌의 사회적 공동화(空洞化) 현상이 초래되는 것이다. 지난 세기 말부터 한국 농촌이 처한 위기상황을 진단하기 위해서는 농업 · 농민이라는 문제영역과 농가 · 마을공동체라는 문제단위의 조합으로 구성되는 네 차원의 문제들을 종합적으로 점검해 보아야 할 것이다. 그동안 수많은 연구결과로 막연하나마 얻는 인상은 농촌문제가 네 가지 차원 모두에서 심각해지고 있다는 것이다. 그렇지만 그동안의 연구들에서 농민위기, 즉 농가와 마을공동체의 사회재생산체계 위기는 비교적 소홀히 다루어졌고 문제 설정 및 분석이 충분히 체계적이지 못했다는 느낌도 아울러 가질 수 있다. 이 장에서는 특히 농가의 조직적 재생산을 위한 '가족재생산주기'(family reproduction cycle)에 초점을 맞추어 한국의 농촌 위기를 진단해 보고자 한다.

그동안의 농촌연구에서 농가의 재생산체계나 재생산주기가 전혀 다루어지지 않은 것은 아니지만, 세기가 바뀌면서 관련 연구가 거의 소멸되다시피 했다. 한국농촌경제연구원(이하 농경연)의 연구진은 "농가생활주기"(farm household life cycle)에 관한 가설을 상정하고 이를 통해 농촌문제를 장기적으로 분석했다(최양부, 1986; 최양부 · 오내원, 1992). 또한 변화순(1993), 김홍주(1992), 설동훈(1993) 등도 가족주기를 기준으로 가족 유형별 분포를 제시하고 이를 기초로 한 농촌문제 분석을 시도했다. 그리고 반드시 농가 재생산(생활)주기를 명시적으로 언급하지 않더라도 결국 농가 재생산주기를 바탕으로 하는 다수의 조사 및 분석 결과들이 있었다. (그리고 아래 설명하듯이, 농촌 노총각의 국제결혼 급증도 결국 농가생활주기의 특별한 복원 노력이므로, 마찬가지 관점의 연구가 요긴하다.) 이 장에서는 한편으로는 농가 재생산주기 중심의 농촌문제 분석에 직간접으로 다양한 시사점을 줄 수 있는 그동안의 연구결과들을 보완적으로 고찰하고 다른 한편으로는 여러 연구기관에서 전국적으로 조사 · 수집한 자료들을 재분석 또는 재해석한 결과를 제시할 것이다.[1] 시기적으로 이 연구는 재생산주기별 농가 분포가 급변했던 1980-90년대 상황을 특히 자세히 살펴보고, 이를 2000년대 국제결혼 추세의 배경과 조건으로 제시할 것이다.[2]

---

1) 이를 위해 분석 또는 소개되는 자료는 한국보건사회연구원이 1989년 실시한 "한국가족기능연구"(공세권 외, 1990), 한국인구보건연구원이 1986년 실시한 "한국의 가족생활주기 연구"(공세권 외, 1987), 서울대학교 인구및발전문제연구소(1988)가 1987년 실시한 "산지 및 산촌개발을 위한 발전지표 설정에 관한 연구", 한국여성개발원이 1992년 실시한 "농촌가족의 변화와 지속에 관한 연구"(변화순, 1993), 한국보건사회연구원이 2000년 실시한 "전국 출산력 및 가족보건실태조사"(김승권 외, 2001), 한국여성정책연구원이 2015년 실시한 "전국다문화가족실태조사"(정해숙 외, 2016) 등이다.

2) 1980-90년대 상황과 관련해 권태환 · 장경섭(1995), "한국 가족농 재생산체계의 위기: 가족주기별 분포와 생활실태를 중심으로"(『한국인구학』 18권1호)의 내용 중 필자가 준비 · 작성한 부분을 수정 · 보완하고 아울러 2000년대 농촌 국제결혼에 관련된 새로운 내용을 더했다. 1980-90년대 자료 분석에 박경숙의 도움이 컸다.

요컨대, 한국의 농촌문제를 농업생산과 농민생활의 기초 조직단위 차원에서 살펴보면 그 핵심이 가족농 재생산체계의 와해에 있음이 드러난다. 농촌가구의 재생산주기 단계별 분포를 볼 때, 이른바 축소기 및 해체기에 있는 가구의 비율이 급속히 증가하고 형성기 및 확대기에 있는 가구의 비율은 급속히 감소함에 따라 한국의 가족농체계는 그 미시조직적 기반이 와해되어 왔음이 드러난다. 아울러 가족 재생산주기의 각 단계인 아동의 양육 · 교육, 농가경제 계승과 혼인, 노후 부양 등의 과정에서 동시적으로 나타나는 혼돈과 단절이 농촌의 기초조직인 농가의 존속 자체를 어렵게 만듦으로써, "정상적" 농가가 오히려 희소해진 농촌의 총체적 퇴행이 나타나고 있다. 종합적으로 말해, 가족농 재생산체계가 그 양적 측면과 질적 측면 모두에서 심각한 위기상황에 처해 있는 것이다. 한국 농촌의 현실은 기초 생산 · 생활조직의 차원에서 급격한 해체가 진행되어 왔으나 적절한 '재구조화'(restructuring)의 조짐은 보이지 않았다. 이와 관련해, 최근 농촌지역에서 국제결혼이 급증한 것은 일종의 농가 재생산주기 복원 노력인데, 미시 사회생태적 위기에 대한 농민들의 절박한 자구책으로서 이해될 수 있다.

이러한 가족농 재생산체계의 총체적 위기는 수십여 년간 지속된 개발자유주의적 (무)사회정책 노선과 무관할 수 없다. 이농 노동력을 활용한 노동집약적 산업화를 견인하기 위해 농촌 생산인구의 이촌향도(離村向都)를 전제로 한 도시중심적 사회정책이 의미 있는 수정을 한번도 거치지 않은 채 수십 년간 계속됐다. 농민들은 가족을 단위로 고용 · 생계 · 복지 · 문화에 걸친 사회적 욕구를 자체 해결하도록 기대됐지만, 막상 이러한 복합적 기능을 수행하도록 적극적인 사회정책적 지원을 받지 못했다. 더욱이 도시산업 중심의 대외지향적 경제개발 노선은 가족농의 경제적 기반을 장기적 · 구조적으로 약화시켜 나갔다. 식량의 자급 기반을 유지하겠다는 정치적 의지가 부단히 표명되기도 했지만 농업생산계급을 위한 체계적 사회정책 제공과는 거리가 멀었다. 농촌문제를 전담해 온 주무 부처는 반복되는 개명에도 불구하고 '농업부'로서의 제한적 성격을 제대로 벗어본 적이 없으며, 결국 농민 대상의 사회정책은 국가 역할에서 누락된 채 어떤 집권정부에게도 핵심 관심사도 아니었다. 농촌지역에서도 공교육 등 기초적 사회서비스가 제공되기는 했지만 대부분의 내용이 농촌, 농업, 농민의 특수성과는 무관한 것이었고 국가의 정책의지를 반영하는 대중매체의 전파도 수신자로서의 농민계급을 특별히 고려하지 않았다. 이러한 반(탈)농촌적 정책노선에 가족(자유)주의자로서의 대다수 농민들은 집단적 저항보다는 개별적 적응에 나서 스스로 혹은 자녀를 통해 도시중심적 산업화의 혜택을 누리려고 노력해 왔다. 농업과 농촌의 유지·발전에 적극적 의지를 가진 농민들은 실질적으로 내·외부에서 동시에 고립되는 소수자로 전락하게 됐다. 이러한 모순은 이른바 "우루라이 라운드" 타결에 따른 쌀시장 개방 훨씬 이전부터 대두됐으며 농가 재생산주기의 분석에도 여과 없이 드러난다. 다만 최근 농촌 노총각의 국제결혼 급증은 농가 재생산주기 복원을 위한 농민들의 자구책이며, 이에 대한 국가의 지원은 유용한 측면이 있겠지만 "손 안대고 코 풀기" 식으로 공적 사회정책 책무를 외국 출신 신부(자부)와 농가에 떠넘기는 기회주의가 엿보인다.

2. 농가 재생산주기 분포별 변화

농가의 재생산체계는 가족 일반의 경우처럼 출산 및 사회화(procreation and socialization), 계승(succession), 노후 부양(old-age support)의 3단계 주기로 상정할 수 있다. 출산 및 사회화는 아동을 낳고 기르고 가르쳐서 장래의 성인 가족성원으로서 준비시키는 것이고, 계승은 성년 남녀가 주로 혼인 및 생업 승계를 통해 가족의 사회·경제적 기반을 유지해 나가는 것이며, 노후부양은 가업을 물려주고 은퇴한 노부모가 이를 승계한 자녀로부터 부양받는 것이다. 이러한 가족 재생산주기(family reproduction cycle)의 어느 한 단계에서라도 차질이 발생하면 농가(가족)의 연속성은 깨지게 된다. 즉 자녀 출산에 완전히 실패하거나 자녀를 농민으로서 사회화시키는 데 실패하거나 성인 자녀의 혼인과 농사 승계가 이루어지지 못하거나 자녀에게 노후 부양을 기대할 수 없을 때, 해당 농가는 그 사회·경제적 성격을 다음 세대로 이어갈 수가 없다. 그리고 재생산주기 각 단계의 단절은 다음 단계의 연쇄적 단절을 가지고 오게 된다. 즉 자녀 출산·사회화의 실패는 계승의 실패로, 계승의 실패는 노후 부양의 실패로 이어진다.

농가 재생산체계, 특히 재생산주기를 중심으로 농촌 위기를 진단하는 것은 다음 몇 가지 의의를 가진다. 첫째, 농촌 위기라는 거시적이고 추상적인 문제를 그 미시적 기초에서부터 체계적으로 접근할 수 있다. 농촌문제로 뭉뚱그려지는 여러 사안들을 개별 농가 수준에서 재생산주기 단계별로 체계적으로 배치해서 구체적인 분석이나 평가를 시도해 볼 수 있다. 둘째, 농민 자신들의 인식·행위 단위인 가족의 조직적 재생산을 다룸으로써 농민들이 체감하는 농촌문제를 좀 더 밀도 있게 다룰 수 있다. 셋째, 농가의 조직적 연속성(organizational continuity)이라는 측면에서 농촌문제에 접근함으로써 기존의 정태적이고 단기적인 현황 분석을 넘어서 동태적이고 장기적인 추세 파악까지 가능하다. 농가 재생산주기별로 나타나는 문제는 분석 시점 현재의 관점에서도 중요하지만 그 여파가 구체적인 조직 재생산의 실패로 나타날 미래의 관점에서도 중요하다. 넷째, 기존 농촌연구의 주류인 경제학적 접근에서 농촌의 생산조직 및 생활단위로서 농가의 사회적 중요성이 흔히 간과되는 추세에 미루어 농촌문제에 대한 긴요한 보완적 논의가 제시될 수 있을 것이다. 경제학적 농촌연구가 농업 생산요소로서 토지, 노동, 자본 사이의 즉각적인 양적 균형에 관심을 기울였지만 현재의 농업위기가 오히려 생산 기술 및 조직에 더욱 중요하게 결부되어 있는 것이 사실이다. 생산조직으로서의 농가들이 사회적으로 재생산되지 못함으로써 이른바 '가족생산양식'(family mode of production)의 와해가 농업생산의 지속성을 위협하고 있다. 이러한 점에 비추어 농가 재생산주기에 대한 분석은 농업위기 진단을 위해서도 근본적인 중요성을 갖고 있다.3)

농가 재생산주기의 단계별 문제점들을 점검하기에 앞서 농촌가구들의 분포를 재생산주기를 기준으로 파악해 볼 필요가 있다(〈표 6-1〉; 아래부터는 표시 생략). 재생산주기의 단계별 문제점이 주로 농가 재생산의 질적 실태에 초점을 맞춘 것이라면 재생산주기의 단계별 분포는 그 양적 측면에 초점을 맞춘 것이다. 그동안의 조사연구들 가운데 농촌에 국한된 것은 아니지만 한국인구보건연구원(인보연, 현 한국보건사회연구원)의 연구진(공세권 외, 1987)에 의한 전국적 가족생활주기 조사는 1986년을 기준으로 농촌가구들의 재생산주기 단계별 분포를 자세히 밝혀냈다. 이들은 가구 내 세대집단의 수와 가족주기 단계를 조합해서 미혼가구, 1세대 형성가족, 2세대 팽창가족, 3세대 가족, 2세대 축소가족, 1세대 축소가족, 해체된 가족 등으로 가족(가구)을 분류했다. 농촌(읍 · 면 지역)의 경우 전국이나 도시와 비교해서 두드러진 점은 1세대 형성가족, 2세대 팽창가족 등 가족 재생산주기에 있어 가족규모를 늘리고 가족구조를 완결시켜 나갈 가구들의 비율이 현저히 낮았다는 것이다. 반면에 3세대 가족, 2세대 축소가족, 1세대 축소가족, 해체형 가족 등 앞으로 가족규모가 줄어들고 가족구조가 해체될 과정에 놓인 가구들의 비율이 현저히 높았다.

---

3) 이러한 비판은 사회학적 입장에서뿐 아니라 이른바 차야노비안 맑시즘(Chayanovian Marxism)의 입장에서도 제기될 수 있다. 차야노프(Chayanov, 1986)는 농민의 전통적 생산활동이 주어진 가족노동력과 가족의 복지욕구에 긴밀히 조정되어 이루어지는 것을 체계적으로 이론화함으로써 농민 가족경제의 사회조직적 특성을 강조했다. 이에 대한 간략한 설명과 비판으로 김수석(1994)의 논문 참조.

〈표 6-1〉 농촌가구의 가족생활주기별 분포

<table>
<tr><td>1986</td><td colspan="4">도시</td><td colspan="4">농촌[a]</td><td colspan="4">전체</td></tr>
<tr><td>비혼</td><td colspan="4">9.8</td><td colspan="4">4.3</td><td colspan="4">8.1</td></tr>
<tr><td>1세대 형성기</td><td colspan="4">5</td><td colspan="4">1.8</td><td colspan="4">4</td></tr>
<tr><td>2세대 확대기</td><td colspan="4">56.4</td><td colspan="4">36.9</td><td colspan="4">50.3</td></tr>
<tr><td>3세대</td><td colspan="4">10.8</td><td colspan="4">19.3</td><td colspan="4">13.5</td></tr>
<tr><td>2세대 축소기</td><td colspan="4">13</td><td colspan="4">25</td><td colspan="4">16.8</td></tr>
<tr><td>1세대 축소기</td><td colspan="4">2.4</td><td colspan="4">7.5</td><td colspan="4">4</td></tr>
<tr><td>해체</td><td colspan="4">2.6</td><td colspan="4">5.1</td><td colspan="4">3.4</td></tr>
<tr><td>1989</td><td colspan="12">순수 농촌지역[b]</td></tr>
<tr><td>1세대 형성기</td><td colspan="12">0.5</td></tr>
<tr><td>2세대 확대기</td><td colspan="12">4.5</td></tr>
<tr><td>2세대 최대기</td><td colspan="12">41.2</td></tr>
<tr><td>2세대 축소기</td><td colspan="12">43.6</td></tr>
<tr><td>1세대 축소기</td><td colspan="12">4.8</td></tr>
<tr><td>해체</td><td colspan="12">5.3</td></tr>
<tr><td>1992</td><td colspan="3">농업</td><td colspan="3">농업 외</td><td colspan="3">비농업</td><td colspan="3">전체</td></tr>
<tr><td>형성기</td><td colspan="3">1.5</td><td colspan="3">1.9</td><td colspan="3">3.3</td><td colspan="3">1.9</td></tr>
<tr><td>확대기</td><td colspan="3">2.5</td><td colspan="3">5.3</td><td colspan="3">8.6</td><td colspan="3">4.2</td></tr>
<tr><td>획대 완료</td><td colspan="3">36.4</td><td colspan="3">48.3</td><td colspan="3">47.4</td><td colspan="3">41.1</td></tr>
<tr><td>축소기</td><td colspan="3">46.4</td><td colspan="3">35.4</td><td colspan="3">19.7</td><td colspan="3">39.3</td></tr>
<tr><td>축소 완료</td><td colspan="3">9.3</td><td colspan="3">8.1</td><td colspan="3">8.6</td><td colspan="3">8.9</td></tr>
<tr><td>해체</td><td colspan="3">4</td><td colspan="3">1</td><td colspan="3">12.5</td><td colspan="3">4.7</td></tr>
<tr><td>2000</td><td colspan="12">농업 및 어업[c]</td></tr>
<tr><td>형성기</td><td colspan="12">0.43</td></tr>
<tr><td>확대기</td><td colspan="12">1.7</td></tr>
<tr><td>획대 완료</td><td colspan="12">35.32</td></tr>
<tr><td>축소기</td><td colspan="12">37.73</td></tr>
<tr><td>축소 완료</td><td colspan="12">13.33</td></tr>
<tr><td>해체</td><td colspan="12">11.49</td></tr>
</table>

a: 읍 · 면지역 포함.
b: 면지역만 포함.
c: 피고용여성가구.
자료 출처: 1986년은 공세권(1987:52); 1989년은 한국인구보건연구원의 '한국의 가족기능연구' 사회조사 자료를 사용해 필자가 계산; 1992년은 변화순(1993:131); 2000년은 김승권 외(2001:288)의 사회조사 자료를 바탕으로 필자가 계산.

이미 30년 전인 1980년대 중반에, 20여 년의 급속한 이농으로 농촌 인구 규모 및 가구 수가 급격히 줄어든 상황에서 설사 이농 속도가 완화되더라도 농촌가구의 수, 특히 정상적인 농업 생산조직으로서 기능할 수 있는 농가 수가 가족주기의 동학에 의해 급감했다는 점이다. 더욱이 이러한 농가 유형별 비율은 상당 부분 도시형 인구인 읍지역의 가구들을 포함한 것이어서 문제의 심각성이 실제보다 덜 드러난 것이다.

한국보건사회연구원(보사연)이 1989년 조사 · 수집한 "한국가족기능연구" 자료 가운데 필자가 순수 농촌지역(면부)에 관한 부분을 따로 분리해 직접 분석한 결과에서도 마찬가지 문제가 드러나고 있었다. 1989년 농촌가구의 재생산주기 단계별 분포는 앞서 소개한 한국인구보건연구원의 1986년 조사결과와 비교할 때, 축소기에 들어선 가구의 비율이 불과 3년 사이에 급격히 증가했다는 것이다.[4] 이러한 축소기 가구의 증가세는 이후에도 이어졌을 것임을 쉽게 예상할 수 있다. 가족주기상 축소 · 해체기에 있는 가구의 비율은 여성, 특히 농촌 여성이 가구주인 경우 유난히 높았다. 권태환과 박영진이 "1990년 인구주택총조사" 자료를 분석한 바에 따르면 농촌 여성가구주의 82.3%가 45세 이상의 연령층에 속했고 5분의 4 정도가 남편과 사별한 여성으로 나타났다(권태환 · 박영진, 1993:57). 이들의 분석에서 여성가구주의 연령별 가구형태를 보면, 농촌지역(군부)에서는 45세 이상 여성가구주 가구의 49.1%가 독신가구였으며, 28.3%가 미혼자녀와의 동거가구였던 것으로 나타났다. 반면 도시지역에서는 45세 이상 여성가구주 가구의 26.5%가 독신가구였고, 46.0%가 미혼자녀와의 동거가구였던 것으로 나타났다. 이러한 사실에서 농촌가

4) 위에 소개된 한국인구보건연구원의 1986년 자료는 농촌지역을 면부뿐 아니라 읍부를 포함했다는 점을 유의해야 한다. 따라서 두 기간 사이의 변화가 실제보다 약간 높게 관찰된 것으로 볼 수 있다. 아울러 1989년 자료는 가구주 윗세대의 동거 및 생존 여부는 감안하지 않은 분류이므로 1986년 자료와는 달리 3세대 가족이 포함되지 않는다.

족의 구조적 해체에 따른 고통이 여성들에게 특히 심각했음을 알 수 있다.

한국여성개발원의 1992년 농촌조사 자료를 변화순(1993)이 분석한 바에 따르면 1990년대 들어 농촌가족의 축소 · 해체가 더욱 심화된 것으로 나타난다. 변화순은 가족주기와 농가의 경제적 성격을 대비시켰는데 특히 전업농가가 겸업농가에 비해 축소기, 축소완료기, 또는 해체기의 빈도가 높았다. 이는 농업에 대한 경제적 의존이 클수록 농가의 축소 · 해체가 빨라졌다고도 해석할 수 있지만 역으로 축소 · 해체기에 놓일수록 농업 이외의 생계수단을 찾기가 어려워졌을 것이라는 해석이 더욱 타당하다. 한국의 전업농이란 생산조직으로서 농가의 인적 구성이 충실한 집단에 의해 지탱되기보다는 오히려 인적 구성이 취약한 집단에 의해 불가피하게 유지되고 있었다.

이러한 농가의 축소 · 해체 현상은 비슷한 시기 개별 촌락에 대한 사례 연구들에서도 드러났다. 예를 들어 김흥주(1992)가 1991년에 전북 임실군의 한 마을을 조사한 결과와 한국농촌경제연구원 연구진(최양부 · 오내원, 1992)이 1992년에 충남 부여군의 한 마을을 조사한 바에 따르면, 농가의 축소 · 해체 현상은 전국적 조사에서 나타난 평균적 추세보다 더욱 두드러졌다. 그래서 김흥주(1992:117)는 "농촌지역의 가족은 양질의 인적 자원이 재생산될 수 있는 토대가 거의 와해됐다고 보아도 과언은 아닐 것이다"라고 피력했다. 마찬가지로 최양부 · 오내원(1992:179)은 "농촌가족의 'F-사이클' 단절에 의한 노인부부 가족화와 마을의 노인촌화는 농업경제와 농촌사회의 지속가능성(sustainability)에도 심각한 위협요인이 되고 있으며 농업과 농촌이 심각한 해체와 붕괴의 위기를 맞이할 수도 있음을 암시하고 있다"라고 강조했다.

21세기 첫 해인 2000년에 한국보건사회연구원(김승권 외, 2001)이 실시한 "전국 출산력 및 가족보건실태조사" 자료를 이용해 여성취업 농 · 어가들의 가족생활주기별 분포를 살펴볼 수 있다. 비록 이 연구의 초점이 쌀시장 개방 직전까지의 상황에 맞추어져 있지만 2000년의 상황은 쌀시장 개방으로 농가 재생산체계의 와해가 더욱 가속화됐을 가능성을 안고 있었다. 2000년 자료는 특히 가족주기상 축소완료기와 해체기에 있는 가구들이 급격히 늘어났음을 보여주었다. 이 두 유형의 가구들을 합해 평가하면, 농·어가의 넷 중 하나가 노인들만 남아 농·어업의 가족 계승 가능성 없이 자연적 소멸의 시점만 기다리며 21세기를 맞았던 것이다. 물론 축소기나 확대완료기에 있었던 농·어가들도 대다수가 비슷한 상황을 맞을 개연성이 컸다.

3. (혼인 세계화 이전) 농가 재생산주기 단계별 문제

아래에서는 농가 재생산주기의 각 단계인 아동 양육 및 교육, 농가경제 계승, 혼인과 결혼생활에 대해 혼돈과 단절을 야기하는 다양한 요인들을 농촌 국제결혼이 본격화되기 이전 시기를 중심으로 구체적으로 검토하겠다. 농가 재생산주기의 최종 단계인 노후생활에 대해서는 여기에서 다루지 않지만 노후생활 양상이 현재 노인세대의 생활만족도뿐 아니라 청년세대의 농민으로서 장기적 삶의 질에 대한 기대감을 결정하기 때문에 가족농의 사회적 유지에 역시 중요한 문제임을 밝혀 두고자 한다.[5] 또한 농촌 "노총각"들의 국제결혼 폭증 추세 이면에는 '며느리 있는 노후'를 염두에 둔 노부모들의 적극적 개입과 지원이 있었다. (본서의 제5장에서 한국 노인의 '무개인주의 개인화' 문제를 다룸에 있어 농촌 노인의 사회·경제·문화적 지위를 자세히 분석했다.) 농가 재생산주기 단계별 구체적 문제들을 살펴보면 이후 전개될 남성 농민과 외국인

---

5) 1980-90년대 농촌 노인들의 생활·부양 실태에 관한 주요 연구들로는 이가옥 외(1989), 김응석 외(1993), 조완규(1994) 등 참조.

신부와의 집단적 국제결혼의 배경과 효과에 대해 좀 더 체계적인 이해가 가능하다.

3-1. 농촌 아동의 양육 및 교육 문제

이 연구에서 농가 재생산주기의 교란요인들에 대한 검토는 우선 개인 및 가족 차원에서 시작해 지역공동체 차원, 그리고 사회 및 국가 차원으로 논의를 확대시키고자 한다. 이는 지역공동체 및 사회 · 국가의 차원에서 제기되는 문제들 가운데 상당수는 개인 · 가족 차원의 문제에 대한 원인으로 작용하기 때문이다. 즉 이러한 거시적 차원의 문제들은 농가의 재생산 위기를 가져오는 중대한 환경변수 역할을 한다.

아동 양육 · 교육 문제는 농촌 가족생활에 가장 큰 짐이 됐음이 여러 연구에서 뚜렷이 드러났다. 김일철 등(1993:29)이 1990년대 초에 조사한 바에 따르면 농촌에서 가족에 관련해 첫 번째 어려운 문제로 42.1%가 자녀의 교육문제를 꼽았고, 그 외 건강문제(20.9%), 빈곤문제(13.6%), 자녀의 결혼문제(12.4%), 노인부양(5.7%) 등을 들었다. 자녀의 교육문제를 두 번째 어려운 문제로 꼽은 사람도 13.0%에 달해 과반수가 이 문제를 심각하게 여기고 있는 것으로 드러났다. 필자가 한국보건사회연구원의 1989년 "한국가족기능연구" 자료 중 면부 가족 자료를 재분석한 결과에서도 마찬가지 결과가 나타났다. 거의 대다수 농민들이 자녀 문제로 어려움을 느끼고 있었으며, 특히 자녀가 떨어져 있는 가구주 1인가구(87.5%)와 가구주 부부가구(78.0%)의 어려움이 큰 것으로 나타났다. 어려움의 구체적 내용으로는 학교교육과 자녀양육이 큰 비중을 차지했으며 가구주 1인가구를 제외하고는 학교교육의 심각성이 가장 컸다. 그런데 농민들의 자녀 문제에 대한 깊은 우려는 현실적으로 자녀 양육 · 교육을 위한 능동적 대응으로 이어지지 못했다.

농민가족의 아동 양육 및 교육상의 문제는 인구구성상의 문제, 경제적 문제, 문화적 문제로 대별해 볼 수 있다. 인구구성상의 문제는 우선 농촌지역에 "아기 울음소리를 들을 수 없다"는 말처럼 신생아 수가 급감했고, 이미 태어난 아동과 청소년들도 성인이 되기 전에 농촌을 떠나는 경우가 많았다는 것이다. 즉 농촌지역 내부에서 미래에 농민이 될 충분한 인구를 아예 물리적 차원에서조차 확보할 수가 없었다는 문제이다. 신생아 수가 급감한 것은 물론 출산연령기에 있는 젊은 부인이 희소했을 뿐 아니라 농민가족의 출산율이 도시인가족의 출산율과 큰 차이가 없을 정도로 하락했기 때문이다.[6] 한국보건사회연구원의 1991년 조사에 따르면 농촌지역(군부)의 합계출산율(total fertility rate)은 1.9로 도시지역의 1.5보다 높은 수준이었지만 여전히 인구대체율(population replacement level)조차 밑돌고 있었다(공세권 외, 1992). 통계청이 "인구동향조사"와 주민등록 인구현황을 바탕으로 계산한 2015년 합계출산율은 농촌지역(읍 · 면부)이 1.44로 도시지역(동부)의 1.14보다 높지만, 두 지역 모두 급격한 하락세를 기록했다(한국농촌경제연구원, 2017). 그런데 도농복합적인 읍부에 비해 순수 농촌지역인 면부의 대다수는 이른바 가임연령층 여성의 비율이 극히 낮기 때문에, 합계출산율은 사실 큰 의미가 없다고도 할 수 있다. 다만 아래에 설명하듯이 2000년대 중반 이후 농민 국제결혼의 급증으로 이른바 외국 출신 "다문화신부"들이 전국 농촌마을에 등장해 "다문화자녀"들을 출산하고 있다. 낮은 출산율 못지않게 심각한 문제는 농촌에서 태어난 아동들 대다수가 성인이 되기 전에 농촌을 떠나는 것이다. 아동과 청소년이 성장 도중에 농촌을 떠나는 것은 부모와 함께 도시로 이주를 했거나 교

6) 출산연령기에 있는 젊은 부인의 수가 적은 것은 이후에 자세히 설명하겠지만 농촌의 청년인구가 남녀 가릴 것 없이 집단적으로 이농을 한 결과이다. 그리고 농촌 출산율이 급락한 것은 바로 뒤이어 설명할 새로운 아동기 이념의 확산과 자녀들을 통한 도시지향적 계층상승 기대감(장경섭, 1995)이 작용하여 자녀 수 자체의 현실적 의미가 약화됐기 때문일 것이다.

육 등을 위해 홀로 도시로 보내지기 때문인데 이 두 가지 현상이 모두 빈번했다.

경제적 문제는 두말할 필요 없이 과다한 양육 · 교육비 지출이 주는 재정적 어려움을 말한다. 농가의 가계비 지출 내역에서 교육비가 차지하는 비율이 평균적으로 제일 높았고(인구및사회발전연구원, 1988:128), 이 비율은 1970년대 중반 이후 도시 가구의 그것보다 꾸준히 높았지만 점차 그 차이가 감소했다(통계청, 1994:131). 그런데 농가의 교육비 부담이 과중해진 핵심적인 이유는 농가 자녀의 교육이 탈농촌화되고 있었다는 점이다. 자녀 교육이 탈농촌화함은 농민들의 자녀 교육의 궁극적 목표가 자녀를 농민으로 만드는 데 있지 않았으며 따라서 도시 소재 상급학교 진학을 이상시하고 있었다는 뜻이다. 농가 자녀가 취학을 위해 도시로 통학할 때의 교통비나 도시에 거주할 때의 전 · 월세 또는 하숙비 부담이 학교 납입금과 부대 경비에 더해졌을 때, 가계는 엄청난 곤란을 겪어 부채에 쪼들리고 농지와 가축을 처분해야 하는 경우가 아예 보편적이기까지 했다(설동훈, 1993; 김흥주, 1992). 교육을 위해 도시로 간 자녀가 졸업 후 농촌으로 돌아와 농사를 계승하는 경우는 거의 없을 뿐더러 부모도 바라지 않는 일이었다. 또한 자녀를 뒷바라지하는 부모마저 농업소득의 열악성과 별거 자녀에 대한 생활지원의 지리적 고충을 감안해 아예 이농해 버리는 일이 잦았다.

이러한 농가의 과중한 교육비 부담은 그동안의 연구들에서도 꾸준히 지적되어 온 사항이다. 상대적으로 간과됐지만 농가 재생산을 위해 못지않게 중요한 문제가 아동 양육 · 교육에 관련된 가족 내 문화적 환경이다. 1990년대 초까지 농가 부모들은 여전히 자녀(특히 아들)의 필요성을 가계 계승이라는 차원에서 가장 중시하고 있었다(공세권 외, 1992: 123-135). 그러나 가정 내의 실제 아동 양육 · 교육 상황은 진정한 의미의 가계 계승이 실현될 가능성을 극히 희박하게 만들고 있었다.[7] 상당수의 농가에서 아동에 대한 학습 및 생활태도 지도가 아예 전적으로 포기된 상태였고 아동이 다니는 학교에 보호자가 전혀 들르지 못하는 경우도 허다했다. 수많은 아동들은 가족 가운데 아무런 대화상대도 찾기 어려웠고 용돈을 타지 못하는 경우조차 빈번했다. 이러한 문제들이 자녀가 떨어져 생활하는 가구주 단독가구나 가구주 부부가구에 특히 심각했던 것은 당연한 현상이겠으나 핵가족 가구와 확대가족 가구에서도 심각한 수준이었음은 다를 바 없었다. 자녀 학습지도의 경우 핵가족 가구의 30.7%, 확대가족 가구의 38.9%가 전혀 실천하지 못하고 있었다. 여기에다 아무나 한다든지, 누가 하는지 모른다든지 하는 역시 문제의 소지가 있어 보이는 가구들을 합하면 농가의 과반수가 자녀의 학습 지도를 실제 포기하고 있었다. 자녀 학교에의 출입 비율을 보면, 그렇다고 학교 교육에라도 충분한 관심을 쏟을 수 있는 겨를도 없었던 것 같다. 자녀 생활태도 지도는 핵가족 가구와 확대가족 가구의 경우, 학습지도에 비해 상황이 나은 편이었지만 그 비율 역시 우려할 정도였다. 자녀들에게 대화 상대가 되어 준다거나 용돈을 준다든지 하는 일들도 각 가구 유형별 비율과 상대적 차이가 비슷한 분포를 보이고 있었다. 이러한 현실을 반영해 농촌 청소년들은 도시 청소년들에 비해 부모의 관심 부족에 대한 불만을 훨씬 강하게 느껴왔다는 조사연구가 있다(이화여대 농문연, 1994).

이처럼 농가 아동에 대한 생활태도 및 학습 지도와 일상적 보살핌이 가족 내에서 제대로 이루어지지 못했던 것은 (학습 지도의 경우처럼) 가족들의 기능과 여유가 따르지 못했던 측면도 있겠지만 더욱 중요하게는 아동 사회화의 문화적 환경에 대해 가족들이 아무런 통제력을 행사할 수 없는 현실이 깔려 있었다(김흥주, 1992:122-124). 아동들이 학교에서 습득하거나 텔레비전과 같은 대중매체를 통해 주입받는 사회적 가치들은 철

7) 이와 관련해, 이화여자대학교 농촌문제연구소(1994)가 1993년 실시한 "청소년의 의식 및 생활실태에 관한 연구" 참조.

저하게 도시 지향적 혹은 도시 미화적이고 기존 농촌의 가족이나 지역공동체의 중요성을 암묵적으로 경시하는 성격이 강하다. 직업활동에 관한 것이든 여가에 관한 것이든 농가의 어른들은 아동들이 어떠한 기능과 가치관을 습득하고 있는지 또 습득해야 하는지 문외한이며 방관자로서 남아야 하는 딜레마가 있었다. 전통적 가족농의 지휘자로서 농가 부모의 권위가 유지되지 못하는 상황에서 아동이 농가 계승을 위한 가치와 기능을 습득하기를 기대할 수가 없었던 것이다(조옥라, 1990:292).

여기에 덧붙여 대중매체와 학교를 통해서 서서히 스며든 이른바 서구식 "아동기"(childhood)의 이데올로기가 전통적 아동 훈육의 관습과 충돌하는 문제가 발생했다(Sommerville, 1990 참조). 아동이 갈등과 소외로 점철된 성인 세계로부터 단절되어 심성적으로 보호되어야 한다는 서구의 핵가족적 이념은 아동이 이른 시기부터 어른들 틈에 끼여 가족 단위의 사회 · 문화 · 생산 활동을 체득해 나가야 한다는 전통 농가의 이념과 병립할 수 없는 것이다. 이러한 두 가지 상반된 아동 사회화 이념 사이에서 어른들 자신이 내면적 갈등을 겪기도 하고, 어른과 아동이 서로 간의 상호관계에 상반된 태도를 발달시킴으로써 표면적 갈등이 일기조차 했다. 막상 부모가 서구적 아동기의 이념을 받아들이더라도 가족 단위의 여가문화가 없고 여가시간 자체를 갖기 어려운 상황에서 아동의 서정적 보호 역할을 수행하기가 여의치 않았다(김홍주, 1992; 조옥라, 1990; 변화순, 1993).

나아가 상급학교 진학을 위해 자녀가 외지로 떠나게 되면 이들의 정신적 성장과 사회적 적응에 대한 부모 역할의 중요성은 급격히 줄어들 수밖에 없었다. 그런데 상급학교 진학의 의미는 부모의 입장에서는 자녀가 최소한 가족농보다는 나은 삶의 기회를 개척하기를 바라는 것이어서 자신의 역할 한계를 자연스럽게 자인하게 됐다. 자작 소농의 불안정한 사회 · 경제적 지위를 자녀에게 대물림하고 싶지 않은 자기패배감이 팽배해 있었고 자녀의 상급학교 진학은 세대 간 직업전환 및 계층상승의 핵심 기제로서 인식됐던 것이다(최양부 · 오내원, 1992; 김흥주, 1992; 변화순, 1993).

1993년 실시된 이화여대 농촌문제연구소(1994)의 조사에 따르면, 조사된 농촌 청소년 가운데 남자는 3%, 여자는 0%가 장래 직업으로서 농업을 희망했다. 청소년의 부모 가운데 농업을 아들의 장래 직업으로서 희망하는 비율은 2%였고, 딸의 장래 직업으로서 희망하는 비율은 1%였다. 농촌의 청소년과 부모는 적어도 농업을 대물림하지 말아야 한다는 점에서는 합치된 태도를 보이고 있었다. 그리고 도시 청소년이나 부모가 각각 자신과 자녀의 장래 직업으로서 농업을 희망하는 사례는 전무했다. 즉 "돌아오는 농촌"의 구호에 호응해 새로운 영농인이 될 도시인도 전혀 없었다는 것이다.

이처럼 농촌 아동의 사회화가 개별 농가 수준에서 가족농의 세대 간 전수를 불가능하게 하는 방향으로 이루어지고 있었지만 지역공동체나 사회 · 국가가 이 문제를 완화시키는 작용을 하고 있지도 못했다. 과거 청소년들에게 중요한 사회 통제 · 훈육의 기능을 했던 친족이나 이웃 공동체가 급격히 해체 · 약화된 가운데 새로운 집단적 사회화 기제가 자체적으로 형성되지 못했다. 그리고 지방자치제가 제대로 정착되지 못한 상황에서 상의하달적 관료행정 체계에 복속된 농촌 행정조직은 아동 사회화처럼 복잡하면서도 당장 긴급해 보이지 않는 문제에 관한 농민들의 고민을 직접적으로 수용 · 해결해 줄 태세가 되어 있질 못했으며, 이에 관해 중앙 국가기관에 압력을 가할 여력은 더욱더 없었다. 농촌의 학교 역시 도시 위주의 획일적 교육행정의 말단 조직으로서 지역공동체와는 괴리되어 있었으며, 교육과정 역시 농촌 아동 교육의 특수성에 대한 인식이나 이에 기초한 세심하고 유연한 지도를 가능케 하지 않았다(전인순, 1991). 그렇다고 교사 개개인이 이러한 문제들을 극복할 기능과 의지를 보여주기를 기대하는 것은 현실적으로 무리였다.

농정을 포함한 국정 전반을 관리하는 중앙 관료기구나 지식 전문가들 역시 농민의 자녀 사회화에 관련된 문제들에 대해 구체적 해결책을 제시해 주지 못했다. 이들은 오히려 도시산업 위주의 경제성장 과정에서 농업의 위축과 농민의 좌절을 불가피한 대가로서 합리화함으로써 농민들이 적어도 자녀대에 있어서는 농촌을 벗어나고픈 욕망이 생기도록 만들어 왔다(장경섭, 1995). 도시 위주의 국가발전 전략은 단순히 산업시설들만 도시에 집중시킨 것이 아니라 거의 모든 교육 · 보건 · 문화 · 여가 시설들을 도시에 편재시킴으로써 농촌 아동의 정상적 양육과 교육이 부모 곁에서는 불가능하도록 만들었다.[8] 더욱 심각한 문제는 농촌 아동이 농민으로서도 일등 시민이 될 수 있다는 자신감을 갖기 위해서 필요불가결한 농촌발전에 관한 사회적 이념을 제시 · 보급하는 데 실패함으로써 농민 인구 전체를 국가발전 과정에서 소외자 내지 패배자로 만들었다는 사실이다. 이러한 이념적 문제는 부주의한 상업적 대중매체의 도시 미화적 광고 · 보도 · 오락물에 의해 농촌 문화환경이 자의적으로 왜곡됨으로써 더욱 악화될 수밖에 없었다.

농촌 아동의 가족농 계승을 위한 사회화는 부모의 자원, 지식, 의지가 모두 부족한 상황에서 근본적으로 어려울 수밖에 없었으며 지역공동체나 사회 · 국가도 문제의 보완이나 완화에 기여하기보다는 악화시키는 작용이 오래전부터 지속되어 왔던 것이 현실이다. 이러한 상황에서 농민들은 구태여 자식을 "농사꾼"으로 만들기보다는 도시로 내보내 새로운 삶의 가능성을 개척하기를 막연하게나마 기대해 온 것이다.[9] 이러한 탈농

---

8) 한국의 경제발전은 농촌과 도시의 균형있는 발전에 기초한 것이라는 평가(메이슨 외, 1981)가 제기된 적도 있지만, 적어도 최근의 현실에서 그러한 평가를 수용하기는 어렵다. 립턴(Lipton, 1977)이 제기한 후발 자본주의 경제발전의 "도시편향성"(urban bias)은 한국에도 예외없이 나타난 것이다(장경섭, 1995).

9) 허쉬만(Hirschman, 1970)은 조직이나 국가의 위기에 대한 개인들의 시장상황적 반응은 "항의"(voice)나 "이탈"(exit)로 나타나며 위기를 극복하기 위해서는 안정적인 "충

촌·탈농업적 자녀 양육관은 한동안 농촌의 유휴노동력을 노동집약적 수출산업화에 적극 활용하겠다는 개발국가의 전략과 잘 맞아떨어져 다수의 이농자녀들이 경제적 성공을 거두기도 했으나, 이미 과잉도시화가 이루어지고 도시경제의 구조적 불안정성이 고착화된 이후에는 농촌도피(회피)적으로 이루어지는 자녀 이농에서 마찬가지의 성과를 기대할 수는 없다.

3-2. 농가경제의 계승·유지 문제

앞에서 살펴본 농촌 아동의 사회화 문제는 가족농체계가 다음 세대로 계승되기 어려움을 이미 충분히 드러냈지만, 사회화 문제가 없더라도 실제 가업 계승의 과정과 여건이 심각하게 악화되어 가족농의 단절을 야기해 왔다. 농가경제 계승의 과정과 여건은 엄청나게 많은 요인을 반영하고 또 그만큼 많은 연구에서 심도 있게 다루어졌으므로 여기에서는 농가 및 지역공동체 수준의 사회학적 문제 몇 가지를 간략하게 짚어 보겠다. 여기에서 지역공동체 수준의 문제를 함께 다루는 이유는 농촌 아동의 주된 사회화 환경이 가족인 반면 농촌 청년의 농민사회 및 농업경제 편입 과정이 지역공동체라는 사회생태학적 환경에 근본적인 영향을 받기 때문이다.

농촌 청년들이 농가경제 계승과 관련해 겪어 온 가장 보편적인 딜레마는 가업의 계승이 본인의 희망으로서나, 부모의 입장으로서나, 주변의 평가로서나 그다지 바람직스럽지 못하게 간주되는 상황에서 이루어져 왔

성"(loyalty)을 확보할 수 있는 특별한 방안이 필요하다고 주장한다. 한국 농민들이 스스로 이촌하지 않고 농사를 계속하더라도 이는 농촌현실이나 정부의 농촌발전책에 대한 충성의 증거로 보기가 어려우며, 오히려 자녀 세대를 통한 일종의 '간접적 이탈'(indirect exit)이 시도되어 왔다는 점이 지적되어야 할 것이다(Chang, 2010a).

다는 점이다. 도시 자본제 산업 위주의 급속한 경제성장을 위해 갖가지 차별적인 사회 · 경제적 조건 하에서도 인구 부양과 식량 공급의 중역을 맡았던 가족농들의 내부 생존여건은 보편적으로 열악했고 갈수록 벌어지는 도시인들과의 생활 격차는 농민들의 집단적 패배의식을 조장했다(김일철 외, 1993). 그동안의 많은 연구들에서 농민들은 그들 직업에 대해 극히 일부만이 만족감을 표시했으며(인구및발전문제연구소, 1988:654), 그 장래성에 대해서도 극히 비관적이었다(김일철 외, 1993:50). 그리고 자신의 소득수준에 만족하는 비율은 더욱 낮았으며(서울대 인구및발전문제연구소, 1988:127), 특히 도시인들과의 소득 격차에 좌절감을 느끼고 있었다(김일철 외, 1993:72). 비록 그들의 소득수준이 과거보다는 나아졌지만, 문제는 앞으로 소득수준 향상을 기대할 수 없었다는 점이다(김일철 외; 1993:74). 이처럼 일이 만족스럽지도 않고 소득이 충분하지도 않은 가족농의 가업을 승계한다는 것은 대부분의 농촌 청년들에게 그다지 기꺼운 일이 될 수가 없었다.

농업에 대한 농민들의 이처럼 비관적인 태도는 다른 직업종사자들의 직업에 대한 태도와 비교해 보면 더욱 뚜렷하게 드러났다. 여러 사회조사 결과에 따르면, 농림수산업 종사자들은 직무, 작업환경, 근로시간, 임금, 직업장래성 등 모든 항목에서 거의 대부분 가장 심한 불만족을 나타내고 있었으며, 그 불만도가 시간이 지남에 따라 더욱 심화되어 왔다(예를 들어, 김동원 · 박혜진, 2006). 농림수산업 종사자들은 대다수가 작업환경, 임금, 직업장래성에 대해 불만이 컸으며, 특히 작업환경에 대해 불만도가 급격히 상승해 온 것으로 나타났다. 이러한 직업 불만족은 도시지역의 서비스직 종사자와 생산 · 운수 · 장비 · 단순노무직 노동자들에게서도 유사하게 나타났는데, 이 사실을 농민들이 알았더라도 그다지 큰 위안이 되기 어려웠을 것이다. 오히려 농민이 이농하는 경우 여성은 서비스직에, 남성은 생산 · 운수 · 장비 · 단순노무직에 종사하게 될 가능성이 높으므로 이농 이후의 삶까지 비관적일 개연성이 심리적인 위축을 더욱 심화시켰을 수도 있다. 물론 이러한 이농 이후의 상황을 온전히 예측할 수 있는 농민은 거의 없었을 것이며, 여전히 이농의 유혹은 강했던 것이다.

이는 농민들의 이농에 대한 태도 조사에서 그대로 나타났다. 심지어 한 조사에서는 본인의 자녀나 마을 청년의 이농에 대한 견해를 물은 질문에 조사 대상의 80.4%가 이농을 권장했으며 이 비율은 40세 미만부터 60세 이상까지 거의 비슷하게 나타났다(김일철 외, 1993:44-45). 같은 조사에서 이농을 권하는 이유는 "농업의 전망이 어둡기 때문에"라는 항목이 압도적(67.5%)이었다. 이미 1987년의 한 조사에서 농민들이 이미 실제로 이주한 사람들의 이주 이유로 과반수(55.0%)가 경제적 요인을 꼽았으며 기타 교육적 요인, 가족 사정 등을 들었다(설동훈, 1993:78). 같은 조사에서 도시로의 이주 희망 가구의 비율은 59.5%에 달했다.

그런데 가족농의 가업이 급속히 유인력을 잃게 된 원인 가운데에는 농민들이 구조적 여건의 악화에 대응하는 과정에서 자체적으로 야기한 것들이 있다. 우선 생산여건 악화에 대응한 자기착취의 강화 문제를 들 수 있다. 불안정한 자본주의 시장경제에 복속된 농가경제는 농업 생산요소 가격의 상승, 농산물 수급 상황 및 가격의 불안정성, 공산품과 농산품의 협상가격차(鋏狀價格差) 등의 악조건에서 가족노동력 착취 강화라는 개별적 대응을 보편화시켜 왔다(김주숙, 1994). 영세한 경작규모, 열악한 농업소득, 희소한 투자자본 등의 만성적 악조건들 속에서 노동강도의 증가가 공통적으로 나타난 대응책이었다. 이는 가족성원 개개인의 육체적 고통 증가뿐 아니라 가정생활 및 가족관계에 긴장감과 불화를 야기하는 요인으로 작용했다(김흥주, 1992; 변화순, 1993; 김주숙, 1990; 조옥라, 1990). 특히 이러한 문제는 세대 간의 갈등으로 번져 가족농 계승에 직접적인 장애 요인이 되기도 했다. 특히 가족노동력 동원의 극대화를 위해 노부모가 과거의 은퇴 연령을 훨씬 넘어 농사에 참여하게 되면 자녀는 그만큼 경영책임자로서의 지위 획득이 늦어지는 상황에서 "늙은" 자녀와 노부모와의 갈등이 빈발할 수밖에 없었다. 아울러 과거에는 요긴한 가족노동력이었을 청소년들이 취학 등을 위해 마을을 떠남으로써 농촌 청·중년은 나이가 들어서도 부림을 받기만 하고 행사하지는 못하는 지경에 빠지게 됐다. 이에 덧붙여 뒤에서 논의할 농촌 청년들의 혼인 곤란은 이들로 하여금 정상적 가정생활의 가능성마저 부정당하는 좌절감을 느끼게 만들었다.

또다른 문제는 농민들이 농업생산의 기회비용에 지나치게 민감해져 가족 내의 각종 자원을 탈농화시켰다는 것이다. 앞서 지적한 어린 자녀들의 도시 취학 및 영구 이촌은 결국 농가 일손 부족을 야기했다. 그리고 농업 수입 및 각종 보조금을 도시에 있는 취학, 취업, 출가 가족성원에 대한 지원에 사용함으로써 농업자본 부족과 농가부채 증가가 초래됐다(김주숙, 1990:267-68; 설동훈, 1993:175-76). 토지의 이용과 상속도 예외는 아니어서 가족성원의 이농·취학 비용 충당을 위해 토지를 처분하거나 자산 가치만 염두에 두고 도시에 거주하는 가족성원 앞으로 토지 소유권을 넘기는 일이 흔했다. 농민들이 그들 가족의 현재 및 미래 복지의 증진을 도시지향적으로 추구함으로써 농업생산은 상대적으로 경시되고 농가경제는 계승할만한 주요 생산수단이 결여된 껍데기로 남게 된 경우가 흔해졌다. 물론 이러한 문제는 가처분 소득, 자본, 토지가 어느 정도라도 있는 중간계층 이상의 농민들에 해당됐다. 영세농들의 경우, 소유농지 등 농업의 대물림을 위한 자원이 거의 없었기 때문에 가족농의 단절은 선택의 여지가 없는 것이었다. 한국농촌경제연구원의 연구에서 조사된 영세농(소유농지 0.5ha 미만)들 가운데 16.8%만이 농사지을 다음 세대가 있다고 밝혔고 나머지 83.2%는 가구주의 당대에서 영농이 중단될 것이라고 응답했다(정명채, 1992:207). 그런데 영세농들의 경우는 자신이 빈농에서 태어나 제대로 교육도 받지 못하고 농지도 제대로 없이 악전고투 속에 농사를 짓고 있다고 여겼기 때문에 다음 세대의 이농 · 이촌을 더욱 적극적으로 권장했다(조옥라, 1990:294).

농가 자산의 분산 문제는 농민들의 재산상속에 관한 관습 · 태도에 의해 더욱 악화됐다. 1987년의 서울대학교 인구및발전문제연구소 조사에 따르면 (농지를 포함한) 재산의 상속 대상으로 "장자" 24.8%, "아들들" 24.0%, "아들과 딸" 6.4%, "필요한 자녀" 7.6%, "기타" 9.3%로 나타났다(서울대 인구및발전문제연구소, 1988:95). 1992년 김일철 등의 조사에서는 재산상속 대상이 "장남" 12.4%, "아들들에게 상속하되 장남 우대" 18.3%, "아들들에게 공평하게" 18.1%, "자녀 모두에게 공평하게" 21.7%, "노후에 의지할 자녀 우대" 17.2%, "기타" 12.2%로 나타났다(김일철 외, 1993: 14). 그런데 뒤의 조사를 연령별로 살펴보면, 40세 미만 농민의 응답은 "장남에게"가 4.9%에 불과한 반면 "모든 자녀에게 공평하게"가 32.1%나 됐고, 60세 이상 농민은 "장남에게" 14.8%, "모든 자녀에게 공평하게" 14.2%로 응답했다. 자녀에 대한 평등주의가 농가 자산의 분산을 초래하게 됐으며 이 문제는 젊은 세대로 올수록 더욱 심각해졌다. 이러한 재산상속관 때문에 이미 영세한 농지의 소유구조가 더욱 영세해져 계승 가족농의 경제적 자생력이 떨어지게 됐다. 특히 농가재산 상속 자녀의 대다수가 도시에 거주하는 현실에서 문제의 심각성이 더해졌다. 헌법(121조 1항)상의 경자유전(耕者有田) 원칙은 이촌 자녀들에 대한 농가재산 상속으로 유명무실화됐으며, 농지가 사용가치보다는 자산(부동산)가치에 의해 왜곡되어 배분되어 왔다.

가족농체계의 유지와 관련해 토지, 자본, 노동력의 규모 및 비율에 관련된 많은 난제들이 있었지만, 더욱 심각하게는 새로운 대내 · 대외 개방적 경제환경에 적합한 조직, 기술, 정보가 거의 축적 · 전수되지 못했기 때문에 농촌 청년들이 직면해야 했던 난관들이 있다. 농촌의 장 · 노년층은 과거의 자급 위주 · 부분 상업화를 특징으로 하는 가족농체계를 물려

주겠지만 이미 불안정한 시장자본주의 체제에 편입되어 있고 (농업을 포함한) 세계적 자유무역질서에 총체적으로 복속된 한국 농업의 경영은 근본적이고 급속한 체제 개편을 요구했다. 그러나 농민으로서의 지위와 자원을 가족을 통해 전수받는 거의 대다수 청년 농민들은 물질적으로뿐 아니라 조직 · 기술적으로도 극히 불안정하고 불완전한 상태에서 농촌경제를 이어가야 했다.10)

이상에서 살펴 본대로 농촌 청년들의 가족농 계승은 반드시 국가경제 전체나 지역경제 수준의 구조적 요인들이 아니더라도 개별 농가 차원에서 많은 난관에 부딪혀 있다. 여기에 다른 수많은 연구들에서 빈번히 지적되고 있는 영농 환경의 일반적 악화를 함께 고려하면 왜 농업의 대물림이 오히려 희귀한 현상이 되어버렸는지 쉽게 이해할 수 있다. 여기에서는 농촌 청년들의 농가경제 계승에 대한 직접적인 경제 · 사회 · 정치적 환경이 되는 지역공동체 차원의 몇 가지 문제를 아주 간략히 짚고 넘어간다.

마을 등 지역공동체는 농촌 청년들이 자신의 가족 내에서 성공적인 영농 계승의 조건을 찾기 어려울 때 가장 먼저 대체 조건을 모색해 볼 수 있는 환경이다. 우선 생산조직에 관련해, 기존 농가 내 가족노동력의 희소와 경영기법 · 자본력 등의 한계를 극복하기 위해 마을 청년들이 서로 협력을 모색하기도 했고, 실제 작목반에서 위탁영농회사 및 영농조합법인에 이르기까지 새로운 형태의 집단 영농조직들이 나타나기도 했다(최찬호, 1992; 안준섭, 1992). 이러한 새로운 움직임들에도 불구하고 청년인구의 극감, 농촌 경제환경의 만성적 불안 등을 반영해 대다수 지역들에서는 청년들이 새로운 공동생산자 문화를 형성하기는커녕 두레 등 기존의

10) 일부 기업집단(재벌)들은 산하 연구소와 언론기관 등을 동원한 여론 조작을 통해 이러한 농민들의 생산조직 · 기술상의 어려움을 자신들의 농업 진출과 농지 과점을 합리화하는 근거로 이용하려 들었다(이성태, 1991).

농번기 협업체계조차 붕괴되어 갔다. 여기에 관치행정의 영향력 아래 있었던 지역조직들이 농민들의 자발적 노력에 의한 농촌의 사회 · 경제적 재조직화 가능성을 사전 고사시키는 부작용을 일으켰다(한국농어촌사회연구소 · 한국카톨릭농민회, 1990).11) 이러한 정치 · 사회적 환경에 지역적 농지 소유구조의 왜곡, 농촌노동력 부족, 농자금 배분 왜곡 등 생산자원 배치의 문제들이 중첩될 때, 마을의 청년 몇몇이 모여 새로운 생산조직 확립을 비롯해 적극적 영농 계승을 위한 농촌의 재구조화를 실현시킬 가능성은 매우 희박했다.

엎친 데 덮친 격으로 지나치게 가변적이고 비현실적인 농정이 가져다주는 경제적 고통과 심리적 교란은 농민들로 하여금 국가의 거시경제적 조정에 의한 농업의 회생 가능성을 전적으로 의심하도록 만들었다. 그리고 새로운 농업체제에 대한 논리적이고 현실성 있는 대안 제시 없이 쌀 시장 개방을 약속한 "우루과이 라운드"의 타결은 청년 농민들이 하루라고 늦기 전에 농촌을 벗어나는 것이 상책이라는 생각을 갖도록 만들었다. 이후 시기 정부가 공격적으로 추구한 자유무역협정(Free Trade Agreement)의 상대국들은 대다수가 농업수출국의 성격을 지녔기 때문에, 결국 농업, 농민, 농촌이 최대의 피해자가 될 수밖에 없었다. 따라서 일부 남아서 농사를 짓고 있는 청장년이 있더라도 이들이 장기적으로 사회 · 경제적 자생력을 갖는 농업생산자 계급을 형성할 가능성은 희박할 수밖에 없었다. 그들 중 상당수가 "당장에는 도시에 적당한 일자리를 찾기 어려워서", "도시의 높은 생활비를 충당하기가 어려워서" 등의 지극히 수동적인 이유로 농촌에 자류하고 있는 잠재적 이농 인구였다(조옥라, 1990).

---

11) 지난 1991년 구성된 지방의회의 경우 농촌 관치행정의 도구이기보다는 견제장치로서 기능해 온 측면이 지역에 따라 나타난다. 그러나 지방의회의 경우는 의정활동의 전문성과 재량권의 한계로 농정방식에 대한 근본적인 변화를 촉진하는 데에는 역부족이다(장경섭 · 김인배 · 홍덕용, 1995).

3-3. 농촌의 여성 지위와 혼인 문제

농업생산뿐 아니라 부양, 보호, 교육 등을 포괄하는 복합적 생활단위로서 가족농이 유지되기 위해서는 가족 내 부부간의 유기적인 역할 분담과 협조가 이루어져야 한다. 만일 가업으로서의 농사를 계승하는 청년 농민이 적절한 연령에 배우자를 맞지 못하거나 맞더라도 부부관계가 가족농의 생활양식에 조화롭게 통합되지 못한다면 가업 계승이 장기적으로 어려워지고 가족 전체의 생활이 교란될 것이다. 농사 계승이 주로 남성 청년에 의해 이루어지지만, 가족농의 사회조직적 계승을 위해 농민 청년과 혼인하여 안정된 가정을 이루기 위해 노력하는 여성도 충분히 존재해야 하는 것이다. 그런데 농촌의 대다수 젊은 여성은 다양한 이유로 이러한 가족농 계승에의 참여를 회피하고 아예 농촌을 떠나는 선택을 해왔으며, 그 결과 가족농 계승을 결심한 소수의 청년들조차 배우자가 없어 생활의 모든 과정이 불안정해지는 고통을 겪게 됐다. 그리고 비슷한 이유로 이미 결혼한 농촌 부인들의 경우도 가능하면 농촌을 떠나 살자는 요구를 남편에게 하는 경우가 허다했다.

결혼 적령기 농촌 여성의 상대적 부족 및 이에 따른 농촌 남성들의 비자발적 독신의 문제는 인구·주택 센서스에 집계된 농촌지역 성별·연령별 인구분포를 통해 꾸준히 드러났다. 김태헌·홍문식·장영식(1993)이 "인구주택총조사" 자료를 사용해 지역별·연령별 유배우율의 변동을 살펴본 바에 따르면, 청장년 농민의 비자발적 독신 문제가 갈수록 악화됐음을 알 수 있다. 1990년 조사에서 농촌지역(군부) 남자의 유배우율은 25-29세 37.2%, 30-34세 81.0%, 35-39세 91.8%로 나타나 마흔 살이 가깝도록 배우자가 없는 남자가 10명 중 1명 정도 됐다. 1985년 조사에서 농촌 남자의 유배우율이 25-29세 48.7%, 30-34세 94.8%, 35-39세 96.0%였음을 감안하면 불과 5년 사이에 문제의 심각성이 상당히 더해졌음을 알 수 있다. 다른 연구에 따르면 빈농일수록 통혼권이 면내에 한정되는 경향이 있었는데, 막상 면내, 즉 농촌 마을에는 결혼적령기 여성이 드물어 결국 비자발적 독신의 고통이 빈농 청년들에게 특히 심각했을 것임을 알 수 있다(한경혜 · 이정화, 1993).

이처럼 젊은 농촌 여성의 이농을 부추기는 요인은 기존의 경제학적 설명인 더 나은 소득기회의 희구 외에 다양한 사회 · 문화적 문제들을 포함한다. 많은 농촌 여성들에게는 어린 시절부터 농민가족의 빈곤을 그들의 남자 형제보다 더 과중하게 느끼면서 살아온 경험이 있다(김주숙, 1990, 1994). 사소한 소비의 과정에서부터 교육기회의 부여에 이르기까지 농촌 부모의 남아선호를 체험해 온 이들에게 농민가족에서의 삶은 여성의 희생과 등식화되어 인식됐다. 이러한 성장배경에 덧붙여, (본서 제3장에서 자세히 설명했듯이) 그들이 출가하여 참여할 수 있는 주위 농민가족에서의 성인 여성의 삶으로부터 충분한 동경의 소재를 찾기가 어려웠다.

많은 농촌 여성들은 우선 혼인기에 있거나 혼인기를 앞두었을 때 농촌의 전통적 가족문화에 대한 거부감이 팽배해 있었다. 학교교육이나 대중매체를 통해 도시 중산층의 핵가족 문화를 동경하게 된 이들이 도덕적 권위주의하에서 농사 및 가사 노동자로서의 역할 수행이라는 기능적 측면만 강조되는 농민가족에서의 삶을 거부한 것이다(김주숙, 1990; 공세권 외, 1989). 즉, 애정 위주의 부부관계 등 새로운 가족문화에 대한 욕구를 농촌의 청년이나 그들 가족으로부터 충족할 수 있다는 기대를 갖지 않게 된 것이다. 여러 조사연구에 의하면, 농촌 여성에 대한 남편이나 (시)부모의 권위주의적 태도는 점차 약화되고 있었지만 그래도 평등하고 민주적인 서정적 의존관계라는 이상과는 거리가 먼 것이었다(변화순, 1993). 그리고 가족 단위의 여가활동 부재 등으로 알 수 있듯이 적어도 도시 기준으로 볼 때 농촌 가정생활의 문화적 질은 극히 실망스러운 것이었다. 그리고 열악한 주거시설을 위시해 농촌 가정생활의 물질적 조건에 대한 불만도 팽배해 있었다(서울대 인구및발전문제연구소, 1988:147-150).

이러한 농촌 가정생활의 문화 · 물질적 조건의 열악성에 덧붙여 여성의 가사 · 생산 노동이 그 양과 강도에 있어 급증한 문제가 있었다.[12] 가족이 거의 유일한 생활 보호 · 부양 단위로서 존재하는 농촌에서 노인 수발과 아동 양육의 역할을 여성들이 충실히 수행한 것은 물론이다. 그런데 앞서 지적한 것처럼 아동기에 대한 도시적 혹은 서구적 이념이 전파된 결과, 아동이나 청소년을 과거처럼 잔심부름 일손으로서 집안일을 거들게 하는 대신 장기간의 서정적 보호와 교육의 대상으로 보고 이에 따른 뒷바라지를 해야 하는 부담이 늘어나게 됐다. 특히 초등학교 통 · 폐합, 상급학교 부재 등으로 아동 · 청소년 자녀의 장거리 통학이나 하숙 · 자취 문제가 대두되면 이에 따른 부모의 역할은 재정적 측면에서뿐 아니라 몸소 뒷바라지를 해야 하는 측면에서 과중하게 늘어날 수밖에 없었다(김흥주, 1992). 아울러 노인들이 과거보다 비교적 건강하고 장수하는 현실에서, 한편으로는 이들이 가사와 농사를 거들어주는 면이 있지만 다른 한편으로는 이들에 대한 노후부양 기간이 그만큼 길어졌다는 부담이 생겼다.

생산노동자로서의 농촌 여성의 부담은 더욱 뚜렷하게 늘어났다. 학업 등의 이유로 청소년 일손을 동원할 수 없고 청년 남녀는 대부분 이농한 상태에서 특히 기혼 부인들이 대체 생산노동력의 역할을 강화해야 했다(김주숙, 1994). 여기에 그동안 농촌 소득원의 다원화 조류에 따라 농업에서는 원예작물 재배 등 주로 '여성노동 집약적'인 일거리들이 빠르게 늘어났다(김주숙, 1994). 그리고 농공단지 조성 등의 결과로 비농업 부문에서 계절적 단순노동 거리가 늘어나 특히 많은 기혼 부인들이 참여하게

12) 메이야수(Meillassoux, 1981) 등에 따르면 여기에서 지적될 한국 농촌의 특수한 사정들 때문이 아니더라도 자본주의 체제하에서 농민가족이 여성의 과중한 노동을 통해 한편으로는 생존을 얻지만 다른 한편으로는 이중적 착취상태에 얽매인다고 한다.

됐다(변화순, 1993). 농촌 여성들의 이러한 새로운 생산노동자 역할은 농가소득 증대라는 경제적 유인에 대응한 것이지만 이들의 과중한 생산노동 부담은 "농부증"(農夫症)의 확산 등 사회문제로서의 심각성이 뒤따랐다(김흥주, 1992). 김일철 등(1993)의 조사에 따르면, 농촌 총각의 결혼난 이유로서 조사대상 농민의 43.3%가 '힘든 농사일'을 들었고 26.9%가 '경제적인 어려움'을 들었는데, 이를 통해 추론할 수 있는 점은 생산노동의 증가에 수반한 소득증대가 여성에게 주는 유인은 증가된 노동부담의 역효과에 의해 상쇄됐을 가능성이다. 그런데 그동안 영농방식의 현대화를 위한 국가 투자도 수도작(水稻作) 기계화 등 주로 남성노동과 관련 있는 사업들에 집중됐기 때문에 여성의 생산노동을 경감하거나 효율화시키는 효과가 미미했다(김주숙, 1990, 1994; 조옥라, 1990).

이처럼 농촌 여성의 삶이 가족 내부에서 갈수록 힘겨운 것이 될 때 지역공동체 차원에서도 이들의 삶의 동기를 보완적으로 강화시켜 줄 수 있는 자원이나 조건을 갖고 있지 못했다(서울대 인구및발전문제연구소, 1988). 우선 가부장적 전통 촌락문화에서 젊은 미혼여성들이 사회 · 문화적으로 주도적인 활동을 할 수 있는 소지를 찾기 어려웠으며 그들을 위한 문화, 교육, 복지 시설은 공동체나 국가의 것이든 상업적인 것이든 거의 존재하지 않아 그들의 세대문화가 개발되거나 수용될 여지가 없었다. 그리고 기혼 부인들의 경우도 그들 자신이나 그들이 보살피는 아동과 노인을 위한 문화, 복지, 의료 시설 및 제도가 없거나 있어도 거의 만족할 수 없는 상태여서 비슷한 좌절감을 느끼고 있었다(조흥식, 1992). 그리고 가족 내부의 권위주의적 여성 차별이 점차 완화되는 추세에도 불구하고 지역공동체에서는 각 가족의 가부장제를 전제로 한 질서가 지배하고 있어서(조옥라, 1990), 이 문제들에 대한 여성들의 자발적이고 조직적인 대처 움직임이 생겨나기도 어려웠다.

농촌 여성에 관련된 이러한 가족 및 지역공동체 차원의 문제들이 국가정책에 의해 근본적으로 완화된 사례들은 찾기 어려웠다. 우선 농촌지역의 공동 문화, 교육, 복지, 의료 시설 및 제도가 형편없이 낙후되거나 불충분한 것은 경제성장 일변도의 보수적 국정운영 기조, 즉 개발자유주의 하에서 사회정책 일반에 대한 정치적 무관심이 작용한 것이므로 사실 도시지역도 상당 정도 함께 안고 있었던 문제였다. 그러나 국가적 발전전략 및 사회정책의 도시편향성으로 인해 농촌지역의 특수성이 그나마 존재하는 일부 사회정책적 투자에도 제대로 반영되지 못했다(장경섭, 1992). 더욱이 농업생산 일변도의 농정에 내재된 여성에 대한 차별성(무관심성)이 심각해, 국가가 농촌 여성의 삶을 어렵게 만들고 있는 다양한 요인들을 파악하고 이에 대한 체계적 대응방안을 마련해 주기를 기대하기가 무리였다. "돌아오는 농촌"을 만들기 위해서는 여성에게도 돌아올만한 유인책들이 마련되어야 했지만 그러한 변화를 감지하기는 어려웠다. 정치적 구호 차원에서 제시되기 시작한 별도의 여성정책들조차 대부분 도시 여성을 대상으로 하는 한계가 뚜렷했다.

4. 농가 재생산주기 보완전략으로서의 국제결혼

한국 농촌 "노총각"들의 베트남을 비롯한 인근 아시아 지역 외국인 신부들과의 국제결혼은 2005년 전후로 갑자기 시작됐고 즉각적으로 폭증했다. 그러나 신부들의 국적으로 따진 국제결혼 추세는 2000년대 들어서자마자 도시 주변부 한국 남성들의 중국 국적의 "조선족"(朝鮮族) 동포 신부와의 결혼이 급증하면서 시작됐으며 곧이어 한족(漢族) 여성과의 결혼도 빠르게 늘어났다(김승권 외, 2010). 다른 한편으로 농촌 노총각들의 인근 아시아 지역 신부와의 국제결혼은 1990년대 중반부터 대만에서도 본격화됐다(Jones and Shen, 2008; Jones, 2012; 이현옥, 2016). 한국 농촌에서 국제결혼이 전격적이고 범사회적 추세로 대두된 것은 이러한 선례들이 결정적 준거로 작용했다고 볼 수 있다. 특히 농촌 국제결혼이 지역공동체, 지방정부에 민간 활동가들까지 가세해 일종의 사회적 기획으로서 안내되고 권장됐다는 점에서 이러한 준거적 선례의 중요성이 크다. 이 사회적 기획이란 바로 농가 재생산주기의 복원 및 이에 기초한 농촌 지역공동체의 활력 회복이다. 그리고 농가 재생산주기는 농촌 가족구조의 특징상 노부모를 포함한 직계가족 단계를 포괄하는 경우가 흔하며, 이 경우 외국인 신부의 가족 내 지위와 역할은 배우자뿐 아니라 시부모와의 관계까지 포함하여 구성된다. 이러한 이유로 농촌 노총각의 국제결혼에 노부모의 관심, 지원, 개입이 거의 보편적이기까지 하다.

이러한 맥락에서 보면, 외국계 신부들을 "다문화신부"라고 부르고 국제결혼 가족을 "다문화가족"(이하 인용부호 생략)이라고 부르는 것은 매우 역설적이다. 농촌 지역의 가족재생산 주기는 농가가 한편으로 전통적 가족단위 생산조직체로서 다른 한편으로 해방 후 (더이상 신분이나 계급 구별 없이) 보편화된 유교적 친족조직으로서의 성격에 결부된 것이기 때문에, 이의 복원을 위해 동원된 외국인 신부들은 사실상 어떤 한국 여성들보다 더 토착전통성이 강한 한국적 삶을 살아야 하는 것이다. 반면 젊은 한국 농촌 여성 대다수는 그러한 삶을 거부하고 각급 도시지역으로 떠나왔으며, 도시 여성들의 귀농 · 귀촌 혼인은 희소하다. 외국계 신부는 출신지의 사회 · 문화적 다양성과 상관없이 결혼한 한국 농가의 가족재생산 주기상의 필요를 한국적 방식으로 충족시키는 데 동원되는 존재이며, 이러한 현실에서 언어소통의 어려움이 가족관계의 일방성을 강화시키는 작용을 하기도 한다(Kim, 2011). 이처럼 복잡하고 역설적인 현실을 한국여성정책연구원이 수행한 "2015년 전국다문화가족실태조사"를 바탕으로 자세히 살펴보자.[13)]

---

13) 정해숙 외(2016), 『2015년 전국다문화가족실태조사 분석』(한국여성정책연구원 연구보고 2016-03). 인용자료의 복잡성으로 아래 관련 내용들에서 인용 페이지는 따로 표

2015년 기준으로 농촌지역(읍 · 면부) 다문화가구들의 가족구성을 보면, 부부+자녀(45.6%), 부부+자녀+배우자의 부모형제(18.7%), 부부(17.5%) 유형이 대다수를 차지했는데, 도시지역(동부) 다문화가구들과 비교해 부부+자녀가구 비율은 비슷하고, 부부가구 비율(도시 23.1%)은 낮고, 확대가족가구 비율(도시 6.8%)은 훨씬 높았다.[14] 농촌 다문화가구들의 자녀수는 평균 1.24명에 불과했고, 1명(35.1%), 2명(31.7%), 0명(25.2%) 순이고, 3명 이상(8.0%)은 드물었다. 자녀 연령은 6세 미만(45.4%), 6-11세(32.7%) 등으로 대다수가 어렸다. 앞으로 자녀 희망이 없는 농촌 외국계 배우자(77.2%)가 대다수였고 희망하더라도 1명(16.3%), 2명(5.8%) 순이었으며, 그 한국인 배우자에게도 없는 경우(78.0%)가 대다수였다. 농촌 다문화가구들의 주거는 소유주택 거주(61.5%)가 가장 많았다. 농촌 다문화가구들의 월평균 가구소득 분포는 200-299만 원(33.1%), 100-199만 원(26.8%), 300-399만 원(19.6%), 400-499만 원(8.4%), 100만 원 미만(7.4%)의 순으로 도시 다문화가구들과 분포가 비슷했지만, 고소득가구의 비율이 상대적으로 낮았다. 다문화가구들 중 국민기초생활보장제도 지원대상 비율은 농촌 3.9%, 도시 5.4%로 도시가 약간 높았다. 이상을 정리하면, 외국인 신부를 맞은 농촌 다문화가구들은 이른바 핵가족가구가 다수였으나 시부모 등 배우자 친족도 동거하는 경우도 상당수였다. 이 가구들에 자녀가 있는 경우, 그 수가 거의 1, 2명이었고 어렸으며, 더 이상의 자녀를 원치 않는 경우가 대다수여서 최종적 자녀수는 내국인간 혼인 가구들과 별 차이가 없었을 것으로 보인다. 이 가구들의 월수입상 경제수준은 전국적 기준으로 중하층이 대다수이지만, 자급자족적 식생활과 자가 거주가 흔한 농촌지역의 생활조건을 감안할 때 실제 생활상태 및 만족도는 소득기준보다 높

시하지 않음.

14) 농촌 "다문화가구"의 전체 특성에 대해서는, 정해숙 외(2016), 『2015년 전국다문화가족실태조사 분석』, "II. 가구 구성표 분석 결과"의 자료를 반영했음.

았을 것이다.

외국인 신부를 맞아들인 한국인 남편들은 2015년 현재 40대(48.7%), 50대(26.4%), 30대(15.4%) 순이었으며, 교육수준은 고졸(53.4%), 대졸 이상(25.5%), 중졸(13.6%) 순이었는데, 전체의 28.1%를 차지하는 농촌 지역 남편들이 연령은 상대적으로 높고, 학력은 상대적으로 낮았다.15) 농촌 다문화가구 한국인 배우자의 대다수(90.8%)는 취업 상태였고, 장치 · 기계조작 · 조립(23.6%), 농림어업숙련종사(22.9%), 기능직(18.5%), 단순노무(16.5%) 등을 수행했고, 종사지위는 상용근로(40.1%), 무종업원 자영업(32.9%), 일용근로(11.2%), 임시근로(9.3%), 유고용원 자영업(5.2%) 순이었으며, 지난 3개월 평균 월수입은 150-199만 원(20.3%), 200-249만 원(19.7%), 100-149만 원(17.4%), 250-299만 원(14.5%) 등으로 분포했다. 농림어업에 속한 자영업 종사자 비율의 큰 차이에도 불구하고 농촌 다문화가구 한국인 배우자들의 소득 분포가 도시지역과 큰 차이가 없었다. 이들의 생활만족도(응답문항 인용부호 생략; 이하 마찬가지)는 보통(35.2%), 약간 만족(32.0%), 매우 만족(22.9%) 순이었는데, 마찬가지로 도시지역과 큰 차이 없었다. 자기 가족에 대한 이들의 주관적 사회계층평가는 중하(34.8%), 하상(25.7%), 중상(25.2%), 하하(11.6%) 등으로, 이 역시 도시지역과 별 차이 없었다.

농촌 다문화가구 한국인 배우자들의 현재 혼인은 대다수 초혼(74.6%)으로 도시와 같았고, 혼인 기간은 5-9년(43.1%), 10년 이상(31.8%), 3-4년(15.0%), 3년 미만(10.2%) 순으로 도시에 비해 약간 짧았고, 배우자 만남 경로는 결혼중개업체 이용(34.2%), 친구 · 동료 소개(23.6%), 가족 · 친척 소개(18.2%), 스스로(15.3%), 종교기관 역할(8.1%) 등으로 도시에 비해

---

15) 농촌 "다문화신부" 배우자들의 특성에 대해서는, 정해숙 외(2016), 『2015년 전국다문화가족실태조사 분석』, "IV. 결혼이민자 · 귀화자 등의 배우자 조사표 분석 결과"의 자료를 반영했음.

결혼중개업체 의존도가 훨씬 높았고 스스로 만난 경우가 적었다. 농촌 다문화가구 한국인 배우자들의 68.4%가 외국계 배우자와 "문화적 차이"를 경험했다고 밝혔으며, 이들이 밝힌 내용(중복 응답)은 식습관(47.4%), 가족행사 · 의례(22.8%), 자녀양육방식(21.2%), 가계경제생활(19.8%), 부모부양방식(11.0%), 가사분담방식(10.9%) 등에 걸쳤다. 이들은 외국계 배우자의 모국어 사용에 적당히 수용적이었으나 배우자 모국어를 잘 하거나 배우는 경우는 소수였다. 그리고 이들은 "외국인이 한국에서 생활하려면 모국 문화를 버리고 한국 문화와 관습에 따라야 하는가"에 대해 약간 동의(30.4%), 동의(22.9%), 전적 동의(9.7%)의 순으로 응답해 문화적 자기중심성을 숨기지 않았다. 다만 이들은 외국계 배우자가 동네 주민들과 잘 어울리고 모국인 · 이주자 모임, 외국인 지원 프로그램 등에 참여하도록 지지 · 격려하는 편이었다.

농촌 다문화가구 한국인 배우자들은 부부 역할에 관련해, 부모가 똑같이 자녀를 돌볼 책임이 있다고 대다수가 생각했지만 맞벌이 부부의 집안일 평등 배분에 대해서는 평균적 동의 정도가 덜했으며 남녀 영역 구분(남자는 생업, 여자는 가사)에 대해서도 평균적으로 반대하지는 않았다. 이들이 의사결정권을 가졌다고 생각하는 가족의 주요 사안으로 외국계 배우자의 취업 · 직장이동이 뚜렷했으며, 자녀 교육, 생활비 지출 등은 모호했다. 이들의 부부관계의 양상을 보면, 배우자와의 하루 중 대화시간이 30-59분(32.5%), 2시간 이상(27.5%), 60-119분(22.6%), 30분 미만(15.9%)으로 분포되어 도시지역과 거의 같았다. 이들의 부부관계 만족도는 매우 만족(40.7%), 약간 만족(32.2%), 보통(23.1%)으로 대체로 높았고 역시 도시지역과 거의 같았다. 반면 이들 중 70.3%가 지난 1년 사이 부부다툼을 있었다고 밝혔으며, 그 이유(복수응답)로 성격차이(39.0%), 생활비 등 경제문제(18.8%), 자녀교육 · 행동 문제(17.3%), 언어소통 어려움(15.8%), 문화 · 종교 · 가치관 차이(15.8%) 등을 들었는데, 도시지역에 비해 문화와 언어

문제로 인한 갈등이 약간 더 중요했다.

다문화가구 외국계 배우자는 81.5%가 여성이었고, 농촌지역(읍면부) 거주는 22.5%였다.[16] 출신국적은 한국계 중국인인 조선족(30.8%), 기타 중국인(22.4%), 베트남인(20.8%), 필리핀인(6.0%), 일본인(4.5%), 미주 · 유럽 · 대양주인(4.1%), 기타 동남아시아인(3.9%), 몽골 · 러시아 · 중앙아시아인(3.6%)인데, 이 중 베트남 및 기타 동남아 출신자들의 농촌 거주 비율이 높았다. 이들 중 대다수 여성인 농촌지역 거주자의 한국인 배우자 만남경로는 결혼중개업체 이용(32.9%), 친구 · 동료 소개(23.3%), 가족 · 친척 소개(19.9%), 스스로(15.3%) 등이었다. 농촌 다문화배우자의 83.3%가 초혼(본인, 배우자 모두 초혼 70.3%; 본인 초혼, 배우자 재혼 8.3%)이었고, 혼인기간은 5-9년(43.2%), 10년 이상(31.7%), 3-4년(15.0%), 3년 미만(10.1%) 순이었다. 이들의 평균 한국어 능력은 듣기(5점 주관척도 3.44), 말하기(3.32), 읽기(3.08), 쓰기(2.76) 순으로, 일상 대화(듣기, 말하기)에 있어서 상대적으로 자신감이 있었다. 지난 1년간 한국 생활의 어려움(복수응답)으로 언어문제(34.7%)가 단연 두드러졌고, 자녀양육 · 교육(27.4%), 경제적 어려움(25.1%), 생활방식 · 관습 · 음식 등 문화차이(23.3%)도 중요했으며 외로움(17.9%), 편견과 차별(12.4%), 가족갈등(9.8%) 등이 이어졌고, 일부는 어려움 없음(23.0%)으로 답했다. 이들은 "외국인이 한국에서 생활하려면 모국문화를 버리고 한국 문화와 관습에 따라야 하는가"에 약간 동의(25.0%), 동의 않음(21.6%), 동의(20.2%), 약간 부동의(13.8%), 전적 부동의(10.1%), 전적 동의(9.3%) 등으로 매우 다양한 분포의 응답을 했다. 이들 중 79.1%는 모국에서 일한 경험이 있고, 73.2%는 현재 한국에서 취업 상태에 있었다. 취업자 직종은 단순노무(33.6%), 서비스종사(16.8%), 장치기계 조작조

16) 농촌 "다문화신부"의 특성에 대해서는, 정해숙 외(2016), 『2015년 전국다문화가족실태조사 분석』, "III. 결혼이민자 · 귀화자 등 조사표 분석 결과"의 자료를 반영했음.

립(16.7%), 농림어업숙련종사(11.9%), 전문업(6.9%), 기능직(6.5%), 판매직(5.1%) 순이었고, 취업자 종사상지위는 상용근로(35.1%), 임시근로(27.5%), 일용근로(15.5%), 무급가족종사(15.0%) 순이었다. 취업자의 지난 3개월 월평균 임금은 100-149만 원(32.4%), 50-99만 원(22.4%), 무임금(15.0%), 150-199만 원(13.4%), 50만 원 미만(6.1%), 200-249만 원(5.2%) 순이었다.

농촌 다문화배우자의 69.3%가 생활상 한국인 배우자와 "문화적 차이"를 느꼈으며, 그 내용(복수응답)은 식습관(45.1%), 가족의례(26.0%), 자녀 양육방식(23.6%), 가계 경제생활차이(18.7%), 가사분담방식(12.3%), 부모부양방식(11.2%) 등이었다. 이들은 부부 역할에 관련해, 부모의 동등한 자녀 돌봄 책임에 대해서 매우 그렇다(52.0%), 대체로 그렇다(33.4%)라고 생각했고, 맞벌이 부부의 집안일 평등 배분에 대해서 대체로 그렇다(36.2%), 매우 그렇다(30.4%), 보통이다(25.5%)라고 생각했지만, 남녀 영역 구분(남자는 생업, 여자는 가사)에 대해서는 보통이다(26.8%), 그렇지 않은 편이다(26.6%), 대체로 그렇다(23.4%), 매우 그렇다(14.2%), 전혀 그렇지 않다(9.1%)로 다양한 반응을 보였다. 이들 가족의 주요 사안에 대한 의사결정권은, 생활비 지출은 공평 결정(34.8%), 주로 배우자(23.9%), 전적으로 배우자(16.2%), 주로 본인(13.9%), 전적으로 본인(11.3%)이었고, 본인의 취업 · 직장이동은 전적으로 본인(28.7%), 공평 결정(27.8%), 주로 본인(25.1%), 주로 배우자(11.6%), 전적으로 배우자(6.8%)였다. 이들 중 68.8%가 지난 1년간 배우자와 다툼을 경험했고, 그 이유(복수응답)는 성격차이(36.1%), 언어소통 어려움(19.3%), 생활비 등 경제문제(19.3%), 자녀 교육 · 행동 문제(18.6%), 문화 · 종교 · 가치관 차이(14.0%), 배우자 가족과의 갈등(10.0%) 등이었으며, 다툼에 대한 대응(복수응답)은 대화로 해결(51.0%), 참는다(47.8%), 친구 · 친지에 상의(22.7%), 스스로 해법 모색(17.2%) 등이었다.

농촌 다문화배우자들은 자녀와의 관계에 대해 매우 만족(61.2%), 대체로 만족(27.7%) 등의 긍정적 느낌을 가졌으며, 자녀와의 친밀성에 대해서도 매우 그렇다(65.3%), 대체로 그렇다(25.9%) 등 마찬가지의 긍정적 생각을 했다. 자녀 친구들을 잘 아는지에 대해서는 대체로 그렇다(28.9%), 매우 그렇다(27.7%), 보통이다(26.3%) 등으로 절반을 약간 넘는 긍정 반응이 있었다. 자신의 부모역할 전반에 대한 긍정은 대체로 그렇다(40.7%), 매우 그렇다(32.4%), 보통이다(23.6%) 등으로 더욱 분명하게 긍정적 자평을 했으며, 배우자의 부모역할에 대한 긍정도 대체로 그렇다(36.9%), 매우 그렇다(31.9%), 보통이다(25.4%)로 역시 높은 수준이었다. 이들 중 만 5세 이하 자녀가 있는 경우 주요한 어려움은 한국어 가르치기 어려움(39.3%), 아프거나 바쁠 때 봐줄 사람 없음(17.5%), 자녀양육에 관해 배우자나 가족과 의견 차이(10.5%), 보육기관 · 학교에 대해 잘 모름(9.1%) 등을 꼽았고, 일부는 어려움 없음(20.8%)으로 답했으며, 어려움이 있을 때 배우자의 도움 여부에 대해 많이(34.1%), 보통(29.2%), 약간(25.7%) 등으로 대체로 긍정적 평가를 했다. 학령기 자녀를 둔 경우의 주요한 어려움으로 자녀 교과목 · 학교생활을 잘 모름(32.8%), 타학부모와의 대화, 정보 획득 어려움(12.8%), 자녀 학교숙제, 준비물 잘 챙겨주지 못함(12.4%), 자녀교육 경제적 지원 어려움(11.0%), 학교행사, 학부모모임 참석 어려움(9.5%) 등을 꼽았고, 일부는 어려움 없음(20.4%)으로 답했으며, 어려움 해결을 위한 배우자의 도움 정도에 대해 보통(33.7%), 약간(24.2%), 많이(19.9%), 별로(16.4%) 등으로 약한 긍정적 평가를 했다.

만 9-24세 농촌 다문화가정 자녀들의 부모와의 관계 만족도는 아버지에 대해 매우 만족(46.1%), 보통(25.9%), 약간 만족(23.1%), 어머니에 대해 매우 만족(54.7%), 약간 만족(23.9%), 보통(17.3%)으로 나타나 어머니에 대한 만족도가 특히 높았다.[17] 이들은 자신의 귀가, 질병 등에 관해

17) 농촌 "다문화자녀"의 특성에 대해서는, 정해숙 외(2016), 『2015년 전국다문화가족실태조사 분석』, "V. 만 9~24세 자녀 조사표 분석 결과"의 자료를 반영했음.

부모가 갖는 관심의 정도를 대체로 높게 평가했다. 만13세 이상 농촌 다문화자녀들은 고민이 있을 때 대화상대로 어머니(33.6%), 친구 · 동료(26.1%), 아버지(13.5%), 형제자매(6.8%), 선생님(3.0%), 선후배(2.6%) 등을 꼽았으며, 일부(14.2%)는 자체 해결을 선호했다. 이들이 인식하고 있는 자신들을 위한 지원시설의 인지율 및 이용률은 학교 내 방과후 교실(89.6%; 78.7%), 공부방 · 지역아동센터 · 청소년 방과후 아카데미(76.0%; 47.8%), 다문화가족지원센터(71.6%; 39.1%), 청소년지원시설(63.0%; 37.6%), 사회복지관(51.7%; 20.6%) 등으로 다양한 지원시설들을 잘 알고 있으며 또 활용하고 있었다. 지원시설 인지율과 이용률 모두 농촌지역이 도시지역보다 평균적으로 높았다. 이들이 실제 수혜한 자신들을 위한 교육 및 지원 서비스(복수응답)는 학습지원(31.0%), 진로 상담 · 교육(18.3%), 학습 · 친구 · 가족 · 이성문제 상담(6.1%), 한국어 교육(5.6%), 외국계 부모 모국어 교육(5.6%), 한국 사회 적응 교육(5.0%) 등으로 도시지역과 대동소이했다. 이들은 자신이 다문화자녀임을 주위 사람이 아는 것에 대해 보통(52.8%), 좋다(20.8%), 매우 좋다(14.5%), 싫다(6.0%) 등으로 모호하거나 긍정적인 반응을 보였다. 이들 중 다문화가족 자녀라는 이유로 지난 1년간 차별당한 경험이 있는 비율은 9.9%였으며, 차별경험자들이 적시한 차별행위자는 친구(약간 75.6%; 심하게 8.1%), 교사 · 교수(약간 8.6%; 심하게 7.2%), 친척(약간 8.6%; 심하게 0.4%), 이웃(약간 17.4%; 심하게 2.9%), 모르는 사람(약간 30.1%; 심하게 7.8%) 등으로 친구의 차별행위가 특히 문제였다. 차별경험자들의 대응방식(복수응답)은 참았다(40.8%), 부모 · 교사에 알림(39.1%), 별생각 없이 넘어감(29.8%), 사과 요구(17.3%), 친구와 상의(9.7%) 등으로 소극적 대응이 많았다.

만 9-24세인 농촌 다문화가구 자녀는 92.4%가 한국 내 재학중이었고, 이는 도시지역(81.5%)보다 뚜렷이 높았다. 비재학자는 대다수 18세 이상 청년이었으며, 그 이유는 취업준비(34.8%), 취업 · 아르바이트(26.6%), 그

냥 쉼(11.6%) 등이었다. 농촌 재학생들의 학교 적응도 자평은 매우 잘 적응(64.9%), 잘 적응(26.2%), 보통(8.2%) 등으로 상당히 긍정적이었고, 이는 도시지역도 마찬가지였다. 학교 공부 어려움에 대해 농촌 재학생들은 전혀 그렇지 않다(29.1%), 별로 그렇지 않다(25.1%), 보통이다(18.8%), 약간 그렇다(11.5%)로 대체로 어려움을 부정했으며, 역시 도시지역과 비슷한 분포였다. 다른 한편으로 만 13세 이상 농촌 다문화가족 자녀의 고민은 성적, 적성 등 공부 관련(41.9%), 진학 및 진로(33.3%), 고민 없음(27.2%), 취업, 보수 등 직업문제(23.7%), 외모(17.0%), 용돈부족(14.0%), 친구(10.2%), 건강(8.4%), 학비 등 경제곤란(6.0%), 부모불화 등 가정환경(5.0%)의 순으로 공부와 진학 관련한 고민이 많았고, 이는 도시지역과 뚜렷한 차이가 없다. 농촌 재학생들의 사교육 경험은 절반이 약간 넘는 55.8%로 도시지역(68.1%)보다 낮았으며, 주당 사교육 시간은 1-5시간(49.4%), 6-10시간(29.7%), 11-20시간(19.1%) 등으로 도시지역보다 약간 짧았다. 참고로, 만 9-24세 농촌 다문화가정 자녀들의 평일 저녁시간 활동(복수응답)은 TV · 비디오 보기(46.8%), 게임, 문자 등 휴대폰 사용(32.2%), 숙제 등 공부(29.0%), 게임 등 가정 인터넷(24.8%), 휴식 · 수면(13.9%), 가족 · 친구와 대화(9.1%), 운동(6.5%), 학교에서 자율학습(5.7%), 라디오, 음악 듣기(5.2%) 등으로 도시지역과 대동소이했다. 농촌 다문화가정 자녀의 희망 교육수준은 4년제 대학(50.0%), 4년 미만 대학(29.6%), 고등학교 이하(11.0%), 대학원(9.4%) 순이었고, 이는 도시지역보다 미세하게 낮은 것이었다. 이들의 외국계 부모 나라로의 유학 의사는 28.6%로 도시지역(28.4%)과 마찬가지였고, 이유(복수응답)는 그 나라의 언어 · 문화 학습(80.6%)이 보편적이었으며, 그 나라의 교육환경이 좋아서(15.1%), 그 나라에서 성공 가능성이 높을 것 같아서(14.6%), 한국에서 공부하기 어려워서(11.3%), 한국 교육비가 많이 들어서(10.2%)라는 다양한 이유를 꼽기도 했다. 참고로, 이들은 한국어 구사능력을 매우 잘한다(81.0%), 약간 잘한다(11.2%), 보통(6.4%)

으로 자평했다. 그러나 외국계 부모의 모국어에 대해서는 별로 못한다(33.9%), 전혀 못한다(31.5%), 보통이다(14.7%)로 응답해 구사능력이 대체로 저조했다.

만 15세 이상 농촌 다문화가정 자녀 중 취업자 비율은 18.4%로 도시지역(29.9%)보다 뚜렷이 낮았다. 농촌 다문화가정 취업자녀의 직종은 서비스종사(49.4%), 단순노무(16.4%), 장치 · 기계 조작 · 조립(10.4%), 사무종사(8.4%), 판매종사(6.9%), 기능직(5.4%) 순이었고, 막상 농림어업숙련종사는 희소(0.5%)했는데, 도시지역에 비해 서비스종사가 많고, 판매종사가 적었다. 이들의 종사상 지위는 일용근로(44.3%), 임시근로(36.3%), 상용근로(18.4%)가 대부분이었으며, 도시지역에 비해 일용근로가 많고 임시근로가 적었다. 이들의 1주일 근로시간은 36시간 미만이 52.7%, 36시간 이상 47.3%였고, 지난 3개월 월평균 임금은 50만 원 미만(31.0%), 50-99만 원(27.3%), 100-149만 원(24.6%), 150-199만 원(16.6%) 순이었으며, 도시지역에 비해 50-99만 원대와 150-199만 원대가 많았다. (도시지역은 농촌지역에는 없는 200-249만 원대가 8.3%였다.) 이들이 지적한 취업중 어려움(복수응답)으로 임금 과소 · 지체(6.3%), 무수당 초과근무(5.2%), 한국어대화(3.9%), 약속과 다른 업무(3.4%) 등을 꼽았지만, 별 어려움 없음이 대다수(84.5%)였으며, 도시지역과 비교하면 전체적으로 비슷했으나 임금 과소 · 지체 비율이 좀 낮았다.

이상의 자료들을 바탕으로 2000년대 중반부터 급증한 농촌 국제결혼이 농가 재생산주기 변화에 대해 갖는 주요 함의를 다음과 같이 정리할 수 있다. 첫째, 농가의 소극적 계승자로서 상당수 청 · 중 · 장년 한국인 남성은 농가로의 '시집가기'를 받아들이는 한국인 여성인구의 부족에 따라 상황적으로 강제된 독신 상태를 아시아 빈곤국 신부와의 국제결혼을 통해 벗어나고, 나아가 이들과의 사이에 소수의 자녀를 둔 부모가 될 수 있었으며, 일부는 동거 노부모를 함께 수발하는 역할도 수행할 수 있게 됐다. 즉 핵가족이나 직계확대가족으로서의 농가재생산주기의 일정한 복원이 가능해졌다. 농촌 국제결혼의 급증은 이러한 농촌 가족생활주기 복원 수요의 급속한 충족을 의미하기 때문에 역설적으로 향후 농촌 국제결혼의 급감으로 이어질 수 있으며, 실제 2010년대 들어서 2000년대 후반보다 농촌 국제결혼은 뚜렷이 감소했다.

둘째, 국가와 사회는 외국계 배우자를 둔 가족을 "다문화가족", 그 배우자를 "다문화신부"라고 공식적으로 칭하고 지역공동체와 한국 사회 전반에 다문화 수용성을 높이기 위한 다양한 노력을 전개하고 있지만, 막상 한국 농가로 시집온 대다수 외국계 여성들은 유교적 사회 · 문화 단위 및 전통적 가족생산조직으로서의 한국 농가가 필요로 하는 '토착 한국적' 역할과 기능에 대한 기대에 직면한다. 이러한 기대는 다문화신부와 배우자 사이의 문화차이나 부부역할관의 차이로도 표현되고, 한국 내 생활인으로서 외국출신자의 한국 문화에 대한 동화 의무감으로도 표현되고, 또 배우자와 시(媤)가족의 외국계 신부 모국 언어와 문화에 대한 무관심이나 몰이해로도 표현된다. 농가재생산주기의 형태적 복원은 다문화신부를 동원해 이루어졌지만 농가의 일상적 사회재생산 과정은 결코 다문화 지향적이지 않은 것이다.

셋째, 농촌 "다문화자녀"들은 부모와의 만족스러운 관계 및 학교생활에 대한 무난한 적응을 통해 대체로 안정된 유소년기를 보내고 있는 것으로 보인다. 외국계 어머니의 자녀 학업 이해 및 지원에 대한 좌절감, 한국인 아버지의 자녀 양육 · 교육의 일상적 과정에 대한 소극성, 다문화자녀의 친구들로부터의 차별 경험 등이 이들에게 불리하거나 불편한 결과를 초래할 수도 있겠으나, 이들은 가정 및 학교 생활, 나아가 자신의 사회적 정체성에 대해 대체로 편안한 태도를 가지고 있다. 또한 언어, 문화 학습의 차원에서 장차 외국계 어머니 나라로의 유학 희망을 가진 자녀들도 많았다. 그리고 다문화 아동 · 청소년을 위한 다양한 지원 시설과 프로그램의 높은 활용도가 이들의 생활 적응을 돕고 있다.

넷째, 농촌 "다문화자녀" 유소년기의 대체적 안정성이, 농가 및 농촌의 장기적 사회재생산 체계 재확립으로 이어지지는 않을 것이다. 다문화농가들은 우선 자녀수에 있어 도시지역과 마찬가지로 소가족이며 자녀 대다수가 대학교육까지 희망하고 있다. 농촌과 도시의 차이가 없는 한국인 부모 가족들처럼 한두 명의 자녀를 최대한 교육시켜 현 시대가 약속하는 최상의 직종에 진출하도록 기대하고 지원하는 것이 농촌 다문화가족들에게도 당연한 목표로 간주된다. 이미 취업에 나선 다문화자녀 가운데 농림어업 종사자는 희소하며, 앞으로도 이 추세가 바뀌지 않을 것이다.

다섯째, "다문화신부"의 유입과 이들의 자녀 출산이 농촌 지역공동체의 재활성화에 확실한 직접적 효과를 가졌는지는 불분명하다. 또한 "다문화자녀"의 경우 대다수가 성장 후나 학업 완료 후 농촌에 잔류하고 농업에 종사할 가능성이 불분명하기 때문에 이들이 마을공동체를 지탱해 나가는 주축이 되리라 기대하기는 어렵다. 다만 다문화신부의 한국 내 생활적응 과정에서 본인의 배우자뿐 아니라 주변 친척, 이웃 등의 도움이 중요한 경우가 많아, 여러 마을이 일종의 '지원공동체'로서의 성격을 띠기도 한다. 또한 다문화신부들과 다문화자녀들이 다문화가족지원센터 등 본인들이 대상이거나 본인들도 활용할 수 있는 지원 제도들을 비교적 잘 인지하고 이용하고 있어 지역사회가 이들 지원을 둘러싼 '제도공동체' 로서의 성격도 생겨나고 있다.

요컨대, 농가재생산체계의 집단적 와해 위기에 직면했던 한국 농촌에서 수많은 "노총각"들이 외국인 신부와의 혼인을 통해 가족재생산주기를 어느 정도 복원했지만, 이 현상이 토착 농업과 농촌사회의 안정적 지속성을 담보해주지는 못하며, 궁극적으로 농촌 국제결혼 추세 자체의 지속성이 불확실하다. 이들의 등장을 둘러싸고 추진되어 온 사회적 다문화 캠페인은 농가 내 한국적 일상에 대해서는 영향력이 제한적이고, 오히려 대

세가 된 한국인의 세계화에 대한 문화적 보조자원으로 활용되고 있다.[18]

5. 결론과 전망

한국 농촌의 위기를 농업생산과 농민생활의 기초적 조직단위 차원에서 접근할 때, 문제의 핵심으로서 가족농 재생산체계의 급속한 와해가 도시경제의 고속 산업화에 수반해 진행됐음이 드러난다. 농촌가구들의 재생산주기 단계별 분포를 살펴보면 한국의 가족농체계는 1980년대 이후 그 미시조직적 기반이 근본적으로 흔들리게 됐음을 알 수 있다. 구체적으로, 이른바 축소기 및 해체기에 있는 가구의 비율이 급속히 증가하고 형성기 및 확대기에 있는 가구의 비율은 급속히 감소함에 따라 농촌의 기본적 생산 · 재생산 조직으로서 정상적으로 기능할 수 있는 농가들이 갈수록 희소해졌다. 또한 가족재생산주기의 각 단계인 아동의 양육 및 교육, 농가경제 계승과 혼인, 노후 부양 등의 과정에서 동시적으로 혼돈과 단절이 나타남으로써 가족농의 존속이 질적 측면에서도 치명적으로 위협받게 됐다. 요컨데 가족농 재생산체계가 그 양적 측면과 질적 측면 모두에서 심각한 위기상황에 처한 것이다. 2000년대 들어 특히 농촌지역에서 국제결혼이 급증한 것은 일종의 농가 재생산주기 복원 노력인데, 미시 사회생태적 위기에 대한 농민들의 절박한 자구책으로서 이해될 수 있다. 국제결혼을 통해 상당수 농촌 "노총각"들이 자신의, 그리고 더러는 노부모를 포함한 직계가족 전체의 가족재생산주기를 어느 정도 복원할 수 있었으나, 그렇다고 이를 통해 농가 및 농촌의 장기적 지속가능성이 확립되는 것은 결코 아니다.

그동안 농촌 위기의 타개를 위해 1980년대 이후 정권의 사활이 달린

18) Chang Kyung-Sup(2016b), "(Multi)culturalizing Inequalities: Citizenship Contradictions of Marriage Transnationalization in South Korea."

듯한 문제 제기와 지원 대책이 반복되어 왔다. 그런데 그간의 문제 진단은 농촌문제를 농업의 물리적 기본 생산요소로서의 토지, 노동, 자본 사이의 전체적 균형문제로 단순화시켜서 보는 것이 보편적이었다. 따라서 조직, 기술, 정보처럼 갈수록 중요해지고 있는 무형적 생산요소들에 대해 충분한 논의가 부족했다. 특히 조직의 문제는 농가 재생산체계의 와해현상에 유의해 볼 때 농촌문제의 진단 및 해결에 있어 핵심적인 중요성을 띠고 있었지만 충분한 관심이 기울여지지 않았다. 농가라는 조직단위들이 재생산주기의 단절로 자동적으로 해체되는 상황에서 기존의 생산체계는 붕괴를 피하기가 어렵지만 이 문제에 대한 근본적 대안들이 아직까지 찾아졌다고 보기 힘들다. 최근 농촌 노총각의 국제결혼 급증은 농가 재생산주기 복원을 위한 농민들의 자구책이며, 이에 대한 국가의 지원은 부분적으로 유용한 측면들이 있겠지만 '손 안대고 코 풀기' 식으로 공적 사회정책의 책무를 외국계 신부(자부)와 농가에 떠넘기는 기회주의가 엿보인다. 이들에 대한 "다문화" 정책담론은 외국계 신부들이 실제 수행하는 토착 한국적인 가정생활을 감안할 때 문화적으로 모순적이고, 개발자본주의 체제의 국내적 불평등 구조에 수반된 농업, 농촌, 농민의 위기를 감안할 때 정책적으로 기만적이다.

제7장 남성 노동생애와 가족생활주기의 착종

최선영 · 장경섭

1. 서론

한국의 남성노동자들은 산업자본주의와 가족을 매개하는 핵심적 연결고리로 이해되어 왔다. 남성노동자들은 생산의 주체일 뿐만 아니라 가족의 생계부양자로 간주되기 때문이다. 그러나 한국 사회가 남성들에게 가족 생계부양자라는 지위와 책임을 부과하고 그것을 강조해 온 것과 달리, 생계부양자로서 남성노동자들의 생애 과정적 현실이 어떠했는가를 분석한 경우는 드물었다. 한국 자본주의의 주기적 부침과 구조적 취약성, 고용체제의 변동과 그 성격 그리고 한국 가족의 복잡한 질서와 불안정성에 관한 수많은 학문적 논의들이 있었지만, 산업자본주의와 가족 사이에 놓인 이른바 "남성생계부양자"(male breadwinner)로서 그들의 역할과 지위를 장기적 관점에서 본격적으로 고찰한 연구들은 거의 없었다. 이 장은 이러한 학문적 공백을 메우고 한국의 압축산업화 시대 노동과 가족의 관계를 이해하기 위해, 남성노동자들의 '노동생애'(working life course)에 주목한다. 그동안 한국에서의 노동생애 연구는 주로 여성에만 초점을 맞추어왔다. 남성의 노동을 기술하고 설명하는 데 있어 생애라는 시간성은 중요시되지 않았다. 그것은 서구 자본주의 사회에서 구축된 임금노동자의 표준적 생애가 한국에서도 대체로 일반화됐다는 암묵적 가정 때문이었다.

개략적으로 보아, 20세기 서구 자본주의에서는 '고용 준비기—중단 없는 고용기—최종적 은퇴기'로 이루어진 단선적 노동생애가 형성됐으며, 교육제도, 고용제도, 연금제도 등 주요 사회제도는 이러한 전형적 노동생애를 바탕으로 제도화됐다(Kohli, 1986). 한국 사회 역시 1960년대 중반 이후 비약적인 산업화와 사회제도적 근대화를 경험함에 따라, 그러한 '표준적 노동생애'의 확립과 확대를 하나의 역사적 사실로서 간주하게 됐다. 그러나 그것은 명시적인 제도적 기초와 실증적 검토에 기초해 나온 주장이 아니라, 1997년 "IMF 경제위기" 이후 심화되고 있는 고용불안 경향과 대조를 이루는 "좋았던 과거"의 대중적 표상에 가깝다고 할 수 있다. 정리해고, 조기퇴직, 비정규직의 확대 경향을 "평생직장의 붕괴"로 표상하는 것에서, 한국 자본주의의 성장기를 장기적 고용에 기초한 '표준적 노동생애'의 확립과정으로 이해하려는 경향을 쉽게 발견할 수 있다. 즉 한국 남성노동자들의 노동생애는 한편으로 가계의 생계부양자라는 규범적 가정과 다른 한편으로 한국 자본주의의 성장기를 "평생직장 시대"로 이상화하는 담론을 통해 전형화되어 왔다.

그러나 최근 이러한 남성노동자들의 노동생애가 점차 '표준적 노동생애'로부터 이탈하고 있다는 인식이 확산되고 있다. 서구에서는 직업유동화와 그에 따른 고용불안의 심화에 따라, 과거의 전제를 상대화하고 현실의 남성 노동생애를 실증적으로 규명해야 할 필요성이 심각하게 제기되고 있다(Diprete, 2002; Blossfeld, Melinda, and Bernardi, 2006). 하나의 생애와 하나의 직장 · 직업 · 경력 사이의 일대일 대응은 더 이상 노동생애의 일반적 양상이 아니기 때문이다. 그리고 이러한 노동의 유동화 경향과 이에 따른 생계부양 역량의 침식은 20세기의 "가족임금체제"(family wage system)가 해체되는 경향으로서(Crompton, 1999; Vosko, 2010), 나아가 사회관계 전반의 불안정화, 개별화, 유동화 경향을 나타내는 지표로서 주목되고 있다(Castel, 2000; 바우만, 2005; 벡, 2006; 세넷, 2006). 한국 사회 역시 1997년 경제위기 이후 고용의 불안정성 심화에 관한 사회적 관심이 확대됐고 이러한 고용체제상의 변동을 다각도로 분석한 연구성과도 빠르게 축적되고 있다. 그러나 노동생애 연구가 전반적으로 미진했기 때문에, 심화되고 있는 고용의 불안정화 경향이 개인의 노동생애와 여타 사회관계에 어떤 영향을 초래하는지에 관한 연구는 쉽게 이루어지지 못하고 있다.

이처럼 남성들의 노동생애가 제대로 규명되지 못함에 따라 그것과 '연계된 삶', 즉 여성들의 노동생애도 종합적으로 설명되지 못했다. 20세기 후반 산업자본주의의 전개과정에서 한국 여성들의 노동생애는 생애분절적인 형태로 구성되어 왔다(최선영 · 장경섭, 2004). 결혼 전 높은 취업률이 결혼 · 출산 시기에 급격히 하락하는 집단적인 취업단절 경향은 2000년대에도 지속되어 왔으며, 이러한 단절 경험에도 불구하고 40-50대에 이르러 다시 노동시장 참여규모가 늘어나는 경향 역시 뚜렷하다.[1] 대체로 여성의 중년기는 가족생활주기의 양육기가 종료된 시점과 동일시됐고 중년기 여성의 취업률 상승은 양육기가 종료됨에 따른 자동적 결과로 간주됐다. 기혼여성의 소득활동을 본격적으로 분석한 경우에도, 남편의 소득수준이라는 경제활동 결과와의 관계에만 주목할 뿐, 그러한 소득수준과 밀접하게 연결된 고용의 과정과 성격을 충분히 분석하지는 못했다.[2] 이

1) 40대 여성들의 경제활동참가율은 이미 1970년대 후반부터 50%를 넘었고 1980년대 후반부터는 60%를 상회하기 시작하여 2011년에는 66.2%에 이른다(통계청, "성별 경제활동인구 총괄", 각 연도).

2) 많은 연구들은 남편의 '낮은 소득'의 문제로 이 현상을 설명해 왔다. 예를 들어 기혼여성의 소득활동 참여와 남편소득의 관계에 관한 실증적 연구들은 남편소득과 기혼여성의 소득활동 참여 사이의 부(-)적 상관관계를 확인해왔다(이현송, 1996; 김영미 · 신광

때문에 중년기에 이르러 노동시장에 (재)진입하는 한국 여성들의 노동생애에 관한 만족할 만한 설명을 제시하기 어려웠다.

이 장은 한국 자본주의가 압축산업화를 거쳐 신자유주의적 구조조정 시기로 전환되는 동안, 남성노동자들은 어떤 형태의 노동생애를 구축했고 그것은 가족관계를 매개로 여성의 노동생애에 어떤 영향을 미쳤는가를 고찰하고자 한다. 구체적 분석 대상은 1932~61년에 출생한 남성들인데, 이들의 노동생애의 양태를 분석하고 그것이 배우자 여성의 노동생애와 어떻게 연결되는가를 살펴볼 것이다. 이어지는 2절은 한국 남성노동자들의 노동생애를 직간접적으로 다루어 온 기존연구를 검토한 후 본 연구의 분석자료와 분석전략을 설명한다. 3절은 성별에 따라 상이한 형태로 분화되어 있는 생애유업률 추이를 확인하고, 4절에서는 남성 노동생애의 성격을 직업유동성과 이동성의 측면에서 규명한다. 마지막으로 5절은 4절에서 규명한 남성의 직업지위 이동성과 배우자 여성의 취업전환 경향 사이의 상관관계를 확인함으로써, 남성 노동생애 불안정성의 가족 전이를 밝힌다.

2. 기존 연구 검토 및 분석방법

2-1. 고용체제, 불안정노동, 노동이동

노동시장 연구들은 노동자의 이동성에 다각적 관심을 기울여 왔다. 한국 고용체제 연구에서 고용안정성은 임금과 더불어 고용체제의 성격을 나타내는 핵심 지표로서 중요하게 다루어져 왔다(정이환 · 전병유, 2001:

영, 2008; 김혜연, 2010). 그러나 남편소득(또는 남편직업)은 정태적 변수인 반면 여성들의 중년기 취업 전환은 동태적 변수라는 점, 즉 두 변수의 시간성이 불일치하기 때문에, 양자 사이의 관계는 명쾌하게 설명되지 못했다.

159). 특히 사회학적 접근은 이직률과 근속연수 지표 등 고용안정성 지표의 시계열적 추이를 관찰하고 고용안정성의 변화에 영향을 미치는 거시경제적, 제도적, 정치적 조건을 검토하여 고용체제의 구조변동을 설명해왔다. 이에 따르면, 노동자들의 고용안정성은 1987년을 기점으로 크게 변화했다. "노동자 대투쟁" 이후 이직률이 감소하는 등 고용안정성이 향상됐는데, 그것은 대기업을 중심으로 한 "내부노동시장"의 확립과 확대에 기인한다고 설명된다(송호근, 1991; 정이환, 1992). 즉 1987년 이후 고용안정성의 향상은 노동시장의 내부 · 외부 분절구조의 확립이라는 구조적 질서로 이루어졌다. 이러한 불평등 구조는 1997년 외환위기 이후에도 대체로 유지되고 있다고 평가되는 가운데, 특히 상대적 고임금과 고용안정성을 누려왔던 내부노동시장이 외환위기 이후 축소 · 이완되거나 유지되는가 여부에 관심이 집중되고 있다(류재우, 2002; 정이환, 2007; 김영미 · 한준, 2008; 류기락, 2009). 그런데 이러한 내부노동시장에 대한 연구관심은 결국 내부노동시장의 유지 및 변화가 전체 노동시장의 구조변화와 어떤 관계에 있는지, 그리고 전체 노동인구의 고용안정성에 어떤 영향을 미치는가에 있다고 할 수 있다. 이러한 맥락에서 최근의 연구들은 내부노동시장의 내적 성격뿐만 아니라 전체 노동시장에서 내부노동시장이 차지하는 규모 및 범위의 제한성에 주목하고 있다(황수경, 2003; 정건화, 2003; 정이환, 2010). 공공부문과 대기업 중심으로 발전한 내부노동시장이 전체 고용에서 차지하는 비중이 매우 제한적이라고 한다면, 그러한 제한적 발전의 원인을 해명하는 것뿐만 아니라 내부노동시장에 포함되지 않는 다수의 노동인구의 고용조건에 관심을 기울일 필요가 있다. 법제도적인 고용보호의 외곽에 있는 이들 노동인구의 고용상태와 생활실태를 이해하기 위해서는 사업체를 중심으로 한 단일 시점의 연구뿐만 아니라 사업체 사이를 오가는 노동자들의 장기적인 노동생애에 대한 관심이 필수적이다. 그러나 한국 고용체제의 분절구조와 노동생애를 동시에 포착하려는 시

도는 드문 편이다.

2000년대 들어 '불안정 노동 연구'는 이러한 공백을 메우는 데 기여하고 있다. 임금, 고용안정성, 사회보험 등의 측면에서 불평등하고 불안정한 '비정규직'의 고용조건에 대한 관심이 확대됨에 따라, 노동시장의 다차원적 분절이 새로이 조명되고 있다. 2000년대 초반까지 고용의 불안정성이 '정규직'과 '비정규직'이라는 공식적 고용형태의 문제로 표상되면서, 불안정성의 차원들이 단순화되는 경향이 있었다. 이러한 한계를 의식한 최근 연구들은 '비정규직'이 단지 공식적인 고용계약 형태의 문제만은 아니라는 점을 강조하고 있다. 특히 비정규직의 다수는 중소영세업체에 고용되어 있으며, 이러한 조건은 1987년 이전부터 현재까지 일관되게 유지되고 있다는 것이다. 한국 사회의 비정규직 문제는 법제도의 외곽에서 이루어지는 전근대적 고용관행의 문제, 그리고 이러한 "방임된 외부노동시장"(정이환, 2010: 49)에 포함된 거대 다수 노동인구의 문제와 긴밀하게 얽혀 있다는 것이다.

이러한 맥락에서 한국에서 '노동의 위험'은 실업의 형태로 가시화되지 않고, 고용구조의 주변부에서의 계속적인 취업으로 은폐되어 왔다는 지적(윤진호, 1994; 요코타, 2007: 66)에 주목할 필요가 있다. 이는 한국의 광범위한 외부노동시장이 고용의 진입과 퇴출, 재진입을 이어나가는 개인의 노동생애와 밀접하게 관련된다는 것을 시사한다. 또한 노동이동의 측면에서 볼 때, 일단 소규모업체에 고용되면 더 규모가 크고 고용조건이 좋은 업체로 이동할 기회가 구조적으로 봉쇄된다는 지적도 있다(김영미, 2009). 이러한 현상들은 40대를 기점으로 세대 내 소득 불평등이 심화되는 경향과 맞물린다(신광영, 2009). 따라서 개인의 노동이동에 초점을 맞추어, 한국 고용체제의 중심과 주변이 개인의 노동생애 상에서 어떻게 연결되고 단절되어 있는가를 검토할 필요가 있다.

이러한 문제의식에서 최근의 몇몇 연구들은 패널자료에 기초하여 남성들의 노동이동 양상을 세밀하게 분석하고 있다. 그러나 2000년대 남성 노동자들의 직업이동성에 관한 실증적 연구들은 (1) 분석시기를 '1997년 경제위기' 이후의 양상으로 제한하고(신광영, 2004; 2009; 류기락, 2009), (2) 생애과정 중 입직기 또는 퇴직기에만 초점을 맞추거나(박경숙, 2003; 장지연, 2003; 방하남 · 신인철, 2011), (3) 특정 산업부문이나 직업에 국한된 분석들이다(류재우 · 최호영, 2000; 김영미, 2009). 즉 1997년 경제위기 이전과 이후를 모두 포괄하며, 생애과정 중 주 노동 · 부양기간에 초점을 맞춘 실증연구는 거의 없다. 최근 10여 년에 한정하여 노동시장 입직과 퇴직에만 초점을 맞추거나 영세자영업이나 비정규직 등 특정 고용상태에만 주목하게 되면 한국 남성 노동생애의 장기적 · 종합적 성격에 대한 체계적 이해는 불가능하다. 개인들의 노동생애는 상이한 직업지위들 사이의 이동일 수 있으므로, 이러한 직업이동의 양상을 포착하기 위해서는 포괄적이고 장기간의 관찰이 필요하다. 그러한 분석에 기초할 때, 남성 노동생애의 성격과 그 성격이 가족을 매개로 배우자 여성의 노동에 어떤 영향을 미치는지를 검토할 수 있다.

2-2. 분석자료와 개념정의

이 연구의 분석자료는 2006년 1차 조사를 실시한 "한국고령화연구패널조사"에 연계된 "직업력조사"(2007년 실시) 자료이다. 한국고령화연구패널조사는 전국 일반가구에 거주하는 45세 이상 인구를 대상으로 실시하고 있는 패널조사이며, 1차 패널조사의 부가조사로 실시된 직업력 조사는 달력기입법에 기초하여 응답자의 과거연령별 직업 이력을 조사한 회고적 형태의 '종단적 자료'(longitudinal data)이다. 이 직업력 조사의 중고령자 표본규모는 비교적 대규모이기 때문에(9,026명, 1차 패널조사의 88%에 해당), 중고령자 집단의 과거 청장년기 노동경험을 다각적으로

〈표 7-1〉 직업지위 범주의 분류 기준

<table>
<tr><th></th><th>공식성</th><th>종사상지위</th><th>직종대분류</th><th>기업규모 및 고용주여부</th></tr>
<tr><td>관리·(준)전문직</td><td rowspan="7">공식 부문</td><td rowspan="7">상시 및 임시 임금노동자</td><td colspan="2">관리직, 전문직, 준전문직</td></tr>
<tr><td>대기업 사무직</td><td rowspan="2">사무직</td><td>300인 이상</td></tr>
<tr><td>중소기업 사무직</td><td>300인 미만</td></tr>
<tr><td>대기업 생산직</td><td rowspan="3">생산직 (숙련·반숙련 노동자)</td><td>300인 이상</td></tr>
<tr><td>중기업 생산직</td><td>10~299인</td></tr>
<tr><td>소기업 생산직</td><td>10인 미만</td></tr>
<tr><td>서비스 판매직</td><td colspan="2">서비스·판매직</td></tr>
<tr><td>고용인 있는 자영업</td><td rowspan="4">'비'공식 부문</td><td colspan="2" rowspan="2">점포가 있는 자영업자</td><td>고용인 있음</td></tr>
<tr><td>고용인 없는 자영업</td><td>고용인 없음</td></tr>
<tr><td>무급가족종사자</td><td colspan="3">무급가족종사자</td></tr>
<tr><td>주변노동</td><td colspan="3">일용 임금근로자·점포가 없는 자영업자·동시에 다양한 일·단순노무직</td></tr>
<tr><td>농업노동</td><td></td><td colspan="3">농,축,임,어업종사자</td></tr>
<tr><td>비취업</td><td></td><td colspan="3">비취업</td></tr>
</table>

주: 분류기준 중 '종사상지위'는 '고령화패널' 원자료의 질문항목으로서, 한국의 고용구조 상의 특징을 반영하여 기존 통계청의 종사상지위에 농축임어업 종사여부(산업), 자영업자의 점포유무(재산) 및 고용주여부, 임금근로자의 동시취업여부 등을 포함한 기준이다.

분석하고자 하는 본 연구에 적합하다. (이 장의 4절에서) 본격적인 노동이동성에 관한 분석에서는 결혼경험이 있는 남성만을 대상으로 한정했고, 2006년 당시 75세를 초과하거나 첫 결혼연령이 35세 이상인 사례는 제외하여 3,070명을 대상으로 분석했다.[3] 또한 응답자들의 부부 식별번호를 가지고 개인단위의 직업 이력을 부부단위로 결합하여, 남편의 노동생애와 부인의 노동생애 사이의 상관관계를 분석했다.

노동생애(working life course)는 생애과정(life course)의 하위범주이지만, 일반적인 생애과정 개념들, 즉 생애 이행(life course transition)이나 생

3) 결혼시점부터 45세까지 최소 10년의 관찰기간을 확보하기 위해 35세 이후에 결혼한 사례는 제외했다.

애 궤적(life course trajectory) 등과 같이 정형화된 생애를 전제하는 분석 개념으로는 노동생애의 역동성을 포착하기 어렵다(Heinz, 2003). 따라서 본 연구에서는 고용 불안정성을 측정하는 지표 중 하나인 "직장유지율"(job retention rate) 개념을 변용해 '직업지위유지율'(occupational status retention rate)이라는 지표를 구성했다.[4] 직업지위유지율(이하 직업유지율)은 한 시점의 직업지위가 관찰기간 동안 변함없이 유지되는 정도를 의미한다. 직업지위는 〈표 7-1〉과 같이 총 13개로 범주화했다. 직업지위 범주들은 한국 남성의 모든 노동 상태를 포함하면서도 각각의 상태를 유의미하게 구별하기 위해, 분류기준으로 직종뿐만 아니라 취업여부, 종사상지위, 기업규모 등을 고려했다. 이러한 직업지위 범주에 기초한 직업유지율은 동일한 고용주와의 계약관계가 유지되는가의 여부에 초점을 맞춘 직장유지율 개념과 달리, 직장의 이동이 발생하더라도 동일 직업지위를 유지한다면 직업유지로 파악하여 직업지위의 실질적인 안정성을 포착하고자 한 것이다.[5] 전체 직업구조 내에서 공식적 임금고용이 일반화되어 있고 세대 내 계급 · 계층적 지위가 안정된 사회(또는 세대)에서는 직장이동성으로 노동생애의 안정성 정도를 추론할 수 있지만, 경제구조 및 산업체제가 한 세대 내에서 급격하게 전환된 한국과 같은 사회에서 직장이동성만으로 장기적 노동생애의 실태에 관한 적절한 이해가 불가능하다. 또한 직장이동성 개념은 전체 노동인구 중 다수가 분포하고 있는 비임금노동과 비공식적 고용 등에 적용하는 데에도 한계가 있다. 따라서 이 연구는 고용의 안정성을 측정하는 지표로 '직업유지율'을 사용한다.

다음으로 직업지위의 유지여부 및 이동성의 '관찰기간'은 한국 사회

4) 직장유지율 지표에 대한 설명과 분석은 금재호 · 조준모(2001)를 참조.

5) 이 자료에서 1932~1961년 출생 기혼남성들이 15세 이후 2007년까지 경험한 직장의 수는 평균 4개이다. 직장 이동 횟수에 따른 분포를 살펴보면, 직장 이동이 전혀 없었던 사례는 6.4%, 1회는 17%, 2회는 22%, 3-4회는 33%, 5회 이상인 사례는 22%를 차지했다.

노동 · 부양규범, 그리고 배우자 여성의 생애취업 유형을 고려하여 '결혼한 해부터 45세까지'로 정한다. 결혼한 해는 남성에게 단독 생계부양의 책임이 부여되는 시점이며, 45세는 (분석대상을 결혼연령 35세 미만인 자로 제한했으므로) 결혼 후 10년 이상이 경과했으나 사회적으로 아직 정년이 시작되지 않은 연령이고, 여성의 취업률이 가장 높은 연령이기 때문이다. '결혼부터 45세까지'로 한정한 관찰기간은 고용과 가족부양의 관계 분석에 적합하다.6)

3. 생애 노동참여 양상의 성별분화

현대사회에서 노동생애는 일차적으로 일생동안 소득활동을 얼마나 지속적이고 연속적으로 수행할 수 있었는가라는 생애 노동참여의 문제로 이해할 수 있다. 산업자본주의의 전개과정에서 이러한 생애 노동참여 양상은 한편으로 생산노동의 성격과 고용기회구조 등에 따라 달라지는 경제적 문제인 동시에, 성별과 연령(세대)에 따라 노동의무를 부과하는 가족규범의 문제였다(틸리 · 스콧, 2008; Coontz, 1988). 남성과 여성의 출생세대별 과거연령에 따른 유업률 추이를 나타낸 〈그림 7-1〉과 〈그림 7-2〉는 20세기 한국의 산업화 과정에서, 노동의무와 노동참여가 성별과 연령에 따라 어떻게 배치되어 왔는가를 보여준다.7)

남성들의 생애유업률 추이는 연령에 따른 변이의 폭이 좁고 출생세대 간의 차이가 두드러지지 않는 매우 안정된 양상을 나타낸다. 생애 주 활

---

6) 평균 초혼연령은 1932-41년 출생세대는 약 26세, 1942-51년 출생세대는 약 27세, 1952~61년 출생세대는 약 28세로 10세 간격 출생세대 간에 약 1세씩 차이가 있다.

7) 〈그림 7-1〉과 〈그림 7-2〉는 5세 간격 출생세대의 해당연령 인구 중 유업자(gainful worker)의 비중, 즉 유업률을 도해한 것이다. 결혼유무와 상관없이 직업력 조사 전체 응답자를 대상으로 했다.

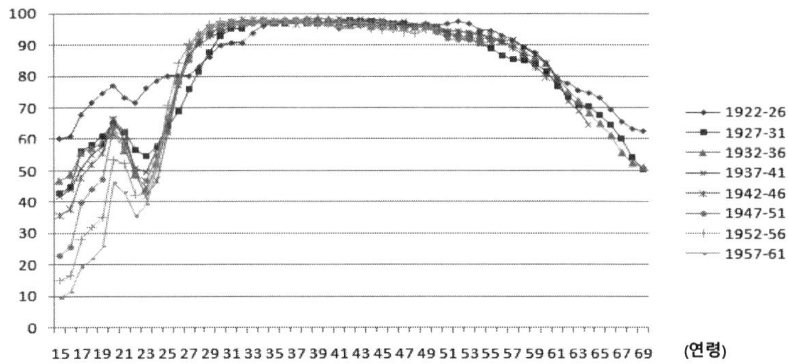

〈그림 7-1〉 한국남성의 출생세대별 생애 유업률(1922~61년생, 단위: %)

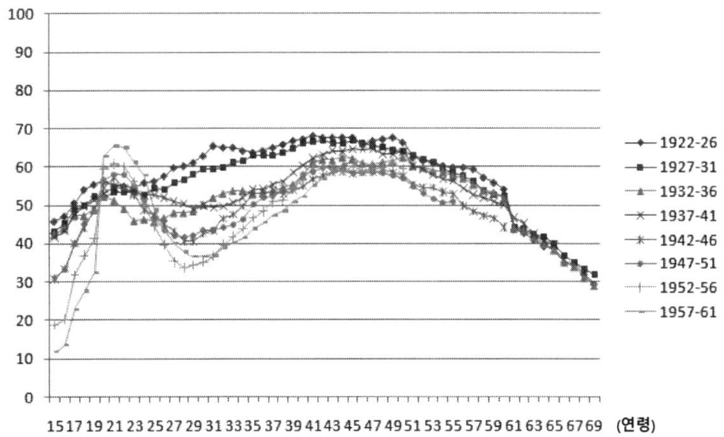

〈그림 7-2〉 한국여성의 출생세대별 생애 유업률(1922~61년생, 단위: %)

동기라 할 수 있는 20대 중반부터 50대 후반까지의 연령구간에서 90%를 상회하는 높은 유업률이 안정된 상태로 유지된다. 또한 이러한 양상은 모든 출생세대에서 일관되게 나타나고 있다. 다만, 생애 주 활동기를 빗겨난 연령구간, 즉 15세 이후 20대 중반까지, 그리고 50대 중반 이후의 연령구간에서는 출생세대 간의 차이가 나타난다. 이러한 차이는 남성들이 유업을 시작하는 시점이 점차 20대 중반으로 미뤄지고, 유업을 종료하는 시점은 50대 중·후반으로 앞당겨지는 경향을 반영한다. 그러나 대체로 남성들의 생애 노동참여 양상은 이들이 거쳐 온 경제구조 및 사회문화적 조건들의 급격한 변화에도 불구하고 생애시간과 역사적 시간의 양 차원 모두에서 안정된 이행 패턴을 보여준다.

이와 달리 여성들의 생애유업률 추이에서는 세대 간 그리고 세대 내 안정된 이행 패턴이 나타나지 않는다. 우선 최근 세대 여성의 유업률 수준은 과거세대에 비해 대체로 감소했다. 그리고 동세대 남성의 유업률 수준과의 격차도 더욱 벌어지게 됐다. 특히 남성들의 유업률이 90%에 달하는 연령구간에서 남녀의 격차는 두드러진다. 그러나 생애의 장기적 리듬을 관찰해보면, 단순한 양적 격차 이상의 복잡한 양상을 확인할 수 있다. 첫째, 10대 후반과 20대 초반에는 여성의 유업률이 남성의 그것보다 높게 나타난다. 예컨대 가장 최근 세대인 1957-61년 출생자에서 여성들의 22세 당시 유업률은 65%에 달하지만 남성은 40%에 불과하다. 둘째, 유업률의 연령별 궤적이 점차 연령구간별로 분절된 형태로 바뀌어 왔다는 데 주목할 필요가 있다. 이는 1940년대와 1950년대에 태어난 여성들에게서 두드러지게 나타나는 현상으로서, 결혼과 출산이 집중된 20대 중·후반에서 유업률은 급격히 감소하지만 10-15년 이후 다시 상승하여 20대 초반의 유업률 수준을 회복한다. 연령별 유업률 궤적을 통해 여성들의 출생세대별 노동생애의 리듬을 추론할 수 있다면, 그것은 결혼 전후의 반전(노동시장 퇴장)과 40세 전후의 반전(노동시장 진입)으로 구축된 생애 단절성을 특징으로 한다고 볼 수 있다.

20세기 산업자본주의 노동-가족체제에서 "남성생계부양자·여성가정주부"의 양성분업 모형이 핵심적인 기초로 간주됐다. 20대 중반-30대 중반의 연령구간에서 나타나는 여성과 남성 사이의 유업률 격차는 그러한 규범적 양성분업 모형으로 설명될 수 있다. 즉 남성은 대다수가 소득활동에 참여하여 가족의 생계를 부양하고 여성은 소득활동으로부터 면제(?)되어 가사와 돌봄을 전담하는 방식으로 두 성의 활동영역은 전문화된 것으로 보일 수 있다. 그러나 여성 생애유업률 곡선의 두 번째 상승 국면을 통해, 그러한 양성분업은 오래 지속되지 못한다는 것을 알 수 있다. 지금까지 이러한 여성 노동생애의 불연속성을 둘러싼 논의는 많았지만, 생애 중기의 유업률 상승국면이 충분히 설명됐다고 보기는 어렵다. 자녀 수의 감소와 양육기의 종료 때문에 중년기 여성들의 취업규모가 늘어났다는 설명은 (계층지위 등을 반영하는) 여성들 사이의 취업여부 차이를 설명하지 못할 뿐만 아니라, 노동참여에 영향을 미치는 조건을 양육의 문제로 단순화한다는 점에서 한계가 있었다. 여성의 생애상의 변화에 상응하는 남성의 생애상의 변화를 관찰하려는 시도가 부재한 가운데 (〈그림 7-1〉에서 보듯이) 남성들은 가시적인 단절 없이 90% 이상의 유업률을 기록해 왔기 때문에, 중년기 여성들의 높은 유업률을 자녀 양육이라는 "여성적 역할"과 별개로 남성 배우자와의 관계를 통해 설명하기가 어려웠다. 따라서 여성의 생애 상의 변화에 상응하는 남성 노동생애 상의 유의미한 변화 여부를 추적하고, 이를 위해 노동참여 여부라는 단순한 정보에 의존하기보다 노동생애의 구체적 내용에 접근할 필요가 있다. 즉 한국 남성노동자들의 '지속적 취업' 이면의 노동생애의 구체적 실태를 분석할 필요가 있다.

4. 남성 노동생애의 성격: 직업유동성과 부문 간 이동

이 절에서는 한국 남성노동자들에 초점을 맞추어, 출생세대별 차이 없이 90% 이상이 소득활동에 참여하는 '지속적 취업' 추세의 이면을 분석한다. 통상적으로 한 개인이 노동시장 최초 진입 후 중도 퇴장 없이 지속적으로 취업을 유지한다면, 경력 및 숙련성을 축적하면서 사회·경제적 혹은 계층적 상승이동을 할 것이라고 가정할 수 있다. 물론 개인들의 노동생애가 계층적 상승을 달성해가는 과정이기 위해서는 노동시장 참여의 중단 없는 지속적 취업이 전제되어야 한다. 그러나 '지속적 취업'에는 여러 종류의 직업과 직장을 유동하면서 오히려 탈숙련·비공식적 노동으로 전락하는 불안정성이 은폐될 수 있다. 따라서 이러한 상반된 가능성 중 어떤 것이 한국 남성 노동생애의 성격에 부합하는가를 파악하기 위해, 동일한 직업지위를 유지하면서 숙련도와 경력을 높여나가는 남성들이 전체 남성 노동인구 중 어느 정도의 규모를 차지하는가를 살펴볼 필요가 있다. 또한 이러한 범주에서 이탈한 사람들이 이동하는 방향을 식별하여 직업유동성의 성격을 분명히 할 필요가 있다.

4-1. 한국 남성의 생애시점별 직업분포와 직업유지율

우선 세 범주의 출생세대들이 주요한 생애시점에서 어떤 직업에 분포하고 있었는가, 그리고 결혼 당시의 직업이 이후의 생애시간 동안 얼마나 지속적으로 유지되는가를 살펴보자. (이하에서는 1932-41년생을 1코호트, 1942-51년생을 2코호트, 1952-61년생을 3코호트로 부른다.) 〈표 7-2〉는 생애 두 시점에서의 직업분포와 이 사이의 직업유지율을 나타낸 것이다. '결혼 시점의 직업분포'는 각 출생세대들이 결혼 당시에 어떤 직업범주에 분포하고 있었는가를 보여준다. 우선 13개의 직업범주 중 '비취업'의 비중이 상당히 높다는 것을 알 수 있다. 앞서 〈그림 7-1〉에서 남성들은 20대 후반 시점에서 유업률이 90%가 넘었지만, 이를 결혼이라는 생애시점으로 재배치한 〈표 7-2〉에 따르면, 비취업의 비중이 많게는 21%(1코호트)에서 적게는 9%(3코호트)에 이를 정도로 높게 나타난다. 이는 대략 1960년대 초반부터 1980년대 중반까지 직업이 없는 채로 결혼

〈표 7-2〉 **한국남성의 출생세대별 결혼 시점과 45세 시점의 직업분포와 직업유지율**

(단위: %)

	결혼 시점 직업분포			45세 시점 직업분포			결혼~45세 사이 직업유지율		
	1코호트	2코호트	3코호트	1코호트	2코호트	3코호트	1코호트	2코호트	3코호트
관리/(준)전문	6.2	7.2	11.1	10.0	10.0	15.3	51.6	64.4	66.1
대기업 사무직	2.0	2.6	4.8	2.8	3.4	3.9	45.0	61.5	41.2
중소기업 사무직	5.5	7.9	9.3	5.1	5.8	4.6	25.5	38.8	24.2
대기업 생산직	1.5	4.6	5.5	2.5	4.4	4.3	40.0	48.9	39.7
중기업 생산직	5.0	7.7	13.2	4.9	8.2	8.8	22.0	29.5	21.4
소기업 생산직	1.8	3.3	5.1	1.6	1.1	2.1	33.3	14.7	5.6
서비스 판매직	2.3	3.7	6.0	2.1	2.5	1.8	34.8	23.7	12.5
(공식임금노동소계)	(24.3)	(37.0)	(55.0)	(29.0)	(35.4)	(40.8)	(35.4)	(41.0)	(32.0)
고용인 있는 자영업	4.5	6.6	8.5	12.3	19.5	26.5	64.4	71.6	63.3
고용인 없는 자영업	2.7	4.2	3.9	6.9	5.9	2.2	40.7	0.0	22.0
무급가족종사자	10.8	7.8	2.6	1.7	1.9	0.7	4.7	8.9	7.1
주변노동	16.0	19.1	14.3	20.6	20.0	18.3	39.6	40.7	36.8
농업노동	21.0	13.8	7.2	26.0	14.2	7.3	55.0	51.4	59.7
비취업	20.5	11.5	8.6	3.2	3.1	4.0	-	-	-
무응답	0.0	0.1	0.1	0.1	0.1	0.1	-	-	-
전체	100.0	100.0	100.0	100.0	100.0	100.0	39.1	40.0	36.7
(전체 사례 수)	(991)	(1,016)	(1,063)	(991)	(1,016)	(1,063)	(790)	(899)	(972)

주: 1) 직업유지율은 결혼당시의 직업이 45세까지 변화하지 않은 사람의 비중이다. 전체직업유지율 계산에서 결혼시점 비취업자는 제외했다.
2) 직업분류기준은 〈표 7-1〉 참조.

하는 남성들의 수가 상당했다는 것을 말해준다. 즉 적지 않은 규모의 남성에게서 '노동 준비기간'은 결혼 이후로까지 연장되어 있었다.

둘째, 두 시점의 '직업분포'를 비교하면, 청년기에 해당하는 결혼 시점의 직업분포와 45세 시점의 직업분포가 질적으로 상이한 형태를 보이고 있다는 것을 알 수 있다. 결혼 시점의 직업분포에 비해 45세 시점의 직업분포에서는 관리·(준)전문직을 제외한 공식임금노동의 비중이 줄어들었고, 자영업과 주변노동의 비중이 늘었다. 이러한 경향은 직업분포의 역사적 추이와 대립된다. 즉 출생세대 교체에서 나타나는 역사적 추이는 농업의 비중이 급격하게 감소하고 현대적인 공식임금고용 비중은 확대되는 산업 · 고용의 현대화 경향을 보이지만, 동일 출생세대 내부에서 결혼 시점과 45세 시점을 비교하면, 개인의 노동생애에서는 그 경향이 역전되어 공식임금고용의 비중은 감소하고 자영업과 주변노동, 농업노동의 비중이 오히려 더 늘어났다. 결혼시점의 경우, 공식임금고용의 비중은 1코호트 24%, 2코호트 37%, 3코호트 55%로 증가해 왔다. 그러나 45세 시점의 직업분포에서는 임금고용 비중이 결혼 시점의 그것에 비해 낮은데다 출생세대 사이의 증가경향 역시 미미했다. 이는 최근 세대일수록 가족형성의 직업적 기반은 공식임금고용일 가능성이 커졌지만, 이들 중 상당규모가 45세가 되기 이전에 공식적 임금고용으로부터 이탈한다는 것을 시사한다.

셋째, 이러한 노동생애의 경향은 '직업유지율'을 통해 분명하게 드러난다. 취업한 남성들 중 결혼 시점의 직업을 45세까지 변함없이 유지하는 경우는 대략 10명 중 4명에 불과했다. 또한 결혼 당시 직업에 따라 직업유지율은 커다란 편차를 보였다. 대체로 관리(준)전문직, 자영업고용주, 농업노동은 모든 출생세대에서 절반 이상이 45세까지 해당 직업을 변함없이 유지하는 것으로 나타났다. 이와 달리 전형적인 노동자계급을 구성하는 사무직, 생산직, 서비스판매직은 직업유지율이 그보다 낮았다. 또한 사무직과 생산직을 기업규모에 따라 하위분류했을 때, 대체로 기업규모가 작을수록 직업유지율이 낮은 것으로 나타났다.

넷째, 비숙련 육체노동, 일용직, 점포가 없는 자영업자 등으로 구성한 '주변노동'이 전체 직업분포에서 차지하는 비중이 크다는 점에 주목할 필요가 있다. 모든 출생세대에서 주변노동은 결혼 시점과 45세 시점 모두에서 높은 비중을 차지하고 있었다. 결혼 시점의 주변노동 비중은 2코호트(19%)에 비해 3코호트(14%)가 더 작지만, 두 코호트 모두 결혼 시점에 비해 45세 시점의 주변노동의 비중과 절대 수 모두 늘어났다.[8] 이러한 경향은 농업노동에서도 유사하게 나타난다. 이 두 직업 범주는 결혼 시점부터 이탈하지 않고 동일 범주에 머무는 수가 많을 뿐만 아니라, 다른 직업에서 (비농업) 주변노동으로 유입되는 규모 역시 크다는 것을 알 수 있다.

이상의 결과를 종합하면, 1코호트, 2코호트, 3코호트의 결혼 시점 직업의 성격에서 점차 현대적인 공식임금노동이 확대되고 비취업의 비중이 감소하는 데에서 한국 자본주의의 양적 성장과정에 남성노동인구가 급속하게 편입되어 왔다는 것을 확인할 수 있다. 그러나 개인의 생애시간의 측면에서 보았을 때, 청년기에서 중년기로의 이행에 따라 그러한 공식임금노동 부문의 비중은 감소하고 비임금노동과 주변노동이 증가하는 경향이 나타난다. 특히 직업유지율의 추이에서 나타나듯이 직업안정성은 1코호트에 비해 2코호트에서 근소하게 향상됐으나 3코호트에서 다시 악화되어 앞선 1코호트와 유사한 수준으로 되돌아갔다.

4-2. 한국 남성 직업이동의 방향과 성격

그렇다면 결혼 당시의 직업지위로부터 이탈하는 남성들은 그 이후 어떤 직업지위로 이동하는가? 그리고 결혼 시점과 45세 시점의 직업분포 차이는 어떤 형태의 직업이동을 함축하고 있는가? 이하에서는 개인의 직업이동을 분석하여 이 두 시점 사이의 직업이동의 내용과 성격을 규명함으로써, 한국 남성 노동생애의 질적 성격을 규명한다.

다음의 직업이동 분석은 첫째, 결혼당시 직업범주 중 사무직 · (숙련)생산직, 그리고 주변노동을 대상으로 직업이동을 분석한 것이다. 사무직 ·

8) 2코호트는 194명에서 203명으로, 3코호트는 152명에서 195명으로 절대 수도 증가했다.

생산직은 전형적인 현대적 임금고용에 해당하며 1코호트, 2코호트, 3코호트로 출생세대가 교체되는 과정에서 지속적으로 그 비중과 규모를 확대해 왔다. 반대로 주변노동은 출생세대 교체에 따라 단선적인 증감 경향을 보이지 않으며, 모든 출생세대에서 상당한 규모를 차지한다. 이 범주 안에는 여러 이질적인 직업들이 속하지만, 노동시장의 주변부에 위치하고 고용의 성격이 전근대적이고 비공식적이라는 점에서 내적 일관성을 갖는다. 둘째, 결혼 당시 직업범주로부터 이탈한 경우 45세 전에 어떤 직업으로 이동하는가를 분석했다. 한국의 노동시장이 질적으로 상이한 두 부문으로 나뉘어 있다는 것을 고려하여, 직업이동이 공식임금노동 내부의 이동인가, 부문 외부로의 이동인가에 주목하고, 공식임금노동 중 관리직 · (준)전문직으로의 이동인 경우만을 상승이동으로 파악했다. 셋째, 통상적으로 직업이동 분석이 출발 직업과 도착 직업의 단순비교인데 반하여, 우리는 직업력 자료의 종단적 성격을 활용하여 출발시점과 도착시점 사이의 변화과정에도 주목했다. 이를 통해 변화 없이 직업을 유지하는 경우와 이탈 후 다시 출발 직업으로 복귀하는 경우를 구별할 수 있다.

〈표 7-3〉은 결혼 당시의 직업이 사무직 또는 (숙련) 생산직이었던 남성들을 대상으로, 직업이동의 성격을 파악한 것이다. 세 코호트 모두에서 직업유지율은 대기업사무직 〉 대기업생산직 〉 중소기업사무직 〉 중소기업생산직 순서로 나타났다. 직업유지율, 즉 고용안정성에서 사무직 대 생산직의 차이보다 기업규모에 따른 차이가 더욱 중요하다는 것을 알 수 있다. 이처럼 기업규모와 직업에 따라 차별화되는 직업유지율은 고용의 안정성여부 뿐만 아니라 세대 내 계층이동에도 중요한 영향을 미친다. 기업조직의 승진체계와 연공급 임금구조를 가정하면, 성인 노동자는 연령의 상승에 따라 소득과 조직 내 지위의 상승을 경험하게 된다. 이는 전체 노동인구의 연령구조와 계층구조 사이의 체계적인 상관관계를 만들어내

〈표 7-3〉 사무직 · 생산직 남성노동자의 결혼 후 45세까지의 직업이동 성격 (단위: %)

		1코호트				2코호트				3코호트			
		대기업		중소기업		대기업		중소기업		대기업		중소기업	
		사무	생산	사무	생산	사무	생산	사무	생산	사무	생산	사무	생산
공식부문 내부	직업유지	45.0	40.0	25.9	25.0	61.5	48.9	38.8	25.0	41.2	39.7	24.2	17.0
	상향이동	10.0	20.0	16.7	5.9	7.7	6.4	12.5	5.4	13.7	8.6	14.1	6.7
	기타이동	10.0	13.3	25.9	20.6	7.7	14.9	16.3	19.6	11.8	15.5	19.2	21.6
	(소계)	(65.0)	(73.3)	(68.5)	(51.5)	(76.9)	(70.2)	(67.5)	(50.0)	(66.7)	(63.8)	(57.6)	(45.4)
공식부문 이탈	자영업으로	25.0	13.3	18.5	25.0	15.4	21.3	21.3	31.3	25.5	22.4	32.3	28.4
	주변노동으로	10.0	13.3	9.3	22.1	7.7	6.4	7.5	17.9	7.8	13.8	7.1	23.7
	농업으로	0.0	0.0	3.7	1.5	0.0	2.1	3.8	0.9	0.0	0.0	3.0	2.6
	(소계)	(35.0)	(26.7)	(31.5)	(48.5)	(23.1)	(29.8)	(32.5)	(50.0)	(33.3)	(36.2)	(42.4)	(54.6)
	전체	100.0	100.0	100.0	100.0	100.0	100.0	100.0	100.0	100.0	100.0	100.0	100.0
	사례수(명)	20	15	54	68	26	47	80	112	51	58	99	194

주: '상향이동'은 관리 · (준)전문직으로 이동한 경우, '기타이동'은 공식부문 내부에서 관리(준)전문직을 제외한 여타 직종으로 이동하거나 동일직업으로 복귀한 경우이며, '자영업으로'는 자영업과 무급가족종사자를 포함한 것, '주변노동으로'에는 비취업자도 포함했다.

는 기제이다. 그러나 동일 조직 또는 직종에 장기간 근속하는 인구가 전체 인구 중 소수에 불과하다면, 승진체계 및 임금체계의 연령(근속기간) 관련 성격이 어떠한가와 무관하게 전체 노동인구의 연령구조와 계층구조 사이의 상관관계는 약화될 것이다. 이런 맥락에서 직업유지율이 높은 집단이 전체에서 차지하는 비중이 노동계급의 연령상 평균적 지위 상승에 핵심적 중요성을 갖게 된다.

직업유지와 상향이동을 합한 비중이 가장 높은 경우는 2코호트의 대기업 사무직이었다. 이들은 결혼 시점부터 45세까지 동일직업을 유지하거나 상향이동을 하는 사례가 26명 중 18명(약 70%)이었다. 2코호트는 대략 1970년대 중반에 결혼하여 1997년 이전에 45세에 도달한 출생세대들이므로, 이들의 높은 직업안정성은 한국 경제의 고도성장과 더불어 대기업 사무직의 고용관행을 반영한다. 그러나 〈표 7-2〉에서 보았듯이, 이들이 동일 출생세대 내에서 차지하는 비율은 2.6%에 불과하며 직업유지율이 가장 높은 관리(준)전문직의 비율(7.2%)과 합해도 이 두 범주의 비율은 약 10%에 불과하다. 더욱이 2코호트와 달리 3코호트에서는 대기업 사무직의 고용안정성조차 약화됐다. 이렇게 보면, 1997년 경제위기 이후 고용의 불안정성 심화경향을 두고, "평생직장의 붕괴" 또는 "장기고용의 종말"로 이해하는 것은 대기업 사무직에 속한 극소수의 경험을 과잉 대표한 것이라고 할 수 있다.

이러한 예외적 소수에 속하지 못한 다수의 노동인구는 직업이동을 경험하게 된다. 이들이 경험한 직업이동의 성격은 개인별로 구체적으로 옮겨 간 직업의 성격을 통해 규명될 수 있다. 여기에서는 공식임금고용 내부와 외부 사이의 구분에 주목했다. 〈표 7-3〉에 따르면, 직업유지 및 상승이동을 제외한 경우, 공식임금고용 내부에서 이동하는 경향보다 그 외부의 자영업과 주변노동으로 이동하는 경향이 모든 직업범주에서 우세했다. 다시 말해, 결혼 후 45세 이전에 직업이동이 발생했을 때, 그것이 관리직으로의 승진이나 추가적 교육을 통한 (준)전문직 획득이 아니라면, 공식임금노동 부문 내에서 새로운 직업에 진입하기보다 그 외부로 이탈할 가능성이 더욱 크다는 것이다. 예를 들어 3코호트 대기업 생산직의 경우 약 49%가 동일 직업을 유지하거나 상향 이동했는데, 나머지 51% 중 기타 공식임금고용 내부에서 직업을 찾은 경우는 15%에 불과했고 36%가 공식 부문을 이탈하는 것으로 나타났다.

공식임금노동 부문으로부터 퇴출된 남성노동자는 조직 내부에서 경력과 숙련을 축적할 수 있는 경로로부터 단절될 뿐만 아니라 실업이나 계층적 하락 등에 직면할 수 있다. 그런데 본 연구의 분석자료에 따르면, 남성노동자의 노동생애에서 이러한 이탈이 1년 이상의 실업으로 연결되는 경향은 뚜렷하게 나타나지 않았다. 대신 공식임금노동 부문의 '외부'에서 소득활동을 지속시켜 나가는 경향이 모든 출생세대에서 일반적으로 나타났다. 바로 '자영업'과 '주변노동'이 부문외부 이동의 도착지이며, 특히 자영업이 주변노동보다 상대적으로 비중이 컸다.

〈표 7-3〉에서 '자영업으로'의 비중은 이동 전 직종이나 직장규모와 체계적인 관계를 나타내지 않았다. 이는 자영업 부문의 복합적 성격을 반영한다. 기존 연구에 따르면, 자영업자를 안정적 자영업자와 불안정 자영업자로 나누어 관찰했을 때, 1997년 외환위기 이전까지 불안정자영업자는 지속적으로 감소했으나 외환위기 이후 다시 증가했다(류재우 · 최호영, 2000).[9] 즉 3코호트에서 더욱 늘어난 자영업 비중은 남성노동자의 노동생애가 중년기로 갈수록 불안정해지는 경향을 반영한다고 할 수 있다. 그러나 자영업은 내적 이질성뿐만 아니라 시기적 변동성 역시 큰 범주이므로, 최근 몇 년의 경향을 가지고 일반화하기는 어렵다.

다만 한국 계층구조와 직업구조에서 도시 프티부르주아지 또는 자영업자층이 상당한 규모를 차지하는 현상은 개인의 노동이동 양상을 통해 접근할 필요가 있다는 점을 지적하고자 한다. 한국의 자본주의 전개 과정에서 대자본은 특정 산업에 집중됐고 그 외부에 광범위한 비공식 부문을 만들어왔다는 것은 주지의 사실이다. 이러한 비공식 부문은 젊은 시절 공식 부문에 고용되어 있다가 자발적 · 비자발적으로 이직을 결심한 남성들에게 기존의 임금노동보다 더 나은 소득기회로서 간주되기도 했고, 적어도 실업을 면할 수 있게 하는 대안이 됐다. 1998년 사회보험

9) 2000년대에 들어, 자영업과 저소득층 임금노동 사이의 이동성이 높아지고 소득수준 면에서도 성격이 유사해지고 있다. 이는 자영업 부문이 유통 · 개인서비스업과 5인 미만 영세업체에 편중되어 있고 공급과잉으로 인해 경쟁이 치열하기 때문이다. 2006년 자료에 따르면 소득수준은 고용주〉정규직〉자영자〉비정규직 순으로 높고, 소득 불평등은 자영업주가 임금노동자보다 높으며, 지니계수를 기준으로 하더라도 자영업주(0.444)가 임금노동자(0.380)보다 불평등이 심한 것으로 분석됐다(김유선, 2006). 또한 2003년 신용카드 대란과 2008년 금융위기를 경과하면서 자영업의 구조조정이 이루어지고 있다(김영옥 · 이선행 · 김민수, 2011).

〈표 7-4〉 주변노동 종사자의 결혼 후 45세까지의 직업이동 성격 (단위: %)

		1코호트	2코호트	3코호트
비공식 부문 내부	주변노동 유지	39.6	40.7	36.8
	주변노동 복귀	18.2	20.6	21.7
	자영업으로	13.2	16.0	22.4
	농업으로	12.6	5.7	5.3
	(소계)	(83.7)	(83.0)	(86.2)
공식임금 노동으로	상향이동	2.5	2.1	3.9
	기타공식 부문	13.8	14.9	9.9
	전체	100.0	100.0	100.0
	사례수(명)	159	194	152

제도 도입 이전까지 한국 노동자들에게 제공된 유일한 복지제도인 법정 퇴직금제도는 이러한 가능성에 재정적 기초를 제공했다. 더욱이 퇴직금은 연금형태가 아닌 일시불 형태를 취하고 있어 일상적 생활안정의 기능보다는 사업자본금 제공의 기능이 더 뚜렷했다. 또한 자영업은 배우자를 비롯한 가족구성원들의 노동력을 동원함으로써 자본금 규모의 제약을 만회하여 소득수준을 높일 수 있는 기회로 작용하기도 했다. 이러한 소규모 자영노동의 성공여부에 따라 자영업으로의 이동은 상승이동 또는 하강이동이 될 수도 있는 것이다.

자영업 이동과 달리, 주변노동으로의 이동은 하강이동으로서의 성격이 강하다. 사무직종사자보다 생산직종사자가 주변노동으로 이동할 가능성이 높게 나타났고, 그 경향은 3코호트에서 더욱 심화됐다. 이러한 주변노동 확대 경향은 공식임금노동으로부터의 유출규모가 확대된 데 기인하며, 이에 따라 자영업이 그러한 이탈 노동력을 흡수하는 데 한계를 드러내고 있다는 것을 보여준다.

〈표 7-4〉는 공식임금노동 외부의 주변노동에서 출발한 경우 45세까지의 직업이동을 나타낸 것이다. 앞의 〈표 7-3〉에서 확인한 공식임금노동

에서 비공식 부문으로의 이동 경향과 달리, 〈표 7-4〉에서 주변노동에서 출발하여 공식임금노동 부문으로 진입하는 경향은 크지 않았다. 즉 공식임금노동 부문과 비공식 부문 사이의 부문 간 개방성은 쌍방적이지 않고 일방적(하향적)이었다. 주변노동에서 출발한 경우, 80% 이상이 주변노동이 속한 비공식부문 내부에서만 이동하며, 공식임금노동으로 이동할 가능성은 20% 미만에 불과했다. 대다수가 비공식 부문 내부에서 움직이는 이 주변노동은 변함없이 이 직업지위를 유지하는 경우와 더불어 이탈 후 다시 복귀하는 경우도 많았다. 또한 1코호트의 경우 농업으로 이동하는 경우가 12.6%에 달했으나 이후 2코호트와 3코호트에서 농업으로의 이동 비중은 5% 수준으로 감소했다.

〈표 7-3〉과 〈표 7-4〉를 종합하면, 공식임금노동 부문과 비공식 부문 관계는 구조적 분절 이상의 것이다. 여기에서 개인 노동생애에서의 부문 간 이동을 관찰하여, 공식임금노동에서 비공식임금노동으로의 유출규모가 비공식부문노동에서 공식임금노동으로의 유출규모를 압도하는 비대칭적 구조를 확인할 수 있었다. 그리고 이러한 경향은 모든 코호트에서 동일하게 반복되어 나타났다. 그 결과 공식임금노동 부문은 상대적으로 젊은 노동인구 중심으로 재편되고, 비공식임금부문노동은 상대적으로 고령 노동인구 중심으로 재편된다는 것을 알 수 있다. 이는 공식임금노동과 비공식 부문의 구조적 분절이 각 세대 노동인구의 집단적 분할을 낳을 뿐만 아니라 노동인구의 '생애 분할'을 동반하고 있다는 것을 의미한다.

이상의 논의를 종합하면, 남성들의 노동생애는 여성들의 그것과 달리 연속적인 노동참여로 특징지어지지만, 계속적 취업 이면에는 광범위한 불안정성이 노정되어 있었다. 그러한 불안정성은 최근 세대일수록 현대적 임금고용의 비중이 확대됨에도 불구하고 45세 이전에 그 비중이 감소하는 경향으로 나타났다. 1932~41년 출생세대는 산업화 이전에 청년기를 맞았기 때문에 산업자본주의의 성장에 따른 현대적 노동시장으로의 진입 기회를 얻지 못했다. 이와 달리 1942-51년 출생세대와 1952-61년 출생세대에서는 청년기에 공식임금고용에 포섭될 기회가 확대됐고, 특히 그들 중 상당수가 1987년 "노동자 대투쟁" 이후 발달한 도시산업의 내부노동시장에 진입할 수 있었다. 그러나 1942-51년 출생세대에서도 결혼 당시 공식임금고용의 비중은 40%에 미달했다. 다시 말해 1942-51년 출생세대는 상대적으로 직업안정성이 높았던 반면, 안정된 공식 고용의 규모 자체가 작았다. 이와 달리 1952-61년 출생세대에서는 공식 임금고용이 더욱 확대되어, 상대적으로 좋은 직업전망을 가지고 노동생애를 개시할 수 있는 가능성이 커졌다. 그러나 1997년 경제위기와 2000년대 고용의 불안정화를 경험한 이들 집단에서 같은 직업을 45세까지 유지할 수 있는 가능성은 현저히 줄어들었다.

이처럼 출생세대 별 직업분포와 생애 내 직업이동을 종합적으로 검토했을 때, 1960년대 이후 산업자본주의의 발전과정에 동원된 노동자들의 노동생애는 '(노동의) 준비기 → 활동기 → 은퇴기'로 이루어진 '표준적 노동생애'와는 거리가 멀었다고 할 수 있다. 절반 이상의 남성들이 노동생애의 절정기로 간주되는 45세 이전에 이직, 전업, 계층적 하락 등의 경험을 하는 것으로 확인됐기 때문이다. 다만, 그러한 생애과정 상의 노동의 위험은 1990년대 이후까지도 크게 감소하지 않은 '비공식 부문'의 존재로 인해 '계속 취업'이라는 형태로 비(非)가시화됐던 것이다.

5. '남성생계부양자'의 직업유동성과 불안정성의 가족 전이

한국 남성노동자들의 직업안정성과 이동성을 생애 주 노동 · 부양 기간에 초점을 맞추어 분석한 이상의 결과는 그동안 가족부양 윤리와 젠더 규범의 문제로서 당연시되어 온 "남성생계부양자"의 지위와 역할이 구조적으로 취약했음을 보여준다. 이러한 취약성과 불안정성은 남성노동력을 광범위하게 동원하고 포섭해 왔던 산업자본주의 고용체제의 한계에 기인하지만 이러한 노동인구의 사회적 위험(social risk)이 공적으로 관리되고 흡수되지 못할 때 그 효과는 가족생활의 문제로 귀결될 수 있다. (본서의 제1장에서 자세히 설명했듯이) 한국의 '개발자유주의 국가'(developmental liberal state)는 노동 위험의 정치적 쟁점화를 억제했고 주로 가족에 의존하여 이러한 위험을 분산시키고자 했다는 점을 감안할 때, 남성생계부양자는 가구경제의 일차적 소득원에 그치지 않고 노동에서 발원한 불안정성을 가족의 영역으로 전이시키는 매개체일 수 있다.

다음 분석은 이러한 남성 노동생애 불안정성의 가족 전이과정을 남편의 직업 변동과 부인의 비취업 유지 사이의 상관관계에서 확인한 것이다. 구체적으로 남성 배우자의 직업지위 이동성과 여성 배우자의 비취업유지 사이의 연계성 여부에 초점을 맞추었다. 이를 위해, 앞서 분석한 개인단위의 남성 사례 중 부인의 사례도 조사된 경우를 찾아 부부단위로 자료를 확장 · 재구성했다. 분석대상을 45세 이상 75세 미만인 부부(남성연령 기준)로 한정한 것은 앞의 분석과 동일하다(총 2,257쌍). 그러나 부부 단위로 노동이동성을 분석하기 위해서는 관찰기간을 재조정할 필요가 있다. 남편의 45세와 부인의 45세는 동일 시점이 아닐 수 있기 때문이다. 따라서 관찰기간의 종료 시점을 결혼 15년 후로 변경했다. '남편 직업이동성'과 '부인의 비취업 지속성'은 모두 결혼 다음해부터 15년 경과까지(관찰기간 15년)의 관찰기간을 기준으로 조작한 것이다. 부인의 경우 결혼 후 15년 후 시점까지 비취업이 지속되지만, 그 비취업의 개시시점이 결혼 다음 해가 아니라 결혼 2년 후(햇수 기준)인 경우도 '비취업 지속'으로 간주했다. 남편의 경우 결혼 다음 해에는 비취업이었으나 2년 후부터 직업을 갖는 경우에도 역시 2년 후 시점의 직업을 결혼 다음 해의 직업으로 간주했다.

〈표 7-5〉는 로지스틱 회귀분석을 이용한 것으로서, 남성 노동생애의

〈표 7-5〉 남편 직업이동성과 부인 비취업유지율 간의 상관관계

	모형 1	모형 2	모형2-1 (1코호트)	모형2-2 (2코호트)	모형2-3 (3코호트)
부인 교육수준(기준: 대졸 이상)					
초졸 이하	1.895*	2.034**	3.802*	1.206	2.186
중졸	1.653*	1.660**	3.192	1.079	1.698
고졸	2.015**	2.035**	1.657	1.303	3.288***
남편 교육수준(기준: 대졸 이상)					
초졸 이하	.400***	.504**	.462*	.458*	.675
중졸	.566**	.651*	.692	.495*	1.007
고졸	.715*	.816	.659	.777	.895
부인 출생세대(기준: 1932~41년)					
1942~51년 출생	1.077	1.017			
1952~61년 출생	.973	.924			
남편 출생세대(기준: 1932~41년)					
1942~51년 출생	.820	.826			
1952~61년 출생	.573**	.594*			
남편 직업(기준: 공식임금노동)					
자영업	.453***	.483***	.462**	.437***	.488**
주변노동	.753*	.710*	.671	.675*	.715
농업노동	.203***	.395***	.216***	.445*	.947
비취업	.581**	.771	.496**	.981	1.171
남편 직업이동성(기준: 직업유지)					
상향이동		.762	.869	.843	.578
기타공식부문이동		.733*	.814	.981	.385**
자영업이동		.507***	.570*	.636*	.298***
주변노동이동		.533***	.544*	.556*	.410**
농업유지 및 농업이동		.226***	.197***	.286***	.224**
사례수(쌍)	2,257	2,257	788	817	652
Log likelihood	-1392.52	-1358.07	-444.31	-492.16	-397.75
LR chi2	213.84*** (d.f=14)	282.75*** (d.f=19)	159.46*** (d.f=15)	108.74*** (d.f=15)	61.37*** (d.f=15)

주: 1) *p〈.05 **p〈.01 ***p〈.001, 표 안의 수치는 승산비(odds ratio)이다.
2) 독립변수 중 '남편 직업'은 〈표 7-1〉에 따라 분류한 결혼 다음 해의 직업을 말한다. '남편 직업이동성'은 결혼 다음 해로부터 15년 동안의 직업이동 여부와 도착지의 위치를 범주화한 것이다. 직업이동성의 하위범주 정의는 〈표 7-3〉의 '주'를 참조.

불안정성은 '직업이동 여부와 이동방향'으로 정의했고, 종속변수인 여성의 노동생애는 '결혼이후 (15년간) 비취업 상태를 지속하는가의 여부'로 정의했다. 다른 유의미한 변수들을 통제한 상태에서도 남편의 직업이동성과 부인의 비취업유지 사이에 체계적 연계성이 나타나는가를 검증한 것이다. 이를 위해 통제변수로만 이루어진 모형 1과 남편의 직업이동성을 추가한 모형 2로 나누어 분석했다. 그 결과, 모형 2는 모형 1에 비하여 모형 적합성이 향상됐고, 모형 2에 추가한 직업이동성 변수는 통계적으로 유의미한 것으로 나타났다.

'남편의 취업 · 부인의 비취업(가사전담)'은 20세기 중후반 부부가족의 규범적 분업형태로 간주됐으며, 앞서 3절의 성별 생애유업률 곡선에서 확인했듯이 결혼 초기 부부가족은 이러한 규범적 분업을 실천했다. 〈표 7-5〉는 이러한 성별분업 분석에 생애의 시간성을 도입함으로써 성별분업 실천의 지속성이라는 문제를 제기한 것이다. 분석 결과에 따르면, 남성 배우자의 직업지위가 변화하여 가구경제에 불안정성이 야기되는 경우 결혼 초기의 규범적 양성분업은 지속되지 못하고 배우자 여성이 가족생계부양에 참여하게 되는 것으로 나타났다. 이 과정에서 부인의 취업 여부는 남편 직업의 성격, 즉 자영업이나 농업노동처럼 부부단위의 노동력을 활용하는 직업 여부에 당연히 영향을 받았다. 그러나 남편의 직업이 임금노동 내부에서 이동하는 경우나 주변노동으로 이동한 경우에도 남편직업의 변화는 부인의 비취업 상태를 취업 상태로 전환하도록 하는 요인이 됐다. 이러한 경향은 출생세대 차이와 밀접한 관련이 있었다. 〈표 7-5〉 우측의 모형 2-1, 2-2, 2-3은 이러한 남녀 노동생애 사이의 연계성을 (남편의) 출생세대에 따라 나누어 재분석한 것이다. 1코호트와 2코호트에서는 남편의 직업지위 변화가 부인의 비취업유지 여부에 미치는 영향이 자영업, 주변노동, 농업 등 가족노동이 요구되는 직업에서만 나타났던 반면, 3코호트에서는 상승이동을 제외한 남편의 모든 직업 이동과 부인의 비취업유지의 관계가 통계적으로 확인됐으며 그 관계의 강도도 강해졌다.

이러한 결과는 최근 세대일수록 기혼여성의 유급노동 참여 동기가 여성 자신의 자율성이나 개인성의 추구에 있을 것이라는 기대와 배치된다. 미국과 서유럽 등에서 일부 경제사회학자들은 20세기 후반 기혼여성의 노동공급을 결정하는 요인들에서 혁명적인 변화가 나타났다고 주장해 왔다. 기혼여성의 노동시장 참여가 남편의 부족한 소득을 보충하기 위한 소극적 동기로부터 자신의 잠재적 소득(실질임금) 상승에 대한 적극적 대응으로 전환됐고, 이에 따라 여성들이 장기적인 생애취업의 전망을 세우고 취업을 통해 자신의 개인성을 확립할 수 있게 됐다는 것이다 (Goldin, 2006). 이러한 낙관적 평가는 서구 선진국가들 내부에서도 논쟁거리이며, 한국의 노동시장 및 가족 현실과는 더더욱 차이가 크다. 〈표 7-5〉의 분석은 비록 기혼여성 유급노동 참여 결정요인을 포괄적으로 검토한 것은 아니지만, 적어도 기혼여성이 비취업 상태에서 취업 상태로 전환하는 데 있어 배우자 남성의 직업 불안정성이 영향을 미친다는 것을 확인했다. 더욱이 그러한 경향이 (이 분석에 포함된) 최근 세대에서 더욱 강화됐다는 것은 한국 기혼여성의 유급노동 참여를 여성들의 자율성 확대 경향으로 해석하는 것이 상황 해석의 단순화를 넘어 왜곡일 수 있다는 것을 시사한다.

한국 노동계급 가족에서 결혼 중반 부부공동의 생계부양이 늘어나는 경향은 '생계부양자'로서 남성노동자들이 경험하는 직업지위의 유동성과 불안정성이 생활단위로서 가족으로 전이된 데 따른 것이다. 여기에서 여성들의 재취업은 가구소득을 늘림으로써 가족으로 전이된 불안정성을 흡수하고 완충하는 데 기여할 수 있다. 그러나 문제는 이렇게 재취업한 여성노동자 대부분이 영세자영업이나 비정규직 등 고용체제의 주변부에 밀집하는 경향이 뚜렷하다는 데 있다. 바로 이러한 점에서, 여성들의 취업이 그 자체만으로 가족의 경제생활을 장기적으로 안정화시킬 수 있다고 기대하기 어려우며, 취업 조건에 따라 오히려 가족이 새로운 경제적 불안정성에 노출되는 계기가 될 수도 있다.

6. 결론

이 장은 1932-61년 출생한 한국 남성노동자들의 노동생애 가운데 주노동 · 부양 기간에 초점을 맞추어 직업지위의 안정성과 이동성을 밝혔고, 부부단위의 분석을 통해 남성 노동생애의 불안정성과 배우자 여성의 노동생애 사이의 체계적 관계를 확인했다. 분석 결과, 결혼 당시의 직업지위를 45세까지 유지하는 경우는 취업 남성의 약 40%에 머물렀으며 나머지 남성의 직업이동은 주로 공식임금고용 부문에서 비공식 부문으로의 이동이거나 비공식 부문 내부에서의 이동이었다. 이러한 직업적 불안정성은 1932-41년 출생세대에 비해 1942-51년 출생세대에서 근소하게 완화됐으나 1952-61년 출생세대에 심화되어 나타났다. 이러한 '남성생계부양자'들의 직업지위의 불안정성은 가족의 맥락으로 전이되어 결혼초의 규범적 양성분업을 변형하여 배우자 여성의 동반취업을 유도하는 것으로 나타났다.

한국 남성노동자들의 불안정한 노동생애는 우선 자본주의적 생산체제의 성격에서 검토되어야 할 것이다. 한국 사회는 급속한 경제성장에 수반된 '압축적 산업구조 전환'(compressed industrial restructuring)을 숨가쁘게 겪어 왔다. 산업구조 전환은 농업에서 도시산업 일반으로의 변화에서 시작하여, 도시산업 내부에서 노동집약적 경공업으로부터 자본집약적 중화학공업, 나아가 기술집약적 정보통신산업으로의 전환을 포함했고, 다양한 서비스업의 팽창을 동반했다. 이러한 변화들이 한 개인의 생업활동 기간에 불과한 30-40년에 전부 전개됐다는 사실은, 급속한 경제구조 전환 과정에서 개인들의 직업지위는 생애과정 상으로 근본적인 불안정성을 띨 수밖에 없었음을 시사한다. 다른 한편 일부 수출재벌 중심으로 급속히 전개된 산업구조 고도화는 기존 노동자들의 기술적 숙련성 제고에 기초한 '생산공동체적 진화'라기보다는 기술적 외부조달을 전제한 재창업적 사업전환의 성격이 강했다(장경섭, 2011a: 76-77). 따라서 장기고용에 기초한 숙련노동력에 대한 수요가 체계적으로 제약됐으며, 이러한 차원에서 한국의 산업고용체계가 갖는 한계를 독일, 일본과 비교해 평가한 연구도 있다(Kong, 2012). 아울러 소수의 수출대기업 중심으로 발전한 한국 자본주의는 생산성이 낮은 광범위한 서비스 부문을 대자본의 외부에 남겨두었다. 1960년대 이후 도시인구의 팽창과 더불어 확대되기 시작한 도시 비공식 부문은 영세한 자본에 기초한 생계유지적 사업활동 영역이었으며, 공식임금노동으로부터 이탈한 노동력을 흡수하는 '실업회피적' 완충장치로 기능해 왔다(윤진호, 1994). 한국의 산업자본주의적 성공의 이면에 노정된 이처럼 복잡한 경제 · 사회적 조건들을 감안하지 않으면 남성노동인구가 공유해 온 구조적으로 불안정한 직업지위를 설명할 수 없다. 특히 남성노동자들의 노동생애에 나타난 '생애 분절적 부문 간 이동', 즉 공식임금노동에서 출발하여 중년기에 자영업 또는 주변노동 등 비공식 노동으로 이동하는 경향은, 이러한 비공식 부문이 산업화초기의 일시적 현상이 아닌 한국 고용체제의 구조화된 특징이라는 것을 시사한다.

20세기 한국의 산업자본주의는 남성노동자를 주요 생산주체로 설정하여 이들의 가부장적 지위와 역할을 통해 대다수 가족들을 자본주의 경제 · 사회 체제에 통합시켜 온 것으로 흔히 이해된다. 서구 자본주의에서 확립된 산업자본주의—노동자—가족의 이러한 구조적 관계가 한국 사회에서도 대체로 재현되어 왔다는 것이다. 이러한 지배적 가정에 대한 비판으로서 최근의 가족 · 젠더연구들은 한국 사회에서 '남성생계부양자가족'의 수적, 계층적, 시대적 제한성을 주장했지만, 그 주장을 체계적으로 뒷받침하는 종합적이고 구체적인 분석을 제시하지는 못했다(김혜경, 2002; 황정미, 2007; 조은, 2008; 배은경, 2009; 김영순, 2010). 본 연구는 기존 논의들이 공백으로 남겨두었던 한국 남성들의 구체적 노동생애에 관한 분석을 보충함으로써, 남성생계부양자 가족의 제한성을 확증했다. 또한 거기에서 한걸음 나아가, 남성 노동생애의 불안정성이 배우자 여성의 노동시장 재참여를 야기하는 것을 확인했다. 한국의 산업자본주의 하에서 남성생계부양자 가족의 제한성은 남성노동자들의 불안정한 노동생애와 그 불안정성의 가족 전이 과정으로 설명될 수 있음이 확인됐다. 요컨대 현대 한국의 가부장적 가족 · 사회체제는 대체로 남성생계부양자의 안정적 장기 고용상태를 매개로한 산업자본주의의 확고한 물질적 지원으로 확립 · 유지된 것이 아니었고(조은, 1990), 오히려 이에 관련된 인식론적 오류에 의해 가족, 국가, 산업현장의 이미 불평등한 양성관계는 더욱 복잡한 사회적 갈등구조로 귀착됐다.

제8장 개발가부장제 노동체제와 여성 상용노동 시대

올 초 정부세종청사 보건복지부 건물 비상계단에서 숨진 채 발견된 세 아이의 엄마인 사무관 ㄱ(34)씨의 순직 심사가 14일 열린다. … ㄱ씨는 2007년 4월 행정사무관으로 임용된 뒤 국민권익위원회에서 일해왔다. 2010년 12월부터 두 살 터울인 세 자녀를 잇달아 출산해 올 1월 8일까지 6년 1개월 동안 육아휴직을 한 뒤 부처를 바꿔 보건복지부로 복귀한 지 일주일 만에 숨졌다. 그는 복직한 1월 9일 이후 숨진 15일까지 매일 아침 7~8시 출근해 저녁 8~9시까지 일했다. 14일 토요일엔 새벽 5시 30분에 출근했다가 오전 9시에 집으로 돌아간 뒤 일요일인 다음날 아침 7시에 출근했다 숨졌다. ㄱ씨는 이 기간 중 매일 새벽 6시에 일어나 밥을 짓는 등 세 아이를 돌봐야 했다. 당시엔 담당업무인 의료급여 수가 개편을 위한 시행령 개정 작업이 한창이었다. ㄱ씨는 사전 지식이 없던 상태에서 업무를 맡은 지 사흘 만에 장관 보고를 했고, 한 주 뒤엔 의료급여사업 개정사항 설명회에서 기관 담당자들에게 변경 내용을 발표해야했다. ㄱ씨는 이때 지인에게 휴대전화 문자로 "긴장 반 두려움 반"이라며 부담감을 토로하고 "불구덩이에 들어왔다"고 할 만큼 업무 압박이 극심했던 것으로 나타났다. … 문재인 대통령은 ㄱ씨 사망 당시 자신의 페이스북에 "과로로 숨진 여성 공무원 소식에 또 한 번 가슴이 무너진다"며 "근로시간 단축은 일자리 나누기뿐 아니라 근로자들 삶의 여유를 위해서도 필요하다"고 밝힌 바 있다. 복지부도 ㄱ씨가 숨진 이후 토요일 근무를 금지하고 임신한 여직원의 하루 근무시간을 강제로 2시간 줄이는 등의 조처를 취했다.(『한겨레』, 2017/6/13)

16일 교육부는 한국교육개발원이 조사한 '2014년도 고등교육기관 졸업자 취업통계'를 발표했다. 자료를 보면, 지난해 고등교육기관 취업 대상자 48만8,199명(전체 졸업자 55만7,234명 가운데 진학 · 군입대 등으로 취업을 할 수 없는 이들을 제외한 수치) 가운데 취업자는 32만7,186명으로 취업률이 67.0%인 것으로 나타났다. … 취업자 가운데 여성이 차지하는 비중은 올해 처음 남성을 앞지른 것으로 나타났다. 지난해 여성 취업자 수는 16만 5,706명(50.6%)으로 남성 16만1,480명(49.4%)보다 많았다. 2011년 48.1%를 차지했던 여성 취업자는 2012년 49.2%, 2013년 49.9%로 꾸준히 증가해 왔다. 대학 전공에 따른 계열별 취업률은 의학(80.8%), 공학(73.1%), 교육(68.6%), 사회(63.9%), 자연(63.6%), 예체능(59.6%), 인문(57.3%)계열 순이었다.(『한겨레』, 2015/12/16)

1. 들어가며

최근 국내 저출산 대책의 초점이 여성의 일 · 가정 양립 조건에 맞춰지고 있다. 이는 생물학적 출산 주체로서의 여성의 배타성에 대해 어떠한 과학 · 기술적 개입이나 수정이 불가능한 상황에서, 젊은 가임기 여성의 대다수가 노동시장에 가급적 상용고용을 전제로 참여하고 있거나 참여하고자 하는 세대적 의지가 그동안 존재했던 산업생산 · 사회재생산 체계의 다중적 가부장성과 직접적 충돌을 일으키기 때문이다. 한국의 개발자본주의 체제하에서 기혼여성의 삶은 그들의 배우자, 배우자의 직장, 나아가 국가와 중첩적인 가부장적 사회관계를 맺고 영위되어 왔다. 기혼여성의 상용고용은 특별한 고용조건을 가진 극히 일부 산업과 부문을 제외하면 그 배우자, 자신과 배우자의 직장, 나아가 국가와 맺는 사회관계의 구조적 압박과 교란으로 이어진다. 이러한 문제는 여성의 임신과 출산, 영유아 양육을 둘러싸고 극단화된다. 여성의 상용고용이 갈수록 보편적으로 받아들여지는 것은 세계적 수준의 고학력자인 젊은 한국여성들에게 개인적으로 당연할 뿐 아니라, 결혼하더라도 대다수 배우자 남성의 고용지위가 구조적으로 불안정해져서 맞벌이가 현실적으로 불가피하며 노동인구 감소가 예상되는 상황에서 산업과 국가의 관점에서도 절실하기 때문이다. 그러나 개발자본주의 체제의 미시적 조직질서인 삼중적 가부장체계에 예속된 한국 여성의 존재양식에 대한 근본적 변화가 없이는 "일하는 엄마"(working mom)들의 협조로 한국의 출산율이 회복될 가능성은 거의 없다. 다만 '일하는 비혼여성'의 급증이 갖는 나름대로의 사회개혁적 효과들이 인정될 수는 있다.

한국의 개발자본주의 체제하에서 여성의 삶을 규정해 온 삼중적 가부장체계는 (1) 각 가정 내에서 상용고용된 남성가장과 전업주부인 혹은 불완전고용된 부인 사이에 존재하는 관계의 정치경제적 및 문화적 위계성, (2) 고용된 남성노동자의 전인적이며 총체적인 노동 제공과 이에 따른 일상 가사 및 가족 보호 · 지원 활동의 전면적 포기, 그리고 이에 대처하기 위한 부인의 사회재생산 노동 전담을 당연시하는 공사의 고용조직들과 이 조직들의 며느리나 다름없는 처지의 여성들 사이에 존재하는 관계의 구조적 속박성, (3) 개발자유주의하에서 한편으로 기업의 반노동 · 반가족(반여성)적 고용관행을 용인 · 조장하고 다른 한편으로 안정적 사회재생산을 위한 자체적 지원 · 관리 책무를 최소화하기 위해 여성들의 헌신을 기대 · 요구해 온 국가와 결과적으로 자신의 사회적 시민권(social citizenship) 포기는 물론, 배우자와 자녀, 노부모의 사회보장권 결여를 보충하기 위한 가족적 헌신을 받아들여 온 시민(혹은 국가 며느리?)으로서의 여성 사이에 존재하는 관계의 정치(정책)적 억압성으로 요약된다. 한국 여성에게 혼인과 출산이란 이러한 다중적 개발가부장체계에 정치경제적으로 편입되는 과정에 다름 아니다. (심지어 혼인하지 않아도 혹은 혼인하기 이전에도 친부모나 형제자매와의 관계에서 비슷한 문제들이 발생하기도 한다.) 이러한 질서의 가부장성은 가족, 기업, 행정 · 정치에 만연한 그 문화적 표현에도 불구하고 역사적으로 계승된 문화적 전통이 아니라, 개발자본주의 체제가 여성의 노력과 희생을 억압적 방식으로 최대한 동원하려는 가운데 배태된 사회 · 정치적 구성물로서 남녀(부부), 기업—노동자, 국가—시민 사이 관계의 구조화된 권위주의를 반영한다.[1] 개발가부장제에 배태된 이러한 다면 · 다층적 권위주의는 굳이 출산율 회복을 위한 정책적 필요성 때문이 아니더라도, 사회 · 정치적 민주화의 차원에서도 시급히 타파되어야 할 문제이다.

이러한 세 차원의 정치경제적 가부장제 가운데, 첫째와 셋째 차원에 대해서는 무수한 연구결과가 발표되어 왔기 때문에, 이 장에서는 둘째 차원을 자세히 살펴보고 이것과 첫째 및 셋째 차원의 관계도 함께 논의하고자 한다. 이를 위해, 최근 정부에 연계된 정책연구기관들을 중심으로 전국적 차원에서 정책적으로 수행된 여러 조사 · 분석 연구 결과들을 종합적으로 참고한다. 구체적으로, 한국노동연구원의 연구로 『근로자의 근로시간, 건강, 생산성의 상관성 연구』(이승렬, 2016), 『사무직 근로시간 실태와 포괄임금제 개선방안』(정동관 · 이경희 · 정경은 · 최미나 · 김훈 · 김기선, 2016), 『근로시간체제와 일 · 가정양립』(윤자영 · 임주리, 2014), 『일 · 가정

1) 홍찬숙(2018)은 최근의 매우 흥미로운 연구에서 한국의 가족주의가 여성 지위에 미치는 영향이 사적 가족들 못지않게 기업들 차원에서 심각하다고 주장했다. 기업들의 가족주의 경영은 적어도 홍보 차원의 현실로서는 엄존하지만, 홍찬숙의 주장처럼 이것이 한국 사회의 문화적 전통에 기초할 가능성은 엄밀한 실증이 필요하다. 그러나 기업들이 노동자들에게 전인적인 헌신의 자세를 바탕으로 한 장시간 고강도 노동을 강요하는 도덕 · 문화적 틀로서 가족주의 담론을 활용한다는 사실에 대한 홍찬숙의 지적은 매우 적절하다.

양립제도의 노동시장 효과』(윤자영 · 홍민기 · 김근주, 2016), 한국보건사회연구원의 연구로 『일 · 가정양립 지원 정책 평가와 정책과제』(박종서 · 김문길 · 양지영, 2016) 등이 검토됐다.

이러한 자세하고 체계적인 조사 · 분석 연구들이 종합적으로 보여주는 현실은, 국내 사업체들의 업무(노동) 체제 및 시간이 노동자들의 개인적 생활인으로서의 지위를 구조적으로 부정하는 수준에 장기간 머물렀으며, 최근 여성 상용고용의 증가 및 저출산 추세에 대한 대응으로 강조되는 업무시간 조정 (축소), 업무체제 유연화, (출산 · 육아를 위한) 부모휴가 보급 등의 변화는 인구 · 여성 정책적 필요성 이전에 일반적 노동정책으로서의 필수성이 분명하다는 점이다. 여성들은 남성노동자의 예비신부나 배우자 그리고 산모로서 누리게 될 잠재적 혜택 이전에, 그들 스스로 현재나 장래의 노동자로서 이러한 변화들이 절실하게 필요하다. 위의 정책연구들이 극히 최근인 2016년에 집중적으로 수행됐다는 사실은 국가의 노동 · 인구 정책적 관심이 기업 노동체제의 개혁으로 급속히 옮겨가고 있다는 점을 드러낸다. 이에 따라 기업들과 노동자들의 상응하는 변화가 시작됐지만, 그 변화의 출발이 (특히 국제적 기준으로는) 극단적 지점들에서 이루어진 것이어서 실제 노동자들의 '일 · 생활 균형'("워라벨", work-life balance), '일 · 가정 양립', 그리고 궁극적으로 혼인율 및 출산율 회복의 효과가 분명히 나타나기까지에는 상당한 시간이 소요되고, 그 과정에서 복잡한 시행착오와 사회 · 정책적 갈등이 불가피할 것이다.

2. 한국의 발전전략과 개발가부장제 노동체제

노벨상 수상자인 미국 경제학자 폴 크루그만(Krugman, 1994)은 한국을 포함한 동아시아 지역이 경험한 "경제 기적"의 성격에 관한 국제적 논쟁을 촉발시킨 논문에서, 이 지역 국가들의 경제발전이 (그 이전에 소련을 위시한 국가사회주의 경제들이 그러했듯이) 대부분 생산요소 투입의 극대화에 의거한 것이며, 따라서 이러한 발전전략하에서는 장기적으로 구조적 침체가 불가피하다고 비판적으로 평가했다.[2)] 동아시아 경제체제의 생산 효율성 지체를 지적하고자 했던 크루그만의 평가는 일본 경제의 장기 침체에 뒤이은 동아시아 전반의 금융위기 와중에서 설득력을 키웠다. 동아시아의 경제 규모와 영향력의 지속적 상승이 여전한 가운데 이러한 평가의 타당성은 여전히 논란거리이지만, 적어도 이 지역 사회들의 노동체제가 갖는 경제 · 사회 · 정치적 특징들을 살펴보면 생산요소로서 노동력의 최대 투입이 노동과정의 생산효율성 향상보다는 우선했으며, 생산자동화 등 고도 기술의 접목도 결국 인간노동 자체의 효율성 제고보다는 생산요소로서의 인간노동을 대체하는 기계 투입의 극대화로 평가될 수 있다. 문제는 노동력 투입의 극대화에 기초한 경제성장조차도 쉽게 달성할 수 있는 목표가 아니며, 이와 관련해 국가, 기업, 노동자, 나아가 그 배우자 사이에 매우 복잡하고 갈등적인 사회 · 정치적 관계가 노정되어 있었다는 사실이다.[3)] (소련 등 국가사회주의 경제나 동아시아의 후발자본

---

2) 크루그만은 "아시아의 성장은 고도 성장기의 소련과 마찬가지로 효율성의 증가보다는 노동과 자본과 같은 [생산]요소들의 비상한 증가에 의해 추동된 것으로 보인다"고 언급했다(Krugman, 1994: 70). 구미(歐美)의 산업혁명 초기에 보편적이었던 자본제 기업들의 극단적 노동 착취 역시 생산요소 투입 극대화 전략에 따른 것으로 볼 수 있으며, 이는 마르크스의 노동계급 혁명론 제기 및 러시아 혁명의 발생으로 이어졌고, 이에 대한 자유주의의 대응이 궁극적으로 사회민주주의 복지국가 형성으로 나타났다.

3) 1990년대 이후 세계 경제질서 재편의 한 축인 중국의 탈사회주의 경제발전 역시 기본적으로 생산요소로서의 노동 투입 극대화에 의거한 성취이며, 이 단계를 넘어서기 위해 최근 중국은 서구의 기술집약적 산업 부문들에 대한 공격적 기업 사냥을 벌이고 있다. 그런데 개혁 이전 단계에서 중국은 소련의 영향으로 거대 인구(노동력)의 경제적 활용과는 거리가 먼 자본집약적 중공업 발전을 추진했으며 그 결과 도시경제의 구조적 침체가 앞당겨졌었다. 개혁기에 들어 중국의 산업화를 노동집약적으로 재설정한 것은 개혁 지도부(국가)가 아니라 "유휴 노동력" 대다수를 구성하는 농민들 자신이었으며, 이는 중국 전역의 농촌산업화로 나타났다(Chang, 1993). 중국의 경험은, 생산요소 투입 극대화에 의거한 경제발전을 추진하는 경우에도 선택된 생산요소가

주의 경제가 고도성장기에 공통적으로 권위주의 국가권력의 작동을 수반했다는 점이 시사적이다.)

한국은 초기 산업화 조건으로서 자본, 기술, 부존자원의 부족을 풍부한(“유휴”) 노동력으로 메우는 ‘노동집약적 산업화’에 착수하고 나아가 이를 수출주도형 경제로 견인하기 위해, 이른바 “개발국가”(developmental state)는 노동인구의 관리와 통제를 핵심적 국정과제로 삼았다(Koo, 2001). 생산노동의 현실적 실행과 관리가 기업 차원에서 이루어지고 수출 증대 등 국가적 경제실적이 개별 기업들의 국제적 가격경쟁력 및 생산능력 증가에 의해 집합적으로 결정되기 때문에, 국가의 노동정책은 기업의 노무관리 및 노사관계에 직접적으로 반영됐다. 이때 크루그만이 지적한 생산요소 (노동) 투입의 극대화는 국가의 직접적인 개입하에서 기업별 생산현장의 노동시간 및 노동강도의 극대화로 귀결됐다. (본서 제1장에서 설명한 개발자유주의의 구성요소로서 국가—자본의 기업가적 결합 및 노사관계의 정치적 통제는 이러한 기능적 차원에서도 이해가 가능하다.) 이때 증가된 노동시간 및 노동강도에 비례한 경제적 보상의 지체, 즉 기업들의 정당한 수준의 임금 인상 거부에 관련해서도 국가의 정책적 용인과 사법(폭력)적 후견이 있었으며, 이처럼 불리한 질서하에서 노동자들은 결국 스스로도 장시간 혹은 다중적 노동에 의거한 소득 확대를 통해 생존을 강구하는 역설이 전개됐다. 이러한 현실은 초기 (노동집약적) 산업화의 성공적 완성에 이은 중화학공업, 정보통신산업 등으로의 산업구조 고도화 과정에서도 근본적으로 바뀌지 않았다. 노동력 투입의 극대화는 경제발전 단계적 효용과 무관하게 일종의 사회·정치적 관성으로서 최근까지 지속되어 왔는데, 다만 이것이 신규 고용 확대에 의한 것이 아니라 기존 고용된 인력의 최대 가동 (착취) 차원에서 이루어지는 현상이다.

주어진 현실을 적절히 반영하는지 여부에 따라 매우 다른 결과로 나타날 수 있음을 시사한다.

개발국가의 산업노동력 투입 극대화 전략은 초기 경공업 발전 단계를 지나면서부터는 성분절적 성격이 구조화되어 나갔다. 특히 남성 노동력 집중도가 높은 중화학공업 중심의 산업 재구조화는 산업화 초기에 급증했던 여성 생산노동자들의 경제적 퇴장을 유도했다(Chang, 2010a). 개발자유주의 입장의 국가는 이 과정에서 '전업주부화'된 도시 여성들로 하여금 국가적 차원의 사회보장 제도, 특히 공적 사회서비스 제공의 결핍을 메우는 가족 단위의 자체 사회보장 기능을 강화하도록 요구했다(Chang, 1997). 앞서 설명한 개발자유주의하에서 '사회권(social citizenship)의 가족책임화'가 여성의 사회재생산 전담으로 실현되어야 했던 것이다. (헌법상 복지국가 지향성을 오래전에 선포한) 국가의 사회보장에 대한 소극성은 이념적 문제가 아니라 이른바 경제적 투자를 극대화하기 위한 고육지책이었다. 이때 경제적 투자의 극대화는 한편으로 (각종 세제 혜택을 통한) 민간기업 이윤의 자기보유 극대화, 다른 한편으로 국가 공공재정의 경제사업 집중화를 통해 추구됐다(Chang, 2019). 도시 노동인구에 대한 공적 사회보장의 결핍에 관련해, 국가는(아동, 노인, 장애인 보호 등을 위한) 공공 사회서비스 부족에 대해 여성(주부)들이 이른바 '돌봄노동'(care labor)을 (흔히 확대가족적 맥락에서) 일상적으로 수행하도록 만들었고, (은퇴연금, 실업보험 등) 공적 사회보험의 결여에 대응해 대다수 서민 여성(주부)들이 보완적 소득 획득에 나서도록 만들었고, (소득, 건강 등에서 위기에 처한 인구에 대한) 공공부조의 결여에 대응해 여성(주부)들이 흔히 확대친족적 지원망을 형성 · 가동하도록 만들었다(장경섭, 1998a).

도시 여성(주부)의 이러한 사회보장적 역할과 기능은 반드시 성특정적이 아니어서 원칙적으로 남성들도 함께 참여하거나 대신할 수 있지만, 노동시간 및 노동강도 극대화에 초점이 맞춰진 노동시장의 현실은 이를 허용하지 않았다(이승렬, 2016; 윤자영 · 임주리, 2014). 노동자계급 가족에서 '가장' 남성노동자의 일상적 지위는 가정에서의 물리적 부재상태

(absenteeism)로 표시되는 역설이 있었다. (앞장에 살펴보았듯이, 장기적으로는 급격한 산업재구조화를 특징으로 하는 경제발전 과정에서 이들의 생산요소적 가치가 구조적 단명 상태에 놓임으로써 가장적 지위의 물적 기초 자체가 집단적으로 흔들리게 됐다.) 남성노동자가 정상적 생활인으로서의 기능과 역할을 포기하도록 만드는 경제적 현실에 대해 여성(배우자)이 전방위적 보완장치로서 봉사해온 것은 결국 이들에 의해서 기업에 대한 일종의 보조금(subsidy) 지불이 이루어졌음을 의미한다. 물론 기업들은 이러한 사안들의 공공성을 내세우며 국가의 사회보장적 책임을 거론할 수 있지만, 개발국가의 노동정책, 사회보장정책, 재정정책 모두가 민간기업 중심의 국가경제 확대재생산에 초점이 맞춰져 있었다는 사실을 감안할 때 그러한 항변은 타당성을 상실한다.

한국 사회에서 혼인과 출산은 여성으로 하여금 국가와 기업에 대한 위와 같은 사회적 종속을 구조화시킨다. 그렇다면 여성의 비혼 선택 및 상시적 노동은 이러한 딜레마를 예방해 주는가. 이러한 가능성은 그동안 상용직 노동시장의 주류를 차지했던 기혼 남성노동자가 아니라 비혼 상태 남성노동자의 처지에 대비시켜 보아야 이해될 수 있다. 즉 여성이 결혼 대신 취업을 선택해 평생을 설계하려면 남녀를 불문하고 사실상 그동안 별로 존재하지 않았던 유형의 삶을 염두에 두어야 한다. 자신 노동력의 신체 · 심리 · 문화적 관리, 존속(부모) 돌봄 등 사회재생산의 실현을 위해 배우자에게 의존할 수 없는 비혼 노동자의 삶은 특히 전업주부 배우자를 둔 기혼 노동자의 삶에 비교해 훨씬 절박할 수밖에 없다. 그러나 기업의 노동체제, 특히 노동시간과 노동강도는 전업주부 배우자를 둔 남성노동자의 상황을 전제로 극단화되어 있기 때문에 상용고용된 비혼 여성노동자의 삶은 혼인과 출산에 따른 부담이 없더라도 이미 과중한 것이다. 그렇다면 상용고용 여성노동자의 혼인과 출산은 배우자의 전면적 가사 참여, 국가와 사회(특히 기업)의 종합적 사회재생산 활동 지원 등이 전제되지 않으면 아예 물리적 차원에서부터 감당하기 어려운 일이 된다. 작금의 현실은 그러한 전제가 충족되지 않은 상태에서 수많은 상용고용 여성의 혼인과 출산이 이루어지고 있다는 것이며, 이에 수반된 생활상 곤란이 친·시부모 등 친지의 도움으로 대처되기도 하지만 아예 방치되는 경우도 무수하다. 이런 이유로, '부모됨'이 삶의 완결적 구성이라는 개인적 가치의 실현으로서 출산이 이루어져도 한 아이에 그치게 될 가능성이 매우 높다.

3. 노동 조건 및 일·생활 양립의 실태

최근 수년간 정부는 기업 노동체제의 사회적 지속가능성을 노동시간 및 급료체계, (부모휴가, 유연근무로 이루어지는) 일·가정 양립제도 등의 차원에서 면밀히 재검토해 왔으며, 이는 이른바 "저출산·고령화 사회"의 핵심 관심사로서도 취급되고 있다. 이러한 차원에서 수행된 자세하고 체계적인 여러 조사·분석 연구들이 종합적으로 보여주는 현실은 한국 기업들의 노동 체제·시간이 노동자의 정상 생활인으로서의 지위를 구조적이고 장기적으로 위협해 왔다는 것이며, 이런 맥락에서 볼 때 최근 여성 상용고용의 증가 및 초저출산에 대한 대책으로서 강조되는 업무시간 조정(축소), 업무체제 유연화, 부모휴가(출산·육아 휴가) 보급 등의 변화는 인구·여성 정책적 필요성 이전에 일반 노동정책으로서의 필수성이 분명하다. 여성에게는 남성노동자의 예비신부나 배우자 그리고 산모로서 누리게 될 잠재적 혜택 이전에, 그들 스스로 현재나 장래의 노동자로서 이러한 변화들을 절실히 필요로 한다. 관련된 사회실태를 정리하기 위해 검토한 조사·분석 연구들은 한국노동연구원의 『근로자의 근로시간, 건강, 생산성의 상관성 연구』(이승렬, 2016), 『근로시간체제와 일·가정양립』(윤자영·임주리, 2014), 『일·가정 양립제도의 노동시장 효과』(윤자영·

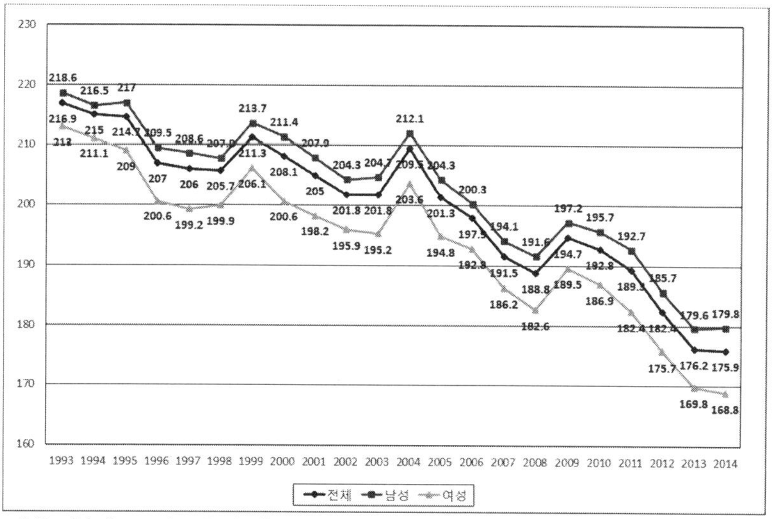

출처: 이승렬, 2016, 7쪽, 〈그림 2-1〉.

〈그림 8-1〉 성별 상용노동자 월평균 총근로시간 추이 (1993~2014; 상용노동자 5인 이상 사업체)

홍민기 · 김근주, 2016), 『사무직 근로시간 실태와 포괄임금제 개선방안』(정동관 · 이경희 · 정경은 · 최미나 · 김훈 · 김기선, 2016), 한국보건사회연구원의 『일 · 가정양립 지원 정책 평가와 정책과제』(박종서 · 김문길 · 양지영, 2016) 등이다.

한국노동연구원의 『근로자의 근로시간, 건강, 생산성의 상관성 연구』(이승렬, 2016)는 〈고용형태별 근로실태조사〉, 〈근로환경조사〉, 〈사업체패널〉 자료를 활용해 노동자들의 업무시간 실태와 이것이 노동자들의 가정생활, 건강, 업무에 미치는 영향을 분석했다. 〈그림 8-1〉, 〈그림 8-2〉, 〈그림 8-3〉은 이 연구에 발표된 1993-2014년 기간의 상용노동자 5인 이상 사업체들의 상용노동자 근무시간 변화 추세이다. 〈그림 8-1〉에서 상용노동자들의 총근무시간 추이를 살펴보면, 월평균 210시간 (연평균 2,520시간!) 이상을 마지막으로 기록한 2004년을 기점으로 (2009-2010년의 일시적 상승을 제외하면) 뚜렷한 하락세가 관찰된다. 남성노동자들을 기준으로 하면, 1993-2004년 기간에 일시적 하락과 상승이 반복되는데, 외환위기 전후인 1996-1998년 기간과 2001-2003년 기간 이외의 해에는 월평균 총근무시간이 210시간을 모두 넘어섰다. 이 수치는 2007년부터는 200시간 아래로, 2011년부터는 190시간 아래로 내려갔으며, 2013-2014년에는 180시간(연간 2,160시간) 정도를 유지했다. 여성노동자들의 경우 매년 남성노동자들과 5-10년 정도의 차이를 유지하며 비슷한 시기적 변동 추세를 보였다. 외환위기 이전인 1993-1995년 기간에는 여성노동자들조차 연평균 2,500시간을 넘는 총 근무시간을 보였다. 여성노동자들은 2004-2005년에 마지막으로 월평균 200시간(연평균 2,400시간) 이상을 기록한 후 하락세가 이어졌으나 2014년 현재도 여전히 연평균 2,000시간이 넘게 근무함으로써, 남녀를 불문하고 전 세계적 기준으로는 거의 희귀한 수준의 장시간 노동을 요구받았다. 이 수치에 대다수 노동자들의 과밀 대도시 내부 혹은 도시 간의 출퇴근 시간을 더하면 그 심각성이 더욱 커진다.

〈그림 8-2〉, 〈그림 8-3〉을 보면 남녀간의 총업무시간 차이가 주로 초과 업무시간의 남녀 차이에 따른 것이며, 이는 특히 2000년 이전까지의 기간에 두드러졌음을 알 수 있다. 이는 단순히 여성노동자들의 월평균 초과근무시간이 남성노동자들보다 짧았던 까닭이 아니었다. 사실, 1993-2000년 기간에는 여성노동자들의 월평균 정상근무시간이 남성노동자들보다 길었으며, 이 차이는 2001년에 역전되어 2004년까지 그 상태가 유지됐다. 여성노동자들의 초과업무시간은 1996-1998년에 가파르게 하락한 후 한동안 비슷한 수준을 유지하다가 2007-2009년에 다시 하락한 후 이후 비슷한 수준을 보이고 있다. 이 연구의 후반부에 2015년 사업체 507개 대상 설문조사 결과를 바탕으로 제시된 노동자들의 초과근무 요구 이유를 살펴보면, 사업체 규모에 상관없이 "업무량이 많아서"가 가장

단위: 시간

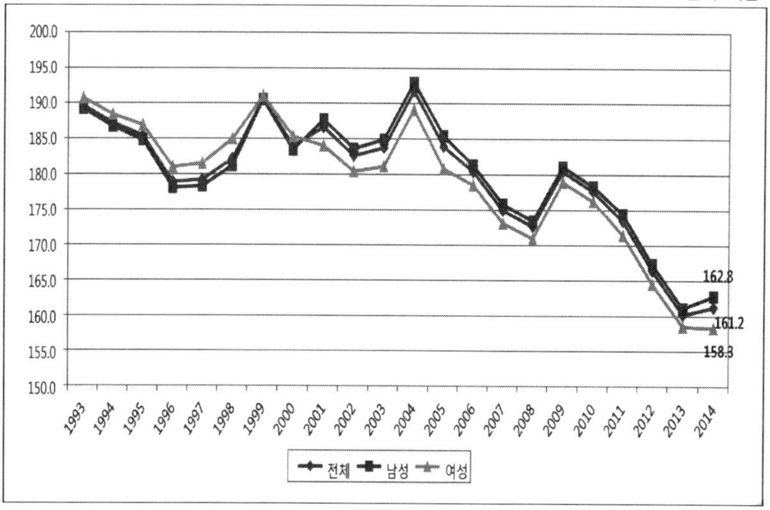

출처: 이승렬, 2016, 8쪽, 〈그림 2-2〉.

〈그림 8-2〉 성별 상용노동자 월평균 정상근로시간 추이
(1993~2014; 상용노동자 5인 이상 사업체)

단위: 시간

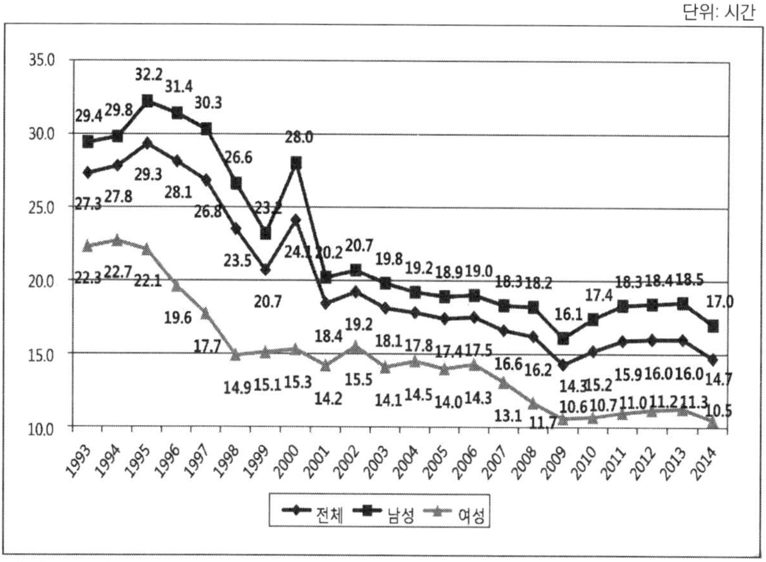

출처: 이승렬, 2016, 9쪽, 〈그림 2-3〉.

〈그림 8-3〉 성별 상용노동자 월평균 초과근로시간 추이
(1993~2014; 상용노동자 5인 이상 사업체)

중요한 이유였으며, 특히 고용노동자 300인 이상 대규모 사업체들의 경우 42.4%가 여기에 해당했다(이승렬, 2016, 100쪽, 〈표 4-21〉). "외부 고객들과의 관계" 때문이라는 비율도 모든 규모의 사업체에서 상당했다. 이러한 수치들은 노동자들의 초과시간 업무가 예외적이고 특수한 이유보다는 일상화된 것임을 암시한다.

〈그림 8-4〉는 위의 자료를 주당 총업무시간으로 환산해서 시간대별 분포를 2014년 기준으로 살펴본 것인데, 남녀 노동자들 모두 주당 35-40시간 구간에 45.5%로 가장 많이 분포됐다. 그 이상의 구간들에는 남성 노동자들의 분포가 상대적으로 컸는데, 주당 41-52시간 구간에 30.6%, 53~60시간 구간에 6.7%, 61시간 이상 구간에 3.9%가 분포됐다. 비정규직 노동자들이 집중 분포됐을 주당 35시간 이하 구간대에는 여성노동자

단위: %

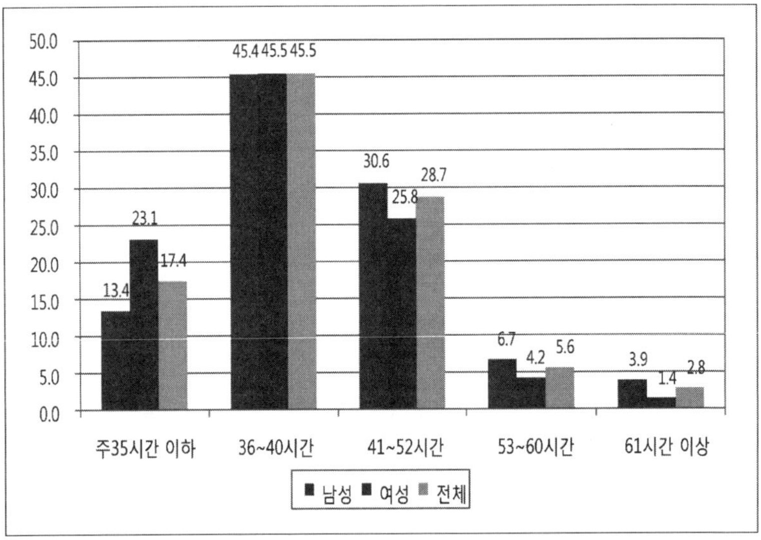

출처: 이승렬, 2016, 19쪽, 〈그림 2-7〉.

〈그림 8-4〉 성별 및 주당근로시간별 노동자 구성(2014년 6월 현재)

들의 분포가 23.1%로 상대적으로 높았다. 이러한 주당 총업무시간은 주중의 공휴일과 대체휴일, 개인별 휴가기간을 빼지 않고 계산된 것이기 때문에, 실제의 평균 하루 노동시간을 계산할 때 단순히 주당 5일이나 6일로 따진 것보다 상당히 긴 업무시간을 파악할 수 있다.

여기에 해당 표를 옮기지는 않았으나 이 연구는 사업체 규모별로 상용노동자 월평균 총노동시간 추이를 살펴보았다(이승렬, 2016, 〈표 2-2〉). 외환위기 이후인 1998년부터 중규모 사업체(상용고용 30-99인 및 100-299인)들의 총업무시간이 소규모 및 대규모 사업체들보다 약간 길었으며, 소규모 및 대규모 사업체들 사이는 순위가 일정하지 않았다. 중규모 사업체들은 특히 초과업무시간이 길었으며, 정상업무시간은 소규모 사업체들이 상대적으로 긴 편이었다. 또한 2014년 기준으로 직업별 상용노동자 월평균 업무시간 분포를 살펴본 바에 의하면(이승렬, 2016, 〈표 2-6〉), 장치 · 기계조작 및 조립종사자들의 평균 총업무시간이 198.0시간으로 특별히 길었다. 농림어업 숙련종사자들이 190.1시간으로 뒤를 이었고, 단순노무종사자들과 기능원 및 관련 기능종사자들도 180시간을 넘었다. 총업무시간이 짧은 순서로는 전문가 및 관련 종사자들 164.3시간, 관리자들 166.8시간, 사무종사자들 167.4시간이었다. 2014년 기준으로 산업별 상용노동자 월평균 업무시간 분포를 살펴본 바에 따르면(이승렬, 2016, 〈표 2-5〉), 이것이 가장 긴 산업은 부동산업 및 임대업으로 월평균 193.1시간이었고, 뒤이어 광업이 190.0시간을 기록했다. 아울러 숙박 및 음식점업, 제조업, 운수업, 하수 · 폐기물처리, 원료재생 및 환경복원업의 순으로 180시간을 초과했다. 이 가운데, 광업, 제조업의 초과업무시간이 특히 길었고, 운수업이 뒤를 이었다. 같은 연구에서 사업체 패널 자료를 바탕으로 2013년 기준 산업별 정규직 노동자들의 주당 총근로시간을 살펴보면(이승렬, 2016, 〈표 4-6〉), 하수 · 폐기물 처리, 원료재생 및 환경복원업이 평균 49.9시간으로 가장 길고, 제조업 49.1시간, 공공행정 · 국방 및 사회보장 행정이 48.3시간 순으로 길었다. 운수업의 경우 평균은 주당 45.7시간이었으나 최대 86시간의 장시간 노동을 한 사례가 있었으며, 제조업에서 72시간, 건설업에서 70시간의 사례가 있었다.

국내 사업체들의 극단적인 장시간 업무는 특수하지만 일반화된 임금체계로서 포괄임금제(혹은 포괄역산제)와 연계되어 있다. 이에 대해 한국노동연구원의 『사무직 근로시간 실태와 포괄임금제 개선방안』(정동관·이경희·정경은·최미나·김훈·김기선, 2016) 연구는 자체 실시한 (100인 이상의 206개 사업체 인사담당자 및 종업원 619명 대상의) 〈사무직 근로시간 관리 실태조사〉를 바탕으로, 포괄임금제가 (사무직) 노동자들의 과중한 업무시간과 파행적 급료 지급을 야기하는 문제를 분석했다. 포괄임금제란 "연장근로수당, 야간근로수당, 휴일근로수당 등이 임금에 이미 포함되어 지급됐으므로 별도의 지급청구를 부인하는 임금제도"를 말하며, "초과근로시간에 상관없이 사전에 정해진 일정액을 초과근로수당 명목으로 일괄 지급하거나(정액수당제), 기본임금을 미리 산정하지 않은 채 초과근로수당 등 제 수당을 합한 금액을 임금으로 정하는 방식(정액금제)"이 흔히 활용된다(정동관 외, 2016: I). 이 연구에 포함된 85개 사업체들을 살펴보면, "기본급과 고정가산 수당의 임금항목을 분리하는 경우(정액수당제)가 51.8%로서, 미리 일정한 초과근로시간을 정하여 기본급에 포함시켜주는 경우(정액금제)보다 더 일반적"이었다(정동관 외, 2016: V). 관리직에 대한 초과근로수당 지급방식은 실초과근로시간 수에 따라 법정수당을 지급하는 경우가 매우 낮았으며(11.5%), 관행상 미지급한다는 응답의 비율이 가장 높았고(34.6%), 포괄임금제 실시(28.8%), 지급한도 설정(19.2%) 순으로 나타났다(정동관 외, 2016: V). 관리직을 제외한 노동자 대상의 초과근로수당 지급방식을 살펴보면, 전체로 봤을 때 포괄임금제를 실시하는 경우가 41.3% 정도로 나타났다. 그리고 대규모 기업일수록, 유노조 기업일수록 법정수당 지급 비율이 높았다. 포괄임금제에 대해

"근로시간에 관한 근로기준법의 규율을 약화시킨다는 차원에서 장시간 노동의 가능성, 노동시간의 무계획성 등의 문제들을 양산한다는 비판"(정동관 외, 2016: I)이 제기되어 왔다. (실제 이 연구의 분석에서, 포괄임금제 실시가 '초과근로 시수대로의 수당 지급'에 비해 초과근무시간을 통계적으로 유의한 수준으로 증가시키는 것으로 나타났다.) 엄밀한 의미에서 근로기준법에 위배되는 포괄임금제는 "근로방식이나 업무내용상 근로시간을 단위로 임금을 산정하는 것이 쉽지 않고, 근로시간을 엄격히 관리하는 것이 오히려 불합리한 결과를 초래할 가능성" 때문에 법원 판례에 근거해 인정되어 왔는데(정동관 외, 2016: I), 문제는 이 제도의 "무분별한 남용"으로 장시간 업무가 일상화되고, 노동자의 건강과 생활이 위협받고, 심지어 노동에 대한 적정 보상이 불가능해질 수 있다는 점이다.

〈그림 8-5〉는 다시 한국노동연구원의 『근로자의 근로시간, 건강, 생산성의 상관성 연구』(이승렬, 2016)에서, 2014년에 수행된 제4차 근로환경조사(안전보건공단 산업안전보건연구원)의 자료를 바탕으로 15세 이상 취업자들의 주당 총업무시간의 생활상 적정성을 나타낸 것이다. 주당 총업무시간이 길수록 이것이 "가정 · 사회생활에 적당하지 않다"고 여기는 노동자들의 비율이 대체로 늘어났지만, 35시간 이하 집단과 36~40시간 집단은 이 비율이 매우 낮았으며 두 집단 사이의 차이도 거의 없었다. 총업무시간이 이보다 길어지면, 생활상 곤란을 느끼는 노동자 비율이 가파르게 높아졌다. 41~52시간 집단은 26.7%으로 4분의 1의, 53~60시간 집단은 50.5%로 절반의, 61시간 이상 집단은 68.2%로 거의 7할의 노동자가 장시간 업무로 가정 · 사회생활에 곤란을 겪고 있었다. 〈그림 8-6〉은 주당 총업무시간 구간별로 "가족관련 일 처리 여유가 없는" 노동자의 비율을 표시했는데, 앞서의 가정 · 사회생활 일반에 관한 총업무시간의 영향에 비교해서 구간별 차이는 커지 않았지만 36-40시간 구간 노동자들(47.1%)을 제외한 모든 구간의 노동자들이 절반 이상 가족 관련 일 처리

단위: %

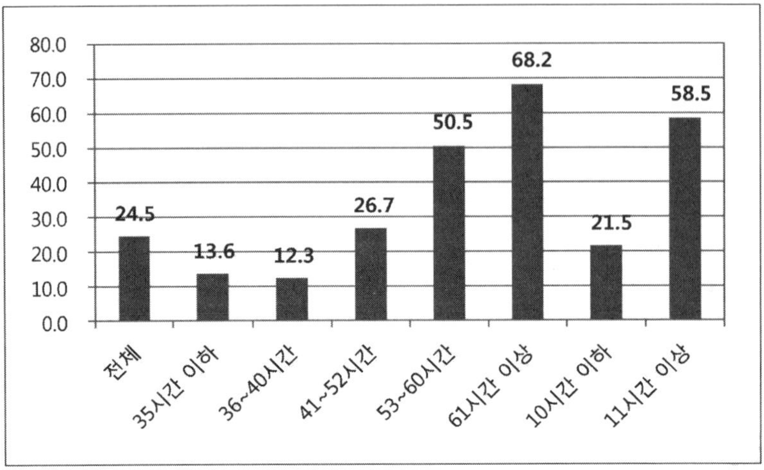

출처: 이승렬, 2016, 50쪽, 〈그림 3-2〉.

〈그림 8-5〉 근무시간이 가정 · 사회생활에 적당하지 않은 노동자 비율(2014년)

를 위한 여유 시간의 부족을 호소했다. 35시간 이하 집단에서도 이 비율이 높게 나타난 것은 학생, 비정규직, 다직업 노동자들의 사정이 반영된 것으로 보인다.

장시간 노동은 당장 자신의 건강에도 문제가 될 것인데, (여기에 도표 인용은 생략하지만) 위 연구에서 35시간 이하 근무 집단을 제외하고는 주당 총업무시간이 길어짐에 따라 "업무가 건강에 부정적인 영향을 미친다"는 노동자들의 비율이 뚜렷이 증가했다(이승렬, 2016, 〈그림 3-6〉). 41-52시간 집단이 이미 23.1%에 달했고, 53-60시간 집단이 32.1%였고, 61시간 이상 집단은 무려 40.2%였다. 그리고 35시간 이하 근무 집단을 제외하면 주당 총업무시간이 긴 노동자일수록 업무 자체가 "건강이나 안전에 위험한" 경우도 많았다(이승렬, 2016, 〈그림 3-4〉). 이 비율이 36-40시간 집단은 11.1%에 그쳤지만, 41-52시간 집단은 16.0%, 53-60시간 집단은 21.5%, 61시간 이상 집단은 28.8%으로 뚜렷한 순차적 증가세를 보였다.

단위: %

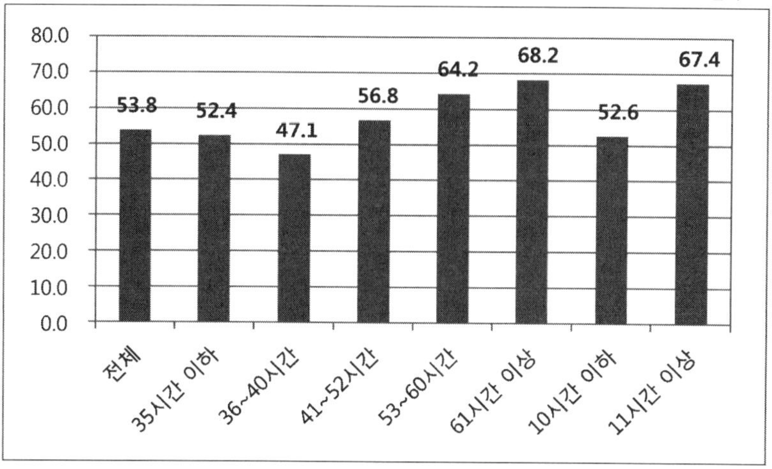

출처: 이승렬, 2016, 51쪽, 〈그림 3-3〉.

〈그림 8-6〉 가족관련 일 처리 여유가 없는 노동자 비율(2014년)

마찬가지 맥락에서, 노동환경에 "만족하는" 노동자의 비율이 35시간 이하 노동 집단을 제외하면 주당 총업무시간이 짧을수록 높았다. 36-40시간 집단은 85.3%로 매우 높았고, 61시간 이상 집단은 55.7%에 머물렀다(이승렬, 2016, 〈그림 3-5〉).

역시 여기에 해당 그림을 옮기지는 않았지만, 같은 연구에서 2015년 사업체 507개 대상 설문조사를 바탕으로 "조업시간 8시간 적절성"에 대한 사업체들의 반응을 알아본 바로는(이승렬, 2016, 〈그림 4-5〉), 고용노동자 300인 이상 대규모 사업체들 및 30-99인 중규모 사업체들과 여타 사업체들과의 뚜렷한 차이가 있었다. 즉, 대규모 사업체들은 하루 8시간 조업에 대해 42.4%가 적절하다고 여겼으나, 반대하는 비율이 27.2%, 모호한 입장도 30.3%에 달했다. 30-99인 중규모 사업체들 가운데는 모호한 입장이 53.2%로 매우 높았고, 찬성 입장이 33.8%로 상대적으로 낮았다. 전체 평균을 보면, 찬성 입장이 42.4%로 절반에 미치지 못했다.

〈표 8-1〉 업무시간 관련 제도 이용(2015년 11월 현재) (단위: %)

	전체	10~29인	30~99인	100~299인	300인 이상
정규직 근로자의 시간제 전환 허용	33.2	28.7	39.1	50.0	25.0
탄력적 근무시간제	32.7	41.0	15.2	25.0	25.0
선택적 근무시간제	27.6	17.2	32.6	55.0	87.5
근로시간 저축계좌제	8.7	5.7	19.6	0.0	12.5
집중근무시간제	7.1	9.0	4.3	5.0	0.0
재량근무제도	7.1	6.6	10.9	5.0	0.0
교육휴가제(안식휴가)	1.5	1.6	0.0	0.0	12.5
재택근무제	1.0	1.6	0.0	0.0	0.0
원격근무제	0.5	0.8	0.0	0.0	0.0

주: 해당 없음이라 응답한 사업체(전체의 61.3%)는 제외한 결과임.
출처: 이승렬, 2016, 101쪽, 〈표 4-22〉.

다른 한편으로, 〈표 8-1〉에서 이 사업체들의 노동시간 관련 제도들, 즉 각종 유연근무제 도입률을 살펴보면, 전체 사업체들 가운데 정규직 직원의 시간제 전환 허용이 33.2%, 탄력적 근무시간제가 32.7%, 선택적 근무시간제가 27.6% 등으로 비교적 도입률이 높았으며, 근무시간 저축계좌제가 8.7%, 집중근무시간제가 7.1%, 재량근무제도가 7.1% 등으로 일부 도입됐다. 교육휴가제(안식휴가), 재택근무제, 원격근무제를 채택한 경우는 희소했다. 사업체 고용규모별로 살펴보면, 정규직 근로자의 시간제 전환 허용은 100-299인 사업체들이 50.0%로 특히 널리 도입했고, 탄력적 근무시간제는 10-29인 사업체들이 41.0%로 가장 많이 도입했으며, 선택적 근무시간제는 300인 이상 사업체들의 대다수인 87.5%가 도입했다. 〈표 8-2〉는 (아래에 자세히 소개할 별도의 연구에서) 산업별로 각종 유연근무제 실시 현황(2013년 기준)을 살펴본 것이다. 선택적 근무시간제는 예술, 스포츠, 여가서비스(37.4%), 공공행정, 사회보장 행정(37.4%), 부동산업 및 임대업(34.4%), 출판, 영상, 방송통신, 정보(22.5%) 순이었고, 탄력시간제는 예술, 스포츠, 여가서비스(51.1%), 숙박 및 음식점업(37.2%), 부동산

〈표 8-2〉 산업별 유연근무제 실시 현황(2013년)

(단위: %)

산업	선택적 근무시간제	탄력 시간제	재택근무
C) 제조업	1.8	2.6	1.7
D) 전기, 가스, 수도사업	16.5	7.3	1.9
E) 하수 · 폐기물 처리, 재생	0.0	0.0	0.0
F) 건설업	1.4	2.0	3.2
G) 도매 및 소매업	13.3	4.9	4.9
H) 운수업	7.3	3.7	0.1
I) 숙박 및 음식점업	9.2	37.2	0.0
J) 출판, 영상, 방송통신, 정보	22.5	2.7	7.5
K) 금융 및 보험업	9.4	5.8	3.8
L) 부동산업 및 임대업	34.3	34.3	0.0
M) 전문, 과학, 기술서비스	14.0	6.8	10.8
N) 시설관리, 사업지원서비스	9.5	2.4	0.0
O) 공공행정, 사회보장 행정	37.4	24.8	12.5
P) 교육 서비스업	7.1	3.0	2.5
Q) 보건, 사회복지서비스	17.1	9.3	3.6
R) 예술, 스포츠, 여가서비스	37.4	51.1	0.0
S) 협회, 단체, 기타 개인서비스	3.6	2.6	0.0
합 계	8.0	5.5	2.7

출처: 윤자영 · 홍민기 · 김근주, 2016, 82쪽, 〈표 4-7〉.

업 및 임대업(34.3%), 공공행정, 사회보장 행정(24.8%) 순이었고, 재택근무는 공공행정, 사회보장 행정(12.5%), 전문, 과학, 기술서비스(10.8%) 순이었다. (참고로, 부록 8-1에 유연근무제도의 유형과 개념에 관한 체계적이고 종합적인 정리가 제시되어 있으며, 부록 8-2에 기업의 일 · 가족 양립제도 채택 등 가족친화성을 평가해 인증하는 '가족친화인증제'의 개요가 소개되어 있다.)

근무시간 길이와 유연화 실태, 이의 일 · 가정 양립에 미치는 영향에 관해서는 한국노동연구원의 『근로시간체제와 일 · 가정양립』(윤자영 · 임주리, 2014) 연구에 좀 더 체계적인 평가가 제시되어 있다. 이 연구는 〈경제활동인구조사〉, 〈생활시간조사〉, 〈근로환경조사〉 자료를 이용한 양적 분석과 기업 노동자 대상 실태조사를 통한 질적 분석을 바탕으로 노동자들의 업무시간 실태와 이것의 남녀관계 및 일 · 가정양립에 대한 효과를 분석했다. 그 결론을 소개하면, "장시간 근로시간체제는 일 중심의 근로 문화를 지속시켜 근로자 본인의 일 · 생활 균형을 저해할 뿐만 아니라 의사결정에 영향을 받는 배우자의 일 · 가정 양립을 저해"하며, "기혼가구에서 어느 한쪽의 일자리가 장시간 근로체제에 노출되어 있을 경우 배우자가 가정경제를 전담하도록 요구될 수밖에 없으며 남성의 장시간 근로와 근로시간 선택권의 부재는 기혼여성의 경력 단절에 기여하고" 있다(윤자영 · 임주리, 2014: 52). 그리고 "일 · 가정 양립을 위해서는 육아기에 일시적으로 가능한 근로시간 단축이 아니라 개인의 필요에 따라 고용 안정을 보장받으면서 근로시간을 조정할 수 있는 선택권을 보장할 수 있도록 해야 한다. . . . 현재 진행되는 근로시간 유연화는 . . . 자유주의적 유연화 모형으로 이동하고 있다는 점에서 많은 우려를 낳는다. . . . 일자리의 질이 좋지 않은 시간제가 확대되는 유연화가 진행되고 있는 것이다"(윤자영 · 임주리, 2014: 52-53). 관련하여, "지역고용조사에 따르면 2012년 3월 현재 임금근로자의 13.4%가 유연근무제를 활용하고 있었지만 시간제 근로(59.6%)의 비율이 가장 높았으며 임시 · 일용근로자(78.5%)의 비율이 상용근로자(26.6%)보다 압도적으로" 높았다(윤자영 · 임주리, 2014: 52-53). 이상의 평가는 신자유주의적 개혁으로서의 이른바 '유연노동시장'(flexible labor market)과 가족 · 여성 친화적 노동개혁으로서의 유연근무(flexible work)가 산업 현장에서 체계적으로 구분되지 못한 상태에서 전자의 실태 및 효과가 후자의 것으로 치부되는 통계적 착시 가능성을 드러낸다.

일 · 가정 양립제도의 내용적 구성, 이용자 실태, 노동시장 효과에 대해서는 한국노동연구원의 『일 · 가정 양립제도의 노동시장 효과』(윤자영 · 홍

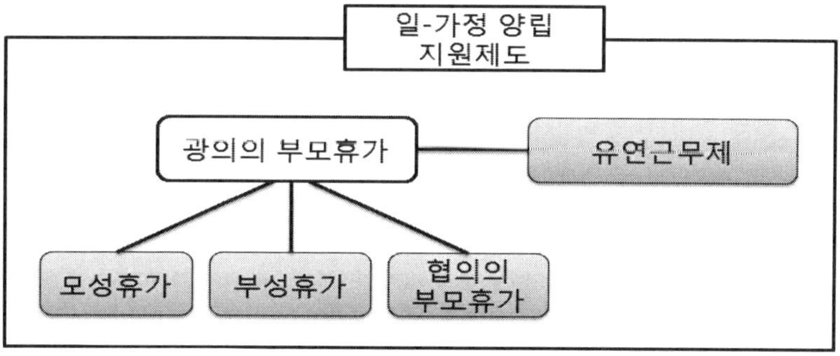

출처: 윤자영 · 홍민기 · 김근주, 2016, 8쪽, 〈그림 2-1〉.

〈그림 8-7〉 INLPR의 일 · 가정 양립지원제도 구분

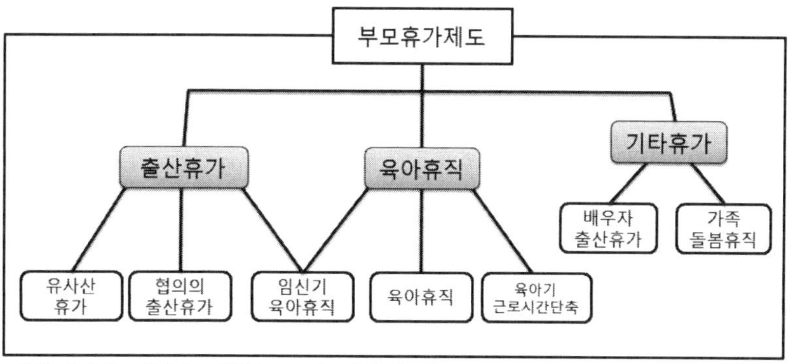

출처: 윤자영 · 홍민기 · 김근주, 2016, 14쪽, 〈그림 2-2〉.

〈그림 8-8〉 부모휴가제도의 체계

민기 · 김근주, 2016) 연구에 체계적이고 자세한 설명이 제시되어 있다. 이 연구는 〈고용보험〉 행정 원자료(피보험 근로자 이력 자료, 피보험 사업장 자료, 모성보호급여 수급 자료를 결합) 및 이것과 〈사업체 패널〉 자료의 결합 자료, 그리고 기업 인사담당자와 노동자 대상의 FGI(focus group interview) 자료를 바탕으로 노동자 자신 및 배우자의 출산휴가, 육아휴직 등 부모휴가제도와 각종 유연근무제도의 기업체 차원의 도입과 노동자 차원의 이용, 나아가 이것이 노동시장 참여 양태에 미치는 영향에 대해 분석했다. 이 연구는 일·가정 양립 지원제도의 정책 방향성과 국가별 특성에 관한 연구협의체인 INLPR(International Network on Leave Policy & Research, 2015)의 구분 및 최근 연구경향에 의거해 〈그림 8-7〉처럼 일·가정 양립 지원제도에 관한 세계적 추세를 정리하고 있다. 여기에서 (광의의) 부모휴가에 모성휴가와 부성휴가를 포함하는 것은 "이들 권리에 아이 돌봄이라는 역할이 일정 부분 내재되어 있기 때문"이며 "모성휴가의 핵심적 내용은 산모의 휴식 및 회복이지만, 영아에 대한 돌봄 역시 권리의 일부를 구성하고 있으며, 부성휴가도 산모와 신생아에 대한 돌봄적 기능을 수행하기 때문이다"(윤자영·홍민기·김근주, 2016: 8). 협의의 부모휴가는 "자녀가 일정 연령이 될 때까지 필요한 특정기간을 부모가 휴직(내지 휴가)할 수 있는 제도"(윤자영·홍민기·김근주, 2016: 7)로 현행 '육아휴직제도'가 이에 속한다. 〈그림 8-8〉은 국내의 법률, 정책, 논의를 종합하여 부모휴가 제도의 전체 체계를 정리한 것인데, "아직까지 그 실효성 측면에서 가장 큰 영향력을 갖는 것은 출산휴가와 육아휴직"인데, "출산휴가는 출산이라는 사실로 인하여 당연하게 발생함에 반하여, 육아휴직은 근로자의 신청에 따라 휴직이 개시되므로, 노동시장 효과에 관해서는 육아휴직을 중심으로 파악될 필요가 있다"(윤자영·홍민기·김근주, 2016: 14).

이러한 입장으로 수행된 분석이 도달한 결론으로, (1) 육아휴직 대상 아동의 연령이 높아진 결과로 육아휴직 이용이 늘어났으며, (2) 육아휴직 대상의 확대가 여성노동자의 노동시장 참여에 긍정적 영향을 미친다는 강한 증거는 없으며, (3) 배우자(남성)의 육아휴직 사용이 여성의 동일 직장 복귀를 촉진시킨다는 증거도 없었으나, (4) 기업에서 정규직 비중이 높고 노동조합을 통한 노동자의 교섭력이 높으면 육아휴직 이용률이 높고 휴직 후 직장 복귀율이 높으며, (5) 육아휴직 이용이 기업의 재무적 성과를 악화시키기보다는 오히려 약간의 긍정적 이윤 효과가 있을 가능성이 탐지됐다. 이처럼 확산이 점진적이고 (여성 관련) 노동시장 효과가 아직 불분명하나마 일 · 가정 양립을 위한 부모휴가 제도가 강화 · 확산되고 있지만, 여전히 일 · 가정 양립의 최대 장애요인은 일상의 장시간 근무체제이며 이를 극복하지 못하면 각종 일 · 가정양립 지원 제도들을 통해서도 여성의 상용고용과 혼인 · 출산 사이의 갈등은 근본적 해소가 어려울 것이라는 결론이 이 연구에서도 내려졌다(윤자영 · 홍민기 · 김근주, 2016: 193-194).

위 연구와 궤를 같이 하지만 모성 보호의 측면에 더욱 초점을 맞춘 연구가 한국보건사회연구원의 『일 · 가정양립 지원 정책 평가와 정책과제』(박종서 · 김문길 · 양지영, 2016) 연구이다. 이 연구는 〈건강보험〉 DB 원자료, 〈고용보험〉 모성보호급여 DB 원자료, 〈전국출산력 및 가족보건복지 실태조사〉(한국보건사회연구원, 2015) 자료를 바탕으로 일 · 가정양립 제도, 특히 각종 모성보호 제도에 대한 여성노동자들의 제도 이용 행태와 개인 · 사회적 효과를 분석했다. 주요 분석결과는, (1) "2011-2015년 사이에 임신일 기준 건강보험 직장가입자의 약 25%, 연간 4만 명 규모가 분만 전에 직장을 그만두는 것으로 추정"되며, (2) "2015년 기준으로 출산전후휴가를 이용하지 않은 (못한) 사람은 임신일 기준 직장가입자의 41.0%, 분만일 기준 직장가입자의 21.2%"로 나타났으며, (3) "같은 해 육아휴직을 이용하지 않은 (못한) 사람은 임신일 기준 직장가입자의 49%, 분만일 기준 직장가입자의 31.8%"로 나타났으며, (4) "2015년 기준으로 출산전후휴가 종료 후 1년 이내에 고용보험 자격을 상실한 비율이 22%, 육아휴직 종료 후 1년 이내에 고용보험 자격을 상실한 비율이 32.1%로" 나타났으며, (5) "출산전후휴가급여의 임금대체율 연 평균은 2006년 87.4%에서 2015년 70.3%로 지속적인 하락 추세를" 보였으며, "육아휴직급여의 임금대체율 연 평균은 2006년 35.7%에서 2015년 32.1%로 제도의 변화에 따라 증감하는 경향을" 보였다(박종서 · 김문길 · 양지영, 2016: 141-142). 이러한 실태에서, 모성보호 제도 이용에 광범위한 사각지대가 있고, 제도 이용 후에도 거대한 규모의 고용 포기가 지속되고 있으며, 휴가급여의 수준이 (상한액 설정으로) 가계의 보편적 안정과는 큰 거리가 유지되고 있음을 알 수 있다. 특히 제도 활용이 저임금 노동자, 10인 미만 사업장 노동자, 서비스업 종사자 등 고용이 취약한 집단에서 더 낮게 나타나고 있으며, 아울러 공공부문에 비해 민간부문 노동자들 사이에서 상대적으로 낮게 나타나 그 보편성과 형평성이 보장되지 못하는 딜레마가 엄존한다.4)

4. 결론

이상에서 살펴본 대로 한국의 개발자본주의 체제하에서 노동자들은 생활인으로서의 정상성을 유지하기 힘든 정도의 장시간 근무를 강요받아 왔으며, 특히 가사 관리와 가족 지원에 대한 일상적 참여를 포기할 수밖에 없었다. 이러한 맥락에서 (취업 배우자의 소득이 허용한다는 전제하에) 기혼여성의 전업주부 역할이 정당화 혹은 필수화되기에 이르렀다. 이를 달리 해석하면, 가사 관리와 가족 돌봄을 위한 기혼여성의 총체적 책임 및 역할을 바탕으로 남성노동자에 대한 사업체들의 극단적인 노무관리가 지속되어 온 것이다. 상당 부분 탈법 · 편법적이기까지 한 이러한

4) 이 연구는 모성보호제도가 출산에 미치는 효과성도 분석했는데, "순수한 정책 효과로서 제한적이지만 출산전후휴가를 이용한 집단이 미이용자 집단보다 추가자녀 출산 확률이 1.2배 높게 나타났고, 육아휴직 이용자 집단이 미이용자 집단보다 추가자녀 출산 확률이 1.3배 높게 나타났다"(박종서 · 김문길 · 양지영, 2016: 143). 노동시장 일 · 가정 양립제도의 출산 효과에 대한 자세한 분석으로, 한국보건사회연구원 · 한국노동연구원의 『노동과 출산 간의 연계성에 관한 거시-미시 접근』(윤자영, 2016) 연구가 있는데, 이는 〈한국노동패널〉 자료를 바탕으로 취업 상태, 소득수준, 휴가제도 등 노동시장 환경이 첫째 아이 출산에 미치는 영향을 체계적으로 분석했다.

노동체계가 온존되어 온 이면에는 생산요소로서의 노동 투입 극대화를 통한 경제성장을 추구한 개발(자유)주의 국가의 의도적 방임이 있었다. 그런데 국가는 같은 동기에서 ("선가정보호, 후사회복지" 노선하에) 취약 집단 보호 등을 위한 공적 사회보장 책임을 부정하고 가족에 의한 부양·보호만을 강조함으로써 결과적으로 여성(주부)의 가족적 책임과 역할을 극대화하는 데 (대다수 기업들과 마찬가지로) 직접적으로 기여해 왔다. 생계부양자로서의 남성 가장에 대한 여성(부인)의 가부장적 예속은 개발자유주의 체제하에서 여성이 기업 및 국가와 맺는 관계의 가부장성과 구조적으로 결착되어 있었다. 삼중적 구조를 가진 일종의 개발가부장제 질서가 남성노동자들의 장시간·고강도 노동체제에 대한 예속과 그들 부인의 가사관리와 가족돌봄에 대한 총체적 책임을 요구해 왔다.

그런데 대다수 서민층 기혼여성에게는 이러한 차원의 전업주부 지위조차 안정적으로 유지될 수 있는 것이 아니었다. 본서의 앞 장에서 분석했듯이 한국 경제의 고속 발전은 지속적인 산업재구조화에 기초했고 이에 따라 남성노동자들의 고용지위는 장기적 안정성을 갖기 어려웠고 이에 대응해 그들의 부인이 (주로 초기 육아 부담을 넘긴 시기에) 광범위하게 노동시장에 (재)진입했다. 중년 기혼여성의 (재)취업은 불행히도 가사관리에 대한 배우자의 보완적 참여 강화로 이어지지 못했으며, 그렇다고 이에 대한 국가의 사회정책적 지원이나 (자신이나 배우자를 고용한) 사업체의 고용상 배려가 뒤따르지도 못했다. 이러한 차원에서의 서민층 기혼여성의 자기착취적 삶은 지난 세기말 국가적 경제위기 상황에서 남성노동자들의 고용지위가 직업·기술적 위계에 따라 순차적으로 집중 교란됨에 따라 전례 없는 수준으로 더욱 악화됐다(Chang, 2002). 설상가상으로 그 자녀 세대가 비정규직 일반화로 집약되는 총체적 고용 위기에 직면하게 됨으로써 서민층 부인의 가사와 생업 부담은 더욱 커졌다.

이러한 맥락에서, 자녀 세대 여성의 상용고용은 가능하기만 하면 생존을 위한 필수적 선택이 됐으며, 이들에게 고용 위기에 직면해 가족부양 능력이 집단적으로 약화된 청년 남성과의 혼인은 매우 조심스러운 사안이 됐다(Chang and Song, 2010). 더욱이 부모 세대가 이미 자녀수가 줄어든 상태에서 아들 · 딸 구별 없이 행한 적극적인 교육투자의 결과로서 젊은 여성들의 교육수준이 (그 어머니 세대보다) 획기적으로 높아졌기 때문에, 이들의 적극적 사회활동 및 자아실현으로서의 노동시장 참여는 이미 보편적 가치를 구성한다. 여기에서 문제는, 젊은 세대 여성의 보편적인 상용고용 희망과 실행이 기존의 다중적 개발가부장제 하의 노동체계가 아직 근본적인 개혁을 거치지 못한 상태에서 대두된다는 것이다. 특히 그동안 남성노동자에게 적용됐던 극단적인 장시간 중노동체계가 여성노동자에게는 완화 혹은 면제되고 있다는 어떠한 사회적 징후도 없다. (다만 교직 등 일 · 가정 양립 노동조건이 양호한 부문일수록 여성의 고용 집중도가 뚜렷할 뿐이다.)

청년세대 여성의 상용고용은 (부모세대 남성의 상용고용과 달리) 혼인 이전은 물론 이후에도 배우자의 종합적 가사 지원을 전제로 수행될 수 없다. 다만 이들이 부모와 동거하는 경우, 상황에 따른 일부 부모의 생활 지원이 가능하다. 이들의 (고용상태에서의) 혼인과 출산은 적어도 그것이 어머니 세대처럼 가사 관리와 가족 돌봄에 대한 부인의 총체적 책임을 의미하는 한 근본적인 현실성을 갖기가 어렵다. 그럼에도 불구하고 수많은 젊은 여성이 상용고용과 결혼생활을 함께 영위하려고 애쓰고 있으며 이 과정에서 그 (노)부모가 가사와 육아를 지원하는 추세가 확산되어 왔다(백진아, 2013). 이는 부모세대 여성의 인생에 새로운 가족적 역할(부담)이 더해짐을 의미한다.[5] 아울러 (앞에서 살펴본 대로) 국가의 적극적 요

5) 이러한 지원이 여성의 친정 부모 쪽에서 더 적극적으로 이루어지는 경향이 있고, 이에 따라 아들 가진 부모의 부담이 상대적으로 덜하다는 뜻에서 최근 "아들이 금메달"이라는 비유가 생겨나기도 했다.

구와 지원하에서 기업들의 각종 일·가정 양립적 고용제도가 점진적이나마 확산되면서 이에 대한 활용도 점차 늘어나고 있기는 하다. 그러나 이러한 제도들에 대한 접근성의 편중이 노동자들의 직업·소득 지위의 격차에 중첩됨으로써 결과적으로 불평등이 확대재생산되는 딜레마가 있다. 위에서 자세히 살펴보았듯이, 이러한 제도들의 핵심적 정책 의도인 혼인율 및 출산율 회복이 당장 뚜렷이 나타나고 있지도 않고, 여성들의 고용상태 유지 효과도 아직 불분명하지만, 적어도 관련 제도가 활용되는 기간 동안 해당 여성노동자와 가족이 누리는 생활 안정 효과는 그 자체로서 국가·사회적 가치가 충분할 것이다.

유연근무제도 유형 및 개념 (출처: 박종서·김문길·임지영, 2016, 48쪽, 〈표 3-5〉)

구분	유형	개념	대상 업무 및 정책고객
근무 형태	시간제근무	Full-time근무보다 짧은 시간을 근무	-모든 업무
근무 시간	시차출퇴근제 (탄력근무제)	-1일 8시간(주 40시간) 근무 체제를 유지 -출근시간을 자율적으로 조정(07:00~10:00)	-모든 업무 -육아 부담자 등
	근무시간 선택제	-1일 8시간에 구애받지 않고 주 40시간 범위 내에서 1일 근무시간을 자율 조정(자유롭게 출퇴근 시간을 조정)	-연구직 -육아 부담자 등
	집약근무제	-총근무시간(주 40시간)을 유지하면서 집약 근무로 보다 짧은 기간 동안(5일 미만) 근무 ※ 예: 1일 10시간 근무 시 4일만 출근	-연구직
	재량근무제	-기관과 공무원 개인이 별도 계약에 의해 주어진 프로젝트 완료 시 이를 근무시간으로 인정해 주는 제도 ※ 고도의 전문적 지식과 기술이 필요해 업무 수행방법이나 시간 배분을 담당자의 재량에 맡길 필요가 있는 분야	-연구직 -국방홍보영화, KTV 프로그램 제작 등
근무 방법	집중근무제	-핵심근무시간으로 설정, 이 시간에는 회의·출장·전화 등을 지양하고 최대한 업무에 집중하도록 함	-정책기획업무 수행기관 등
근무 복장	유연복장제	-연중 자유롭고 편안한 복장을 착용토록 하여 유연하고 창의적인 사고를 진작(냉·난방 등 에너지 절약에도 기여)	-전 기관
근무 장소	재택근무제	-부여받은 업무를 사무실이 아닌 집에서 수행	-개별독립적 수행이 가능한 업무(소청·징계 검토 등) -장애인, 육아 부담자 등
	원격근무제	-주거지 인접지의 원격근무용 사무실에 출근하여 근무	
		-모바일 기기를 이용, 사무실이 아닌 장소에서 근무	-주차·시설관리, 통계조사, 식의약품 감시업무 등

자료: 대한민국정부(2011), 제2차 저출산·고령사회기본계획.

가족친화인증제 개요 (출처: 박종서 · 김문길 · 임지영, 2016, 56쪽, 〈표 3-10〉)

구분	내용
인증주체	-여성가족부 장관
운영기관	-한국능률협회인증원(가족친화인증사무국)
평가대상	-기업 및 정부공공기관 등
인증기간	-총 8년 가능(신규인증 시 3년, 유효기간 연장 시 2년, 재인증 시 3년)
인센티브	-지원사업 평가 시 가점 부여, 보증한도 우대 등 114개 인센티브 지원
가족친화제도	-자녀 출산 및 양육 지원 ·육아휴직, 육아기 근로시간 단축, 출산전후휴가, 배우자출산휴가 ·임산부 지원 프로그램, 수유시설 및 산모휴게실, 자녀 학자금 지원, 직장 어린이집 -유연근무제도 ·탄력적 근로시간제, 시차출퇴근제, 재택근무제, 단시간(시간제)근무, 스마트워크 -가족친화 직장문화 조성 ·정시퇴근('가족사랑의 날' 시), 가족친화 직장교육, 근로자 상담제도, 장기근속휴가 지원, 가족돌봄휴직, 가족초청행사, 가족건강검진 지원 ·가족 휴양시설 제공, 배우자 전근 시 근무지 이동지원, 가족캠프 등 가족 참여 프로그램 운영
인증기준	-100점 만점 심사로, 신규 인증 시 대기업공공기관 70점(중소기업 60점) 이상 획득 필요

자료: 여성가족부 가족친화지원사업 인증 홈페이지(ffm.mogef.go.kr)에서 2016. 8. 26. 추출.

제4부

결론과 전망

제9장 가족자유주의의 종언?

1. 들어가며

21세기 한국 사회는 모든 면에서 격동의 시간이 이어지고 있다. 거시적 정치, 경제, 사회 질서는 물론이고, 시민들의 미시적 일상생활의 기본 환경과 조건이 급변하고 이에 상응한 인간관계와 생활양식의 변화도 급진적이다. 이러한 격변기에 학문의 책무와 역할은 당연히 가중되지만, 20세기적 사회과학, 인간과학, 인문학의 한계와 오류는 사회의 혼돈을 오히려 악화시키지나 않나 우려된다. 특히, 현실 한국 사회와 한국인에 대한 엄밀한 (혹은 이론적으로 유의미한 실증적) 분석이 충분치 못한 상황에서 서구 학문을 '처방적' 지식으로서 기계적 혹은 권위주의적으로 적용해 온 책임은 학계 전반이 져야 한다.

이러한 책임이 중차대하게 드러나는 사안 중 하나가 세계 선두권의 초저출산율을 비롯한 전방위적 사회재생산 위기 추세인데, 이에 대한 과학적 규명이 매우 미진한 상태에서 사회 · 국가적으로 우려되는 문제적 상황들이 갈수록 악화되고 있는 현실이 있다. 저출산 및 이에 연계된 비혼 · 만혼 · 이혼 증가 등의 현상은 한국 사회에만 국한되는 것이 아니고 또 그 자체로 본원적인 문제가 되는 것은 아니다. 그러나 그 원인들이나 수반된 사회문제들을 살펴보면 시민들의 삶에 만연한 불행이 드러나기에, 이에 대한 학문적 규명과 사회 · 국가적 대책이 요긴하고 시급하다. 본 연구는 한국의 전방위적인 사회재생산 위기와 관련해, 현대 한국인들의 일상생활과 인간관계에 전개되고 있는 근본적이고 급진적 변화에 관한 인식론적 전환의 필요성을 제기하고자 했다. 구체적으로 개인-가족-사회(국가) 사이에 존재하는 관계의 성격과 변화에 대해 구조적이고 역사적인 시각을 제시하려 했다.

지난 세기말 이후 한국의 자본주의체제가 개발자유주의의 사회적 한계와 폐해를 전혀 극복하지 못한 상태에서 급진적인 신자유주의 재구조화를 거치게 되면서 이른바 생산대중으로서의 한국인들은 주류 경제체제로부터의 집단적인 배제와 소외에 직면하게 됐다. 이러한 전대미문의 위기 상황에 한국인들은 한편으로 다시금 가족(자유)주의적 대응을 강화해 나갔지만 다른 한편으로 스스로의 가족(관계)에 대한 일종의 '구조조정'을 단행하거나 아예 가족(관계) 형성 자체를 유보하거나 포기하는 경향이 확산됐다. 가족(자유)주의자로서의 한국인들이 복합적이고 급속한 위기로 점철된 거시적 국가경제 환경 변화에 대한 사회재생산적 대응에 있어, 비교대상을 찾기 어려울 정도로 급진적인 면모를 보여 온 것이다. 가족자유주의 체제에서 거시적 국가경제 환경의 위기는 '위험가족'(risk family) 시대의 전개를 의미하며, 그 거시적 위기의 복합성과 급속성에 연동된 미시적 생활세계의 복잡한 격변상에 보다 근본적으로 대처하기 위해 아예 그 위험가족의 사회재생산 자체를 유보, 포기, 회피하는 추세가 한국인들 사이에 확산되고 있다.[1]

1) 이러한 거시적 위기의 복합성을 반영해 일종의 '복합위험가족'(complex risk family) 현상이 대두됐다고도 볼 수 있다. 이는 사회 전체적 차원에서 한국이 '복합위험사회'(complex risk society)인 것에 대비된다(장경섭, 1998b).

2. 가족 · 개인의 자기부과적 구조조정으로서의 사회재생산 회피

한국에서 1997-98 금융위기의 신속한 극복(?)은 두 가지 상호 연결된 사회문제들을 초래했는데, 이 문제들은 흔히 그 자체가 또 다른 위기로 묘사된다. 즉 경제위기의 극복이 두 가지 사회위기를 대가로 했는데, 이는 청년실업 위기와 인구재생산 위기이다. 첫 번째 위기는 금융위기 기간 "정리해고"를 중심으로 한 산업노동시장의 급진적 구조조정 및 이후 시기 이른바 "비정규직"의 실질적 보편화에 따른 고용체계의 근본적 교란이다. 금융위기 동안 해고되거나 대기상태에 처한 노동자들 중 일부만이 원래의 직장과 지위로 복귀했지만 노동시장의 새 진입자들, 즉 청년들 대다수는 안정된 산업이나 기업에서 이른바 "정규직"으로 자리잡지 못하고 평생을 살아내야 할지도 모른다는 황당한 가능성에 직면하게 됐다. 두 번째 문제는 일종의 국가적 인구붕괴 위험에 관한 것인데, 세계적으로도 비교대상이 드문 "초저출산", 보편화된 결혼 연기나 기피, 광범위한 추세로 퍼진 이혼, (빈번한 가족 살해나 가족 참여를 동반하는) 급증한 자살 등에 관련해 통계적으로 확인되고 있다. 두 위기의 관계에 관해 전문 연구자들뿐 아니라 일반 시민들 사이에서도 고용위기가 인구위기의 핵심적 원인이라는 인식이 확산되고 있다. 청년층이 안정적으로 기댈만한 일자리를 찾기 어려운 상황이 무한정 길어지자 이들을 혼인 부적합자나 기피자로 만들고, 이렇게 해서 급감한 혼인율은 심각한 수준의 출산율 하락으로 이어진다는 것이다.[2] (아울러, 이른바 경제적 원인이 대다수인 성인 자살이 전 세대에 걸쳐 급증함으로써 인구 손실을 악화시키고 있다.) 이처럼 경

2) 이러한 맥락에서 (본서 제2장에서 언급했듯이), 한국의 한 신문(『경향신문』)은 현 청년세대를 연애, 결혼, 출산의 세 가지를 포기한 "삼포세대"라 지칭하기에 이르렀다 (http://news.khan.co.kr/kh_news/khan_art_view.html?artid=201105112139085).

제적 이유로 초래된 출산율 하락은 세계 각지에서 관찰되지만 한국의 상황은 특별히 복잡하고 강도가 높은 것이다.

앞서 설명한 가족자유주의적 경제발전과 사회근대화 과정에서의 가족의 제도적 중심성에 따라, 모든 한국인에게 가족 형성은 사회적으로 매우 복잡하고 재정적으로 큰 부담이 되는 사안이 된다. 혼인은 신랑, 신부 두 사람과 (결혼식과 신혼살림을 위한 다양한 경제 · 사회적 준비를 함께 수행하는) 양가 부모를 넘어, 교육, 주택, 금융, 고용, 보호 · 부양 등에 관해 가족의 주도적 역할을 당연시하며 굴러가는 국가, 사회, (시장)경제까지 포괄하는 사회계약이다. 가족관계는 사회체계의 차원에서도 필수불가결한 이러한 다양한 활동의 실현을 위해 사회 · 정치적 압력을 전하는 도덕화된 통로(moralized conduit)가 된다. 배우자, 부모, 자녀, 며느리 · 사위로서 기혼자는 국가, 사회, 시장경제의 작동을 위해 제도 · 문화적으로 '가족화된' 복잡다양한 의무와 기능들을 수행해 나가야 한다. 가족은 이러한 의무와 기능들을 처리하기 위해 강력한 물적 기초와 복잡한 내부질서를 가진 '복합조직'이 됐거나 되어야 한다. 한국 가족의 이러한 조직 구성은 (다른 사회들과 비교해) 반드시 특별한 것이 아니지만, 실제 수행해야 할 가족적 혹은 가족화된 의무 및 기능들의 범위, 강도, 기간은 예외적으로 엄청난 것이다.

한국 경제의 위기 대응용 구조조정은 안정된 장기 일자리들을 광범위하게 제거했으며 결과적으로 가족 생계를 책임지는 가(부)장으로서 남성의 현재 및 미래 지위를 근본적으로 와해시키게 됐다. 반면 교육, 주거, 금융, 고용, 보호 · 부양상의 가족적 혹은 가족화된 의무와 기능들은 그대로 남았다. 사실, 주요 산업 부문들에서의 정규직 고용의 급속한 감소는 이러한 의무와 기능들에 대한 요구를 더욱 강화시켜놓았는데, 이는 독일 등 중유럽을 모형으로 만들어진 이른바 "보수적" 복지체계의 핵심 요소였던 공공 및 기업 복지혜택들이 대부분 정규직 고용을 제도적 바탕으로

했었기 때문이다(송호근, 1995). 이 상황은 기혼여성의 보완적 혹은 대체적 소득 획득 책임의 급속한 일상화를 요구했다. 그렇다고 남편들의 가사일에 대한 만성적 비협조에는 어떤 유의미한 변화도 없었으며, 오히려 각종 사회조사들은 취업주부의 평균 가사분담률이 전업주부보다 오히려 높다는 역설적 현실을 보여주기도 했다(Chang and Song, 2010).[3] 미혼여성에게는 갈수록 결혼이 (1) 불안정 고용 상태에서 가사 참여도 저조한 남편, (2) 본인의 가족뿐 아니라 국가, 사회, 경제를 위해 자신의 복잡다양한 헌신을 요구하는 가족화된 의무와 기능들, (3) 그리고 본인의 고강도 직장생활 사이의 황당한 결합으로 다가올 수 있다.

한국인들이 가족관계의 유효한 범위, 강도, 기간을 실용적으로 재조정하려는 광범위한 노력에서 비롯되는 인구붕괴 조짐은 일반 시민들이 국가, 사회, 자본주의 경제와 공유하는 가족자유주의의 고질성에 대한 역설적 증거이다. 그것은 **가족자유주의적 개인과 가족들의 사회재생산에 관한 일종의 자기부과적인 구조조정**의 결과이다. 이런 관점에서 보면, 한국 정부가 기초적 아동 돌봄 지원과 약간의 아동수당 지급을 통해 급락한 출산율을 회복시키려 드는 것은 별로 유의미한 결과를 얻을 수 없다. 출산율 제고에만 집중된 어떠한 정책수단도 문제의 근본에는 다가갈 수 없다. 광범위한 결혼 연기나 기피, 만연한 이혼과 별거, 심지어 역병처럼 번지는 자살은 모두 초저출산과 같은 뿌리의 근본 원인을 갖고 있다. 국가와 사회가 절박하게 바라는 인구 회복은 가족자유주의 정치경제와 사회정책 체계의 총체적 전환을 요구한다. 초저출산에 관한 이러한 한국적 (혹은 동아시아적) 맥락은 최근 지역 전반에 출산율이 회복되고 있는 서유럽의 복지국가적 맥락에 뚜렷이 대비된다.[4]

---

3) 이는 배우자 교육수준 등에 연계된 사회적 태도의 차이, 그리고 주로 서민층에 집중된 취업주부 배우자의 경제활동 조건의 열악함 등을 반영한다.

4) Coleman, David, and Stuart A. Gietel-Basten(2015), "The Death of the West: An

가족관계의 유효 규모, 범위, 기간에 대한 한국인들의 절박하지만 실용적인 재조정 노력은 집합적 인구형태(규모와 구성)뿐 아니라 산업별 생산노동인구 형성과 유지에도 중대한 영향을 미칠 수밖에 없다. 문제는 그 영향이 "인구 절벽"에 비교되는 '계급 절벽'의 가능성, 나아가 농민들의 경우 계급공동체로서의 '지역사회 절벽'을 초래할 수 있다는 점이다. 이는 궁극적으로 가족, 계급, 지역공동체를 둘러싼 인간의 실존적 위기 상태가 심화하고 있음을 의미하며 한국인들의 충격적 자살 추세에도 그 심각성이 반영되고 있다.

3. 비교사회적 평가: 가족자유주의의 세계적 다원성

초저출산 추세를 위시한 사회재생산 체계의 위기는 한국에만 고립된 현상이 아니다. 일본, 대만, 홍콩, 싱가포르 등 주변의 모든 동아시아 산업국들도 마찬가지 인구 현상에 직면해 있으며, 예외 없이 이를 위기로 받아들인다. (물론 계급조직으로서의 가족적 사회재생산 문제도 함께 발견되지만, 여기에서 자세한 논의는 생략한다.) 사실 비슷한 수준의 저출산 추세를 보이는 국가군들이 더 있는데, 특히 남유럽 자본주의국들과 탈사회주의 체제전환기의 러시아 및 동유럽 국가들이 두드러진다. 해당 나라들의 사회, 문화, 정치, 경제의 특성에 관한 포괄적인 관점에서 보면, 이들과 동아시아 산업국들은 경제체제 및 사회정책상의 세 유형의 가족자유주의 국가군으로 분류할 수 있다. 예컨대 이 세 지역 사회들의 초저출산은 비록 서로 상이한 역사적 배경을 반영하지만 결과적으로 비슷한 체제·상황적 조건들에 의해 초래된 것으로 볼 수 있다.[5]

Alternative View."

5) 이 소절은 Chang Kyung-Sup(2014), "A Theoretical Account of the Individual-Family-Population Nexus in Post-Socialist Transitions"에서 요약 정리.

한국과 인근 동아시아 자본주의 산업국들의 경제체제적 및 인구적 유사성은 이들 사이의 문화적 공통성보다는 이 지역 전체의 역사상황적 공통성을 훨씬 더 중요하게 반영한다. 복지, 교육, 주거, 금융, 고용 등에 있어 가족의 현실적 및 제도적 중요성이 이들 동아시아국들의 공유된 특징인 것은 그들의 어떤 공통된 문화전통의 자동적 결과가 아니라 각 사회에서 개발(주의)국가, 국가정책적으로 지원되는 자본제 산업들, 그리고 스스로 개발주의적이지만 문화적으로 보수적인 가족들이 후발 자본주의 발전과 근대화의 역사적 과정에서 벌여 온 복잡한 상호작용하에서 상황적으로 대두된 현상이다.[6] 이처럼 상호작용하는 제도적 주체들은 나라마다 상이한 역사적 형성 과정과 서로 다양한 조직적 특성들을 갖지만, 그들 사이 상호작용의 현실적 양태들은 빈번한 유사성을 보여준다. 마찬가지로 그들의 공통된 출산 위기 및 그 배경으로서 만혼, 비혼, 이혼 등 혼인상태의 격변은 각 사회가 경제위기나 탈개발적 · 탈산업적 전환(postdevelopmental/postindustrial transition)을 겪는 과정에서 국가, 자본제 산업, 사적 가족과 개인들이 서로 비슷한 가족자유주의적 상호작용을 해 온 결과로 보인다(Chang and Song, 2010; Ochiai, 2011; 지은숙, 2016).

남유럽국들은 복지제도상으로는 서유럽 및 북유럽 국가들에 서서히 제도적으로 동화되어 왔지만(Abrahamson, 2012) 현실적으로는 동아시아국들과 대체로 비슷한 가족자유주의적 체제로 남아 있다. 이들의 고질적 경제 침체와 위계적 혹은 계급차별적 복지구조는 일반 시민들로 하여금 일과 생활을 위해 자신의 가족에 지속적 혹은 반복적으로 의존하도록 만들었다. 이들의 제한적 범위의 부실한 산업화는 한편으로 수많은 시민들이 전통적인 가족 중심적 생산 · 생계 체계에 머물러 있도록 했고, 다른 한편으로 진보적 노동계급 정당과 포괄적 복지체계에 필요한 확실한

---

6) 중국과 베트남은 대체로 성공적인 탈사회주의 개혁 · 개방을 통해 이러한 동아시아 모형에 점차 가까워지고 있다고 볼 수 있다.

사회 · 정치적 기초를 확립하는 데 장애가 됐다. 더욱이 최근 유럽연합(European Union)을 통한 서유럽과의 경제통합은 이 지역 여러 국가의 금융 · 재정적 취약성을 오히려 악화시켰으며, 궁극적으로 일반 시민들의 가족 단위 경제적 자조(自助)의 부담을 심화시켰다. 시민과 국가가 공유하는 가족자유주의하에서, 심각한 저출산을 위시해 다양한 개인화의 인구추세들이 남유럽국들을 상당 기간 특징지어 왔다(Billari and Kohler, 2004).

국가사회주의(state socialism)는 국영 및 집체 생산단위와 국가 경제계획을 통해 경제생산을 급진적으로 사회화시켰지만, (복지, 건강, 교육, 주택 등) 사회재생산은 경제생산에 부속적인 요소로 설정하려고 노력했다. 역으로, 탈사회주의 체제 전환은 일반적으로 사회주의적 경제생산을 제도적으로 폐지해 왔는데, 이는 사회재생산을 위한 제도적 장치들을 근본적으로 재편하는 효과를 수반했다. 탈사회주의화의 과정에서 사회재생산, 나아가 (비록 덜 명시적이지만) 경제생산 실행에 있어 잠재적인 제도상 공백을 메우기 위해 일반 시민들은 가족에 매달려야 했고 심지어 국가도 가족을 정치적으로 동원하기에 이르렀다.[7] 경제생산과 사회재생산 양면에 걸친 가족에 대한 제도적 의존은 탈사회주의 사회들이 가족자유주의의 정치경제적 속성을 띠도록 만드는 결정적 원인이 됐다. 국가사회주의 사회들의 탈사회주의 전환은 개인의 경제적 자유가 안정적 시장에 기초한 개인 단위 경제적 기회와 보상에 의해 체계적으로 제도화되고 실효화되는 진정한 자유주의 사회체제나 정치경제로 진행되어 나간 적이 없다는 사실이 지적되어야 한다.[8] 대신에 여러 탈사회주의국들은 가족

7) 이와 관련한 여러 동유럽 및 동아시아 사회들의 탈사회주의 체제 전환 경험에 대해, Zsombor Rajkai(ed.), 2014, *Family and Social Change in Socialist and Post-Socialist Societies*, Leiden: Brill.

8) 탈사회주의 체제 전환이 러시아와 동유럽처럼 급진적으로 이뤄지는 경우, 일반 인민들은 자본주의 시장경제가 본원적으로 갖고 있는 불안정성 및 불평등성에 덧붙여 시장경제 질서에 대한 생소함이나 정서적 거부감, 시장경제 참여를 위한 사적 자원의 결여 등의 문제에 중첩적으로 직면한다(Chang, 2010b). 인민들은 이러한 복합적 난관에

자유주의적 정책과 실천을 통해 남유럽 및 동아시아 자본주의국들과 서서히 동질화되어 가고 있다. 이들의 인구 붕괴, 특히 초저출산은 그러한 체제적 동질화의 중요한 지표이다.

가족자유주의 체제는 가족간 계급적 차등화, 가족 내 (성별 · 세대별) 사회경제적 불평등 등 본원적으로 구조적인 문제들이 있다. 그러나 최근의 더욱 심각한 문제는 거시체계적 실패나 조정에 수반한 사회 · 경제적 위험들이 가족화되어 기층 시민들은 가족 자원과 희생에 의존해 겨우겨우 일과 생계를 유지해 나가야 하는 현실이다. 러시아와 동유럽에서 벌어진 사회주의 경제에 대한 무모할 정도의 성급한 경제 자유화(시장화) 및 주요 산업의 과두적 사유 · 사영화, 남유럽에서 사회 · 지역적으로 계층화되고 만성적 침체에 놓인 산업자본주의하에서 불가피해진 시민대중의 광범위한 사회 · 경제적 소외, 경제위기 후 동아시아 경제의 고삐 풀린 신자유주의 구조조정과 세계화에 따른 국내 노동인구의 급작스런 사회 · 경제적 불안정화는 모두 '위험의 가족화'(familialization of risks) 및 이에 수반한 일종의 '가족피로'(family fatigue) 현상을 급속히 확산시켰다. 즉 탈사회주의, 분절적 자본주의, 신자유주의화된 개발자본주의 체제의 사회 · 경제적 위험들이 사적으로 재설정되어 가족관계는 이러한 위험들로 포화상태에 놓이게 됐다. 이 사회들에서 보편적으로 나타나는 혼인율 급감, 이혼율 급증, 출산율 급락, 자살률 급증 등 가족적 사회재생산을 회피하거나 최소화하려는 광범위한 추세는 갈수록 악화되는 가족자유주의의 고통에 대한 처절한 정치경제적 적응 행위라는 공통적 이해가 가능하다.

서 (초기 자본주의 산업화 과정에서 구미 노동자들이 그랬듯이) 가족, 친족, 이웃 등과의 공동체적 유대관계에 의존해 생존을 도모하게 되는 것이다(Hareven, 1982).

제10장 제도매뉴얼적 사회(과)학을 넘어: 가족, 국가, 실행적 자유주의[1)]

1. 제도주의 근대화

해방 이후 한국의 급속한 사회 · 국가적 변화는 일종의 '제도주의 근대화(institutionalist modernization)'에 의해 그 기본적 성격이 규정되었다. 이는 사회체제적 전환, 나아가 전체 사회질서의 재구성을 다양한 과정과 절차를 통해 공식화된 국가 · 사회 제도들(formalized state and social institutions)에 기초해 추동하려는 정치 · 사회적 노력으로서, 그 제도들의 역사 · 사회 · 이념적 조건이나 기초가 사회(진화)적으로 갖추어지는 것을 기다리지 못하고, 일종의 제도적 선언이나 포고를 통해 각종 사회주체들로 하여금 그 제도들이 규정하는 행위 · 관계 원리와 권리 · 의무 체계를 일거에 수용하도록 권위주의적으로 강제하였다(Chang, 2022a, Ch.4). 이러한 부작용들에도 불구하고, 제도주의적 근대화는, 범세계적 탈(후)식민질서(postcolonial order)의 맥락에서 다수의 해방 사회(국가, 민족)들이 과

1) 이 장은 필자가 본서의 2018년도 발행 초판에 의거해 2021년 제2회 용봉 최재석학술상 본상을 수상하면서, 한국사회사학회가 요청한 수상소감 논문으로서 『사회와 역사』 132집(2021.12)에 발표한 내용을 일부 보완한 것이다.

거 식민지배를 자행했던 서구(유럽. 북미)의 제도들을 긴급히 차용함으로써 서구 지향(모방)의 압축 발전을 통해 내부적 결핍과 혼돈에서 벗어나고 ("선진국"으로 재명명된) 서구와의 경제 · 군사적 격차를 해소하겠다는 주로 민족사회 차원의 집합적 의지의 표명이었다.

가장 경제적인 방법으로 선진화되겠다는 탈식민 국가 · 사회 · 민족적 차원의 집합의지는, 역설적으로 자신을 지배함으로써 그 물질 · 물리적 힘의 존재와 작동을 보여주었던 서구 자유주의(자본주의) 세력과의 사회제도적 동형화(social institutional isomorphism)를 당연시하도록 만들었고, 이는 국제적 차원에서 (사회주의 진영을 제외하면) '준거반영적 자유주의 제도근대화'(reflexive liberal institutional modernization)를 보편화시켰다.[2] 이 과정에서 차용된 제도들은 이른바 자유주의 체제질서의 구성요소로서 법치, 대의민주제, 사유시장경제, 자유시민권 등을 핵심으로 하였다. 그렇지만 현실적 국제관계 차원의 자유주의 질서는 궁극적으로 국가 대 국가의 혹은 국가 대 토착사회의 권력지배 현상이었으며, 해방 후 자유주의 근대화는 대외적 국가(독립)체제 확립과 대내적 국가 지배(통치) 확립이라는 모순을 안고 있었다. 즉 '국가중심적 자유주의 질서'(state-centered liberal order)의 확립이라는 근본적으로 이론적 모순성을 가진 역사적 프로젝트였다.[3]

---

2) "준거반영적 근대화"(reflexive modernization)는 울리히 벡(Ulrich Beck), 앤서니 기든스(Anthony Giddens) 등에 의해 제시된 주로 서구 맥락의 후기근대성(late modernity) 이론인데(Beck, Giddens, and Lash, 1994; Chang, 2017), 이는 탈식민 시대 비서구권 전체의 (과거 식민지배 세력이었던) 서구와의 문명 · 정치적 종속관계 및 이에 연계된 사회 · 경제적 근대화 과정에도 논리적인 적용이 가능하다(Chang, 2022a, Ch.4).

3) 현대 한국에서 자유주의의 존재 양식은 (1) 서구에서 유래된 지식과 사상, (2) 국가 · 사회적 공식 제도(formal institution)들의 서구준거적 기준(West-reflexive standards), (3) 미국 중심의 (냉전 및 신자유주의) 세계질서, (4) 한국의 반공(반북)국가적 자유주의(anticommunist statist liberalism), (5) 민간의 실용적 사회 · 경제 주체들, 나아가 (개발)국가의 실행적 가치, 전략, 행태, (6) 여러 영역의 신사회운동(new social movements), 전문직(profession) 개혁운동 등에서 발현되는 자유시민사회 중심주의 등으로 매우

그러나 이러한 모순적 현실은, 이차대전 후 팍스아메리카나 질서 하에서 탈식민 국가 · 사회 · 민족들을 이른바 근대화(modernization)의 구호 아래 적절한 개조를 통해 새로운 세계적 자유주의체제에 효과적으로 동원 · 통합하려는 국제적 노력의 반영이었다. 이와 관련해 미국의 (스스로 새로운 세계 주도권을 구축한) 사회과학 연구 · 교육에 대한 적극적 지원은 상당 부분 탈식민 국가(사회)들의 자유주의 체제로의 (재)통합을 촉진하려는 전략적 의지에 기초했다. 특히 경제학의 공급주의 경제발전론, 사회학의 기능주의 사회체제론 등이 그 특별한 중요성을 부여받았고 대학과 학계에서 한때 그 위상이 급부상했었다. 경제와 사회 현상 탐구의 '과학화'가 정치 영역에도 영향을 미쳐 형성된 (미국식) 정치(과)학(political science)이 경제학, 사회학 등과 함께 '사회과학'을 구성하여 미국 대학체계의 보편요소가 되었고, 이를 다시 대미의존적 근대화 사회의 대학들이 수용하였다.[4] 그런데 이러한 사회과학은 결국 미국 등 서구 자유주의 제도들을 (필수) 전제로 한 '제도사용자 교본'(institutional user manual)적 체제와 내용을 가졌고, 특히 위에서 지적한 '제도주의 근대화' 과정에 놓인 비서구 사회들의 경우 그러한 현실적 용도가 특별히 분명했다.

제도발전론적 시각에서 보면, 제도주의 근대화는 '삽목'(揷木, 꺾꽂이, cuttage) 근대화인데, 이는 대다수 탈식민 사회들에 있어 토양 · 기후적 조

다양하게 구성 · 발현된다. 이처럼 다양한 차원에서 구성 · 발현되는 자유주의는 그 내용과 효과가 서로 정합적일 수도 있고 상충적일 수도 있다. 예컨대, 서구적 지식과 사상으로서의 (관념상) 자유주의나 국가와 사회의 제도적 기준으로서의 (형식적) 자유주의는 민간 사회 · 경제 주체들의 일상적 행위 원리로서 혹은 반공국가적 안보통치나 개발국가적 경제 · 사회 관리 과정에서 근본적으로 간과 · 부정되기가 일쑤이다(김동춘, 2021). 이런 관점에서, 한국의 자유주의 근대성은 내적 구성상의 다원성과 이에 기인한 사회 · 정치적 복잡성과 갈등구조를 특징으로 한다고 해석될 수 있다. Chang Kyung-Sup(2022a), *The Logic of Compressed Modernity*, Ch.4, "Internal Multiple Modernities" 참조.

4) 이런 맥락에서의 중요한 연구로, 김종영(2015), 『지배받는 지배자: 미국 유학과 한국 엘리트의 탄생』 참조.

건이 불비하거나 이질적인 상태에서 꺾꽂이된 가지 상태의 제도들을 활착시켜 뿌리와 잎이 생긴 나무로 만들어내기 위한 복잡다기한 사회·국가적 노력을 요구하였다. 제도주의 근대화의 핵심적 난관은 일시에 사회제도들의 인위적 삽입이 이루어진 이후에야 그 토양·기후적 조건을 갖춰주기 위한 지난한 노력을 시작해야 했던 것이다. 삽목 식재는 이에 적합한 수종들이 따로 있으며, 식재에 필수적인 토양적 조건과 식재 후 물주기, 시비, 지지 등 다양하고 지속적인 관리가 이루어져야, 가지가 뿌리를 내리고 스스로 양분 흡수력을 가져 잎이 나서 광합성을 하며 몸체가 굵어져 비로소 나무가 될 수 있고, 나아가 인간이 기대하는 결실, 관상, 생태효과를 나타낼 수 있다.[5] 그러나 삽목 상태에 불과한 사회제도들을 조심스럽게 보호·관리·육성하는 충분한 노력이 이루어지기 전에, 목전의 필요와 이익을 위해 '가지'를 '나무'라고 우기며, 이를 의존, 남용, 심지어 학대하는 경향들이 범람했으며, 이러한 경향들은 그 자체가 삽목된 사회제도들의 생장조건이 되었다. 특히 정치·행정·지식 엘리트의 담합적 이해관계에 기초해 사회와 국가를 발전시키기 위한 (명목상 자유주의적) 사회제도들이 오히려 위로부터의 혹은 국가주의적 지배체제를 위한 도구로 변질되었다.[6] 관련하여, (서구 모방) 주요 대학들을 중심으로 한 엘리트주의적 교육체계가 그러한 변질을 기능적으로 촉진하고 사회적으로 정당화하는 역할을 하였다(Chang, 2022b, Ch.6. "Citizenship by Education,

---

5) 접붙이기가 또 다른 제도근대화 양식이 될 수 있지만, 이는 독립국가 지위를 상실했었거나, 전쟁에 패했거나, 총체적 침략·지배를 당함으로써 토착적·전통적 제도체계가 뿌리채 뽑히거나 흔들린 경우 등에서는 현실화되기 어렵다. 다만, 추후 쿠데타로 집권한 군부세력 등 반동(반자유주의) 세력들에 의한 선전적 시도(propagandic attempt)들이 있었는데, 예컨대, "한국적 민주주의"를 내세운 박정희의 유신체제가 대표적이다.

6) 민변(민주사회를 위한 변호사모임), 인의협(인도주의실천의사협의회), 민언련(민주언론시민연합), 전교조(전국교직원노동조합), 민교협(민주화를 위한 전국교수협의회) 등 각 전문직 사회제도(professions)들의 개혁운동 세력이 기본적으로 시민사회적 지향 혹은 자유주의적 성격을 기본으로 하는 것은 이런 맥락에서 이해될 수 있다.

Education as Citizenship").[7] 제도주의 근대화의 이러한 한계와 모순은 사회 · 민중적 차원의 혼란, 소외, "일탈"로 이어지기 쉽고, 이에 대해서 이른바 대중적 "의식개혁"의 중요성을 정부, 언론, 심지어 문화계와 학계가 부르짖었다.[8]

2. 실행적 자유주의: 가족자유주의, 개발자유주의

서구를 준거로 하여 정치 · 행정적으로 주도된 제도주의 근대화와 이에 맞물린 제도교본적 사회과학은 사회 · 민중적 차원의 역사적 현실에 대해 새로운 문명 · 정치적 가치와 질서를 창출하기 위한 기초 혹은 맥락으로서의 지위를 박탈했고, (실증)과학적 차원에서의 객관적 탐구대상으로서의 가치도 절하했다.[9] 나아가 삽목적 제도근대화 과정에서 서구적 기준과의 차이를 시급히 극복되어야 할 '준거대비적 거리나 차이'(reflexive distance or difference)로서 비판 · 비하하는 경향이 지배하게 되었다. 이러한 경향들은 세계 자유주의체제에 (재)통합된 대다수 탈식민사회들에 보편적으로 나타나는 것이었지만, 한국의 경우 해방 직후 시민(민중)사회의 광범위한 사회주의적 지향 혹은 영향에 대해 미군정과

---

7) 미군정과의 긴밀한 협의 속에서 1946년 출범하고 이후 미국 대학들에 대한 전방위적 의존 속에서 성장한 서울대학교의 문명 · 정치적 속성을 감안하면, 그 졸업생들의 지배적 영향력과 배타적 이익구조는 역설적으로 국가주의적 속성을 내포한다.

8) 이러한 맥락에서, 고원(2006)의 "새마을운동"에 대한 분석의 시사점을 평가할 수 있다. 다른 한편으로, 해방 이후 면면히 이어져 온 문학, 예술, 대중문화를 포괄한 문화계의 자유주의적 속성과 지향이 갖는 상황적 진보성을 이런 맥락에서 이해할 수 있다. 이는 (여러 명칭의) "민주당" 계열 정부들이 문화 · 예술인들을 정치적으로 등용하거나, 박근혜 정부에서 이른바 "문화계 블랙리스트" 사건이 터짐으로써 또 다른 정치화 과정으로 이어졌다.

9) 반면, 문학, 예술, 대중문화를 포괄한 문화계의 사회 · 민중 지향성은 창작 및 수용 차원 모두에서 장기적 활력의 기초가 되었고, 나아가 오늘날 이른바 "한류"(Korean Wave)로 지칭되듯이 한국 대중문화, 특히 무수한 영화와 드라마의 범세계적 성공에 결정적인 내용적 자원이 되었다.

우익정파가 연대해 극심한 폭력과 학살로 대응하고, 한국전쟁에 따른 반공통치 확립이 극단적 반시민사회성을 띠게 됨으로써, 적어도 거시적 · 공공적 차원에서는 사회 · 민중적 현실과 의지의 문명 · 정치적 주권성(sovereignty)이 근본적으로 부정 · 훼손당하는 결과가 나타났다.[10)]

그런데 한국전쟁 이후 한국의 민중적 삶의 현장이 자유주의에 정면으로 대립하거나 구조적으로 분리된 어떠한 반(비)자유주의적 사회질서를 구성하는 것은 아니었다. 특히 민중의 보편화된 가족중심적 삶은 사회제도 및 이념으로서의 포괄성과 안정성이 근원적으로 취약했던 자유주의 질서를 현실세계에서 결정적으로 보완하는 효과를 가졌다. 첫째, 사적 경제활동 중심의 자유주의 질서를 가족은 농업생산 (가족농), 노동집약적 (이촌향도) 산업화(Lewisian industrialization; Lewis, 1954), (가족 단위) 도시 자영업, 심지어 (가족지배적) 재벌체제에 이르기까지 광범위하게 견인해 왔다(Chang, 2010a). 둘째, 이러한 사적 경제활동들을 넘어 가족은 이른바 "개발국가"(developmental state)가 압축적 국가경제 발전을 추진하는 과정에서, 복지, 교육 등 다양한 사회정책적 소요들에 대한 간과, 은닉, 유기가 발생하는 것에 대해 결정적인 보완기능을 함으로써 자유주의 질서의 안정적 '사회재생산'(social reproduction)을 가능케 했다(Chang, 2019). 셋째, 동도서기(東道西器)가 아닌 실제 '무도서기(無道西器)'의 근대화가 추진되는 과정에서, 가족은 몰가치적 거시 발전체계를 미시적으로 보완하는 사적 가치의 중심단위로 기능해 왔다(Chang, 2004).[11)] 민중 혹은 시민

10) 북한에서 확립된 공산주의 정권이 추진한 일종의 '대항적 사회주의 제도근대화'(reactive socialist institutional modernization)는 국제정치적 차원에서의 일시적 정당성(Brun and Hersh, 1976)에도 불구하고, 장기적으로 스탈린식 국가사회주의 체제의 반사회 · 반민중성이 인치(人治)적 영구독재를 통해 더욱 악화되는 결과로 이어졌다.

11) 가족(중심)주의는 반(몰)개인주의와 반(몰)시민사회주의를 동시에 내포하는데, 이 두 가지 성격은 궁극적으로 개인의 시민사회 주체화를 지체시키거나 억제하는 현실로 결합된다(Chang, 2004).

적 차원의 이러한 역사적 현실들을 고려하면, 한국의 자유주의는 상당 부분 가족자유주의(familial liberalism)로서 규정할 수 있다.[12] 즉 한국인들의 실행적 가족주의는 한국사회의 자유주의 근대화에 대한 모순성이나 역기능성을 중심으로 이해하기보다는 외래적 자유주의의 사회적 착근을 촉진해 왔다는 측면이 더욱 강조되어야 한다. 그리고 한국의 제반 사회문제들의 가족관련(기초)성은 사안들의 가족문제로서보다는 (한국적) 자유주의 체제의 구조적 성격으로서 이해되어야 한다. 이는 제도주의적 자유주의 근대화(institutionalist liberal modernization)의 관점에서만 한국의 자유주의를 막연히 규정 · (몰)이해 · 실천하려는 공식 교육 · 행정 · 입법 영역의 근원적 한계를 드러낸다.

그런데 한국의 자유주의는 가족 차원에서만 수정 · 보완된 것이 아니고, 자유주의를 제도적 근대성 및 현실적 권력질서로서 추동해 온 (반시민사회적) 국가에 의해 직접적으로 변형 · 개조되었다. 특히 1960년대 이후 이른바 국가주도적 자본주의 산업화와 경제성장을 지향했던 권위주의 군부정권은 자본주의를 국가(민족) 차원의 집합적 경제활동으로서 정치적으로 설정하고 산업정책적으로 추동해 나갔다. 자본주의에 대한 '탈식민 개발국가'(postcolonial developmental state)의 이러한 입장과 정책은 식민자본주의적 지배와 수탈을 겪었던 민중의 입장에서는 역사적 당위성이 있었다(Chang, 2022a, Ch.4; Chang, 2019, Ch.2). 이들에게 자본주의는 애초에 사적 개인의 자유 경제활동으로서 체험된 것이 아니었으며 제국주의 국가의 물리적 폭력과 경제적 억압의 제도적 틀로서 강제된 것이었

12) 가족자유주의는 한국에만 고립된 현상이 아니다. 일본, 대만, 홍콩, 싱가포르 등 주변의 모든 동아시아 산업국들에서도 상응하는 사회 · 경제 질서와 국가의 사회정책 체제를 확인할 수 있다. 나아가 남유럽 자본주의국들과 탈사회주의 체제전환기의 러시아 및 동유럽 국가들에서도 상응하는 추세를 탐지할 수 있는데, 해당 나라들의 사회, 문화, 정치, 경제의 특성에 관한 포괄적인 관점에서 보면 이들과 동아시아 산업국들은 정치경제 및 사회정책상의 세 유형의 가족자유주의 국가군으로 분류할 수 있다(본서 제9장 참조).

고, 해방 후 이러한 집단적 불행을 다시는 반복하지 않기 위해 민족이나 국가를 중심으로 스스로 자본주의를 구축하고 발전시켜야 했다. 한국에서는 여기에 반공 군사정권의 자본주의(자유주의)에 대한 정치적 절대화가 더해져. 자본주의에 대한 무조건적 수용과 참여가 시민적 의무로 규정(변질)되기에 이르렀다.[13]

개발국가에 의한 자본주의 산업화와 경제성장의 압축적 실현은 경제정책적 차원에서 여러 가지 독특한 내용과 경험을 담고 있으며, 이에 대한 국내외 여러 석학들의 연구는 사회과학에 새로운 영역과 지평을 열어온 것으로 평가받는다. 동시에 여러 개발국가는 사회정책적 차원에서의 보수성이나 미비성을 비판받아 왔으며, 한국처럼 경제적 차원의 특별한 성공을 인정받는 경우 이에 대비해 "복지지체국"(welfare laggard)이라는 오명을 감내해야 했다.[14] 이는 비교복지체제론에서 사회정책적 자유주의(social policy liberalism/libertarianism)로 분류되기도 한다. 그런데 학문간의 영역 분절로 인해 복지 등 사회정책 사안들이 경제학, 정치경제학, 개발학(development studies) 등에서 배제되고 사회복지학 등 사회정책(제도)적 응용학문들을 중심으로 다뤄지면서, 한국의 사회(복지)현실은 이러한 학문들에서 지향하는 서유럽 복지국가(welfare state)와의 준거대비적 거리나 차이(reflexive distance or difference)를 중심으로 평가(비판)되어 왔다. 이러한 경향 혹은 입장은 실천 · 정치적 차원의 추동력이 될 수 있지만, 국가 중심적 자본주의 발전과정에서 나타나는 사회문제와 사회정책의 구조적 성격들에 대한 체계적 실증분석을 어렵게 했다.

---

13) 이를 개발자본주의 시민권 혹은 '개발시민권'(developmental citizenship)으로 개념 · 이론화할 수 있는데, 마찬가지 현상이 1990년대 이후 세계 각지, 특히 중국, 베트남 등 동아시아의 사회주의 체제의 개혁 · 개방 과정에서 탈사회주의 개발독재 통치양식으로서도 발현되어 왔다(Chang, 2012b).

14) 이는 국가자본주의 산업화에 연계된 매우 독특하고 효과적인 사회적 동원 · 관리 · 보호 체계를 확립하고 지속시켜온 싱가포르의 상황에 뚜렷이 대비된다(Chua, 2017).

한국 등의 경험을 면밀히 검토해 보면, 개발국가는 단순히 복지 등 사회정책을 유보하거나 포기한 것이 아니라, 오히려 경제성장 극대화를 위해 다면적이고 적극적으로 사회정책을 동원 및 변형시켜온 것으로 드러난다. 개발국가의 사회정책적 자유주의를 '개발자유주의'(developmental liberalism)로 정의할 수 있는데, 한국 경험 등을 참고할 때 그 주요 내용은 (1) 사회정책의 탈정치화, 기술관료화, 개발주의적 착종, (2) 사회정책 대상 주체들의 개발주의적 포섭(개발시민권, developmental citizenship), (3) 국가-자본의 기업(가)적 결합과 국가의 노자관계에 대한 직접적 개입, (4) 사회적 시민권(social citizenship)의 가족주의적 재설정, (5) 복지다원주의(welfare pluralism)와 사회서비스의 (간접적 · 이면적) 영리화 등으로 정리된다(Chang, 2019, *Developmental Liberalism in South Korea*, Ch.2). 이 가운데, '사회적 시민권의 가족주의적 재설정'을 구체적으로 설명하면, 헌법적으로도 선언되어 있는 사회적 시민권이 실제 보편주의적 사회보장 원칙에 의해 구체화되지 못했으며, 특히 안정적 고용을 통한 소득확보와 사회보장이 불가능하거나 실패한 집단들(예컨대, 노인, 아동, 청소년, 미혼모, 장애인 등)에 대해 핵가족을 넘어 확대(직계)가족적 부양 · 보호 의무까지 다양한 방식으로 강제함으로써 결과적으로 국가의 정치적 책임과 재정적 부담을 면하는 전략이 지속되어 왔고, 이 과정에서 특히 서민가정 중년여성들이 임노동, 보호노동, 일상가사의 중첩적 수행을 통해 극한적 생활경험을 해 왔다.

3. 제도매뉴얼적 사회(과)학을 넘어

이처럼 한국의 자유주의는 (서구 모방의) 준거반영적 제도근대화와 별개로 현실적 차원에서의 핵심적 조건과 필요에 의해 가족, 국가 등 (서구의 자유주의 근대화 과정에서 사회제도적 중심성이 약화 혹은 제한된 것으로 막연히 상정되는) 사회제도들, 나아가 이 제도들을 인적으로 구성하는 실존 사회주체들에 의해 변형되거나 재구성되어 왔다. 그런데 위에서 검토한 바에 따르면 (시민의) 가족자유주의와 (국가의) 개발자유주의는 상당 정도 명시적 · 묵시적 차원의 기능적 정합성을 갖는다. 즉 한국인들 가족의 자기부양 윤리, 세대간 계층상승 욕구, 자녀 교육열 등은 비록 한국사회에만 국한된 것이 아니지만, 그 예외적 보편성과 강렬함이 개발국가 주도의 압축적 경제발전에 결정적인 사회적 조건이 되었다고 볼 수 있다.

그런데 가족과 국가 사이의 이러한 기능적 정합성은 경제발전의 순조로운 진행 시기에는 많은 가족이 요긴한 경제 · 사회적 자원의 동원 · 안배 · 전달 기능을 통해 가족원 서로에게 만족스러운 결과들을 가져올 수 있으며, 이러한 경험을 통해 한국인들의 가족주의는 갈수록 공고화되기도 했다. 반면, 경제성장 추세의 구조적 약화나 심각한 국가경제적 위기 상황에서는 여러 가족이 다양한 경제 · 사회적 위험의 전달통로로 변질되어 오히려 가족원 서로에게 파괴적 결과들을 초래할 수 있다. 즉 경제발전과 관련한 가족의 동원과 참여가 자본주의 경제의 구조적 침체나 위기에 따른 사회 · 경제적 위험(socioeconomic risks)의 가족에의 전가로 이어지고, 이에 대한 가족 차원의 자기보호 혹은 일종의 구조조정 노력이 보편화될 때, 자본주의 체제는 그 사회적 기반이 근본적으로 교란 · 붕괴될 수 있다(장경섭, 2011a). 예컨대, 현재처럼 세계 최저인 출산율, 여러 세대에 걸쳐 급상승한 자살률, 급등한 이혼율, 급속히 확산한 만혼과 비혼, 만연한 가족유기와 별거 등 그동안 가족에 기초했던 사회재생산 체계의 전방위적 교란이 무기한 지속될 때 나타날 국가적 및 경제적 파국은 명약관화(明若觀火)하다.[15]

---

15) 이러한 현상은 (신자유주의) 경제세계화에 수반해 주요 대기업(재벌)들의 세계적 차원의 성공 혹은 성장 이면에서, 국내적 사회 · 경제적 (탈)주체로서 발이 묶인 시민들에게

해방 후 한국이 추진해 온 바와 같은 (서구 지향의) 준거반영적 자유주의 제도(주의) 근대화는 역사 · 사회적 조건들이 결여된 상황에서 일시적으로 삽목된 사회제도들의 착근과 성장 자체가 근원적으로 쉽지 않다는 문제에 더해, 설사 그러한 사회제도들이 인위적으로 자리잡히더라도 한국인과 한국사회의 현실적 문제들을 충분히 해결해 준다는 보장이 없다는 딜레마를 갖고 있다. 사실 한국이 도입 · 차용한 이른바 "선진" 사회제도들은 서구의 장기간 사회 · 정치적 근대화와 경제발전의 요인이기보다는 결과물로서의 성격이 강하다. 따라서 한국과 같은 탈식민사회들은 전통질서로의 회귀를 선택할 수 없는 이상, 제도(주의)적 근대화와 별개로 민생안정, 경제발전 등 현실적 문제들을 해결하기 위한 별도의 제도 · 정책 · 행위적 노력을 펼쳐야했다.

이 과정에서 자유주의는 그 형식적 측면과 실행적 측면이 이원화되며, 형식적 측면의 제도근대화뿐 아니라 실행적 측면의 현실문제 해결이 이루어지더라도, 그 이원성으로 인한 인식론적 혼란은 해소되기 어렵다. 나아가, 제도외적 혹은 대체제도적 질서의 확산과 심화는 이에 의거한 현실문제의 해결 정도에 따라 실제적이지만 비공식적인 사회제도들의 사회 · 정치적 중요성을 보편적 일상으로서 강화시킨다. 그렇지만, 이러한 제도들을 체계적으로 법제화, 과학화, 가치화시키는 공식적 노력은 국가 및 사회 차원 모두에서 결여되거나 기피되는 것이 일반적이다. 예컨데, 개발국가, 개발시민권 등 한국사회의 상식적 현실들이 주류 정당의 명칭이나 이념으로 반영된 적이 없으며, 대학의 주류 학문영역에 체계적으로 포함되어 오지도 못했다. 이러한 역사적 현실을 그 자체가 형식적 제도근대화에 치중된 대학의 공식적 (사회)과학, 즉 이른바 "선진"(先進, advanced) 사회제도들에 대한 제도교본(institutional manual)적 사회과학이 제대로 인

도 나타날 수 있음이 21세기 초반의 한국에서 확인된다(Chang, 2019).

식 · 분석해 낼 수 없다는 딜레마를 인정 · 극복하는 노력이 가족, 국가 등 제반 사회제도 연구, 나아가 사회(과)학 전반에 펼쳐져야 한다.[16] 이러한 노력이 결여된 상태에서는, 압축적 경제발전 등 현실문제 해결에 있어서의 뛰어난 성공을 거둔 한국사회가 한편으로 그 이면에 노정된 위험과 문제들을 진단 · 예측할 수 없을 뿐 아니라, 다른 한편으로 실행적 자유주의로서 구조화된 국가주의, 가족주의 등에 대한 자조(自嘲)상태를 벗어나지 못하고 일종의 '자기동양주의'(self-Orientalism)를 통해 서구에 대한 문명적 콤플렉스만 악화될 것이다(Said, 1978 참조). 역설적이지만, 자유주의 근대성의 핵심 요소로서의 실증과학은 역사 · 사회적 현실에 대한 (서구준거적) 자유주의 제도 기준의 평가나 처방에 대한 집착을 넘어설 때 실현될 수 있다.

16) 이러한 (제도권) 사회과학의 한계나 공백을 신문 등 대중언론이 부분적이나마 메우는 역할을 해왔다. 한국 언론은 통상적 보도활동뿐 아니라 주요한 사회 · 경제 · 정치적 현상과 의제들에 대한 빈번한 장문의 특집시리즈를 통해 '의사(疑似)사회과학'적 기능을 해왔다. 아울러 다수의 '재야 사회과학자'들이 한국사회의 핵심 현안들에 대한 자세하고 통찰력 있는 분석을 통해 상당한 대중적 영향력을 행사해 왔으며, 언론은 이들의 논의를 비중 있게 다루거나 (재)활용해 왔다.

| 참고문헌 |

강은영 · 진미정 · 옥선화. 2010. "비혼 여성의 비혼 자발성 관련요인 탐색: 결혼 및 가족 가치관을 중심으로." 『대한가정학회지』 48(2): 135-144.

고원. 2006. "박정희정권 시기 가정의례준칙과 근대화의 변용에 관한 연구." 『담론201』 9(3): 191-223.

공세권 외. 1987. 『한국 가족구조의 변화: 가족생활주기 조사를 중심으로』. 서울: 한국인구보건연구원.

공세권 외. 1990. 『한국가족의 기능과 역할변화』. 서울: 한구보건사회연구원.

공세권 외. 1992. 『한국에서의 가족형성과 출산행태—1991 전국 출산력 및 가족보건실태조사』. 서울: 한국보건사회연구원.

교육방송(EBS). 1997. "다문화 고부열전"(http://home.ebs.co.kr/gobu/etc/1/html Menu).

권내현. 2014. 『노비에서 양반으로, 그 머나먼 여정』. 서울: 역사비평사.

권태환. 1992. "인구변동과 농촌사회의 변화." 『농촌사회』 2:39-56.

권태환 · 박영진. 1993. 『한국인의 가구 및 가족유형』. 서울: 통계청.

권태환 · 장경섭. 1995. "한국 가족농 재생산체계의 위기: 가족주기별 분포와 생활실태를 중심으로." 『한국인구학』 18(1): 1-39.

금재호 · 조준모. 2001. "외환위기 전후의 노동시장 불안정성에 대한 연구." 『노동경제논집』 24(1): 35-66.

기획재정부. 2017. "인구구조 변화에 대응한 중장기 정책과제" 기획재정부 중장기전략위원회 중장기전략 연구작업반 자료, 2017/3/31(http://www. mosf. go.kr/com/synap/synapView.do?atchFileId=ATCH_000000000004737&fileSn=4)

김궁자. 2010. "노인 자살의 이해: 가족기능적 관점을 중심으로." 경기복지재단 정책보고시리즈 2010-3.

김규원. 2006. "양극화 시대의 형성기 가족을 위한 정책 방안." 『한국사회과학』 28: 53-81.

김동원 · 박혜진. 2006. “2005년 농업인 의식구조 변화와 농정현안에 대한 여론 조사 결과.” 연구자료 D207. 서울: 한국농촌경제연구원.
김동춘. 2021. 『반공자유주의: 우리를 병들게 하는 낙인』. 서울: 필요한책.
김수석. 1994. “차야노프의 ‘농촌가족경제’ 이론에 대한 한 연구.” 『농촌사회』 4: 271-294.
김승권 외. 2001. 『출산력 및 가족보건실태의 변화양상과 대응방안에 관한 연구』. 서울: 한국보건사회연구원.
김승권 외. 2010. 『2009년 전국 다문화가족실태조사 연구』. 서울: 한국보건사회연구원.
김승권 외. 2012. “전국 결혼 및 출산 동향조사.” 보건복지부 의뢰 조사보고서.
김영미. 2009. “영세기업의 증가와 일자리 이동.” 『산업노동연구』 15(2): 125-49.
김영미 · 신광영. 2008. “기혼여성 노동시장의 양극화와 가구소득 불평등의 변화.” 『경제와 사회』 77: 79-106.
김영미 · 한준. 2008. “내부노동시장의 해체인가 축소인가: 기업규모별 임금격차 분해를 통해 본 한국노동시장의 구조 변동, 1982-2004.” 『한국사회학』 42(7): 111-145.
김영순. 2010. “비정규직 여성노동자의 사회권을 통해 본 한국의 젠더체제.” 『사회보장연구』 26(1): 261-87.
김영옥 · 이선행 · 김민수. 2011. 『2000년 이후 여성노동시장의 변화와 미래전략: 여성 자영업자의 감소현상을 중심으로』. 한국여성정책연구원.
김유선. 2006. “자영업 노동시장 분석: 산업 · 직업별 고용구조조사.” 『노동사회』 118: 30-47.
김윤정. 2007. “조선전기 고부관계의 변화양상: 종법의 수용과정을 중심으로.” 『민속학연구』 20: 31-50.
김응석 외. 1993. 『농촌가구의 구조적 특성과 가족부양체계』. 서울: 한국보건사회연구원.
김일철 · 김태헌 · 김흥주. 1993. 『한국 농민의 불안과 희망: 1992년 전국농민의식조사』. 서울: 서울대학교출판부.
김종영. 2015. 『지배받는 지배자: 미국 유학과 한국 엘리트의 탄생』. 서울: 돌베개.
김주숙. 1985. “농촌여성과 일.” 이화여대 한국여성연구소 편, 『한국여성과 일』, pp.213-246. 이화여자대학교 출판부.

김주숙. 1990. “농업 생산 구조의 변화와 가족: 1976-87년.” 여성한국사회연구회 편, 『한국가족론』, pp.249-282. 서울: 까치.
김주숙. 1994. 『한국농촌의 여성과 가족』. 서울: 한울아카데미.
김주현. 2007. “생활시간사용으로 본 노년기 생산적 활동.” 『한국노년학』 27(4): 739-754.
김태헌 · 홍문식 · 장영식. 1993. 『한국의 인구규모와 구조—인구변화에 따른 사회 · 경제적 영향』. 서울: 통계청.
김현순 · 김병석. 2007. “노인 자살생각에 대한 경로분석.” 『한국심리학회지: 상담 및 심리치료』 19(3): 801-818.
김혜경. 2002. “가족 · 노동 갈등구조와 ‘가족연대’ 전략을 중심으로 본 한국가족의 변화와 여성.” 『가족과 문화』 14(1): 31-52.
김혜연. 2010. “중 · 장년 여성의 노동시장 참여경로 유형화에 관한 연구.” 『사회보장연구』 26(1): 233-59.
김혜영. 2016. “‘동원된 가족주의’의 시대에서 ‘가족 위험’의 사회로.” 『한국사회』 17(2): 3-44.
김흥주. 1992. “현단계 농업노동의 실태와 농민의 가족문제.” 『농촌사회』 2: 85-143.
남상호 · 권순현. 2008. “우리나라 중 · 고령자 가구의 자산분포 현황과 빈곤분석: 국민노후보장패널조사(KReIS) 자료를 중심으로.” 『보건사회연구』 28(2): 3-32.
농어촌발전위원회. 1994. 「농정개혁의 기본방향과 분야별 대책」. 농어촌발전위원회 대통령 보고문.
류기락. 2009. “일자리 이동과 내부노동시장: 한국노동패널(1998~2005) 분석을 중심으로.” 『한국사회학』 43(4): 37-76.
류재우 · 최호영. 2000. “자영업부문을 중심으로 한 노동력의 유동.” 『노동경제논집』 23(1): 137-65.
메이슨, E. S. 외. 1981. 『한국 경제 · 사회의 근대화』. 서울: 한국개발연구원.
바우만, 지그문트(Zigmund Bauman). 2005. 『액체근대』(이일수 옮김). 서울: 강.
박경숙. 2003. “55세 이상 고령자의 노동시장 이탈 과정; 은퇴의 유형화에 대한 함의.” 『노동정책연구』 3(1): 103-140.
박경숙. 2003. 『고령화 사회, 이미 진행된 미래』. 서울: 의암출판.

박미연 · 차경욱. 2008. “자녀학령기 가계의 노후준비자금과 사교육비 지출에 관한 연구.” *Financial Planning Review* 1(1): 131-156.

박종서 · 김문길 · 양지영. 2016. 『일 · 가정양립 지원 정책 평가와 정책과제』 연구보고서 2016-38. 서울: 한국보건사회연구원.

박진옥. 2012. “다문화가족의 고부갈등에 영향을 미치는 요인.” 『민족문화논총』 52: 270-308.

방하남 · 신인철. 2011. “강요된 선택: 생애 주된 일자리에서의 퇴직과 재취업의 동학분석.” 『한국사회학』 45(1): 73-108.

배은경. 2005. “가족계획 사업과 여성의 몸: 1960~70년대 출산조절 보급을 통해 본 여성과 “근대”” 『사회와 역사』 67: 260-302.

배은경. 2009. “‘경제위기’와 한국여성: 여성의 생애전망과 젠더 · 계급의 교차.” 『페미니즘 연구』 9(2): 39-82.

백진아. 2013. “중장년 기혼여성의 손자녀 양육 경험: 돌봄 공백의 가족주의적 대응.” 『담론 201』 16(3): 67-93.

변화순. 1993. “한국 농촌가족 구조와 기능의 변화.” 『농촌사회』 3: 127-156.

보건복지부 · 국토교통부 · 교육부. 2017. “제1차 기초생활보장 종합계획(2018-2020)(안).” 2017/8/10.

서울대학교 인구및발전문제연구소(서울대 인구및발전문제연구소). 1988. 「산지 및 산촌지역개발을 위한 발전지표 설정에 관한 연구」. 농림수산부 · 농업진흥공사 용역 연구보고서.

설동훈. 1992. “한국의 이농과 도시노동시장의 변화, 1960-90.” 『농촌사회』 2: 145-192.

설동훈. 1993. “한국 농촌의 가족구성과 생활실태.” 『농촌사회』 3:157-184.

성규탁. 1995. 『새 시대의 효: 부모 자녀 관계의 재조명』. 서울: 연세대학교 출판부.

세넷, 리차드(R. Sennett). 2006. 『뉴캐피털리즘: 표류하는 개인과 소멸하는 열정』(유병선 옮김). 서울: 위즈덤하우스.

손병돈. 2009. “노인 소득의 불평등 추이와 불평등 요인분해.” 『한국노년학』 29(4): 1445-61.

손인수. 1992. 『미군정과 교육정책』. 서울: 민영사.

송호근. 1991. 『한국의 노동정치와 시장』. 나남.

송호근. 1995. 『한국의 기업복지 연구』. 서울: 한국노동연구원.

신광영. 2004. "계급, 성과 일자리 이동." 『한국사회학』 38(1): 25-50.
신광영. 2009. "세대, 계급과 불평등." 『경제와 사회』 81: 35-60.
심영희. 2013. "개인화의 두 유형에 관한 연구: "가족 중심 생존 지향형"과 "황혼 및 가정 내 이혼형"을 중심으로," 『사회와 이론』 23: 277-312.
안미영. 2016. "고령화와 젠더 불평등: 노인 부부의 무급 노동을 중심으로." 『여성연구』 93(2): 7-34.
안준섭. 1992. "영농법인에 관한 일고찰—위탁영농회사와 영농조합법인을 중심으로." 『농촌사회』 2: 355-396.
안호용. 2012. "조선시대 가족구조 변동의 기준과 가족사의 시대구분." 『한국사회』 13(2): 39-81.
오병국. 2011. "노후생활연금, 주택연금, 농지연금." 보험연구원 전문자료, 2011/10/31.
요코타(横田伸子). 2007. "1990년대 이후 한국에서 취업체제의 변화와 노동력의 비정규화: 일본과의 비교분석을 중심으로." 장지연 · 요코타 노부코 편, 『글로벌화와 아시아 여성: 노동과 삶』, pp.63-109. 서울: 한울아카데미.
우은정. 2001. "한국사회 비혼여성들의 욕망의 억압과 탈주에 관한 연구." 한양대학교 사회학과 석사학위 논문.
유재우. 2002. "근속급의 구조 및 근래의 변화." 『경제학연구』 50(2): 257-286.
윤자영. 2016. 『노동과 출산 간의 연계성에 관한 거시-미시 접근』. 연구보고서 2016-44-02. 서울: 한국보건사회연구원 · 한국노동연구원.
윤자영 · 임주리. 2014. 『근로시간체제와 일 · 가정양립』. 서울: 한국노동연구원.
윤자영 · 홍민기 · 김근주. 2016. 『일 · 가정 양립제도의 노동시장 효과』. 연구보고서 2016-01. 서울: 한국노동연구원.
윤증현. 2010. "현 고용상황 평가 및 향후 고용정책방향, 국가고용전략회의 운영방안." 제1차 국가고용전략회의 합동브리핑, 2010/1/21(http://ebrief.korea.kr/briefing/briefingDetailPopup.do?brpId=19233&gubun=G).
윤진호. 1994. 『한국의 불안정 노동자』. 인하대학교 출판부.
윤홍식. 2008. "신사회위험의 확대와 이명박 정부의 정책 밑그림: 여성 · 가족(복지)정책 영역을 중심으로." 『월간 복지동향』, 113(2008/3): 23-27.
이가옥 외. 1989. 『노인가구의 구조적 특성에 관한 연구』. 서울: 한국인구보건연구원.
이광규. 1990. 『한국의 가족과 종족』. 서울: 민음사.

이만우 · 김시광 · 김란영. 2012.『부모에 대한 경제적 의존과 자녀의 만혼화』. 한국보건사회연구원 · 한국경제학회 연구보고서 2012-47-28.
이성태. 1991. “독점재벌의 우루과이라운드 전략.”『월간말』56((1991/2): 38-43.
이소정 외. 2009. “노인 자살의 사회경제적 배경 및 정책적 대응방안 모색.” 한국보건사회연구원 연구보고서 2009-34-4. 서울: 한국보건사회연구원.
이승렬. 2016.『근로자의 근로시간, 건강, 생산성의 상관성 연구』, 한국노동연구원 정책연구 2016-12. 서울: 한국노동연구원.
이승윤 · 김승섭. 2015. “쌍용자동차 정리해고와 미끄럼틀 한국사회.”『한국사회정책』22(4): 73-96.
이승윤 · 백승호 · 김미경 · 김윤영. 2017. “한국 청년노동시장의 불안정성 분석.”『비판사회정책』54: 487-521.
이영훈. 1989. “고문서를 통해 본 조선전기 노비의 경제적 성격.”『한국사학』9: 91-172.
이이효재. 2003.『조선조 사회와 가족: 신분상승과 가부장제 문화』. 서울: 한울아카데미.
이재경. 2003.『가족의 이름으로: 한국 근대가족과 페미니즘』. 서울: 또하나의문화.
이재림. 2013. “손자녀 양육지원에 따른 조모와 취업모의 관계 경험: 세대간 지원 제공 및 수혜의 의미.”『한국가정관리학회지』31(2): 1-24.
이정옥. 2012. “한국 근대화의 젠더구조와 이태영의 허스토리”『현상과 인식』117: 83-107.
이준구. 1992.『조선후기 신분직역변동 연구』. 서울: 일조각.
이준구. 1996. “19세기 유학층 확대와 신분제 변동.”『국사관논총』68: 175-208.
이철희. 2012. “한국의 합계출산율 변화요인 분해: 혼인과 유배우 출산율 변화의 효과.”『한국인구학』35(3): 117-144.
이현송. 1996. “가족의 생애주기와 기혼여성의 경제활동.”『한국사회학』30(1): 759-77.
이현옥. 2016. “동아시아 맥락에서의 돌봄레짐 변화와 이주의 여성화: 한국과 대만을 중심으로.”『경제와 사회』110: 239-269.
이현정. 2012. “‘부모-자녀 동반자살’을 통해 살펴 본 동아시아 지역의 가족 관념: 한국, 중국, 일본 사회에 대한 비교문화적 접근.”『한국학연구』40: 187-227.

이화여자대학교 농촌문제연구소. 1994.『한국 농촌청소년 문제의 현황과 대책』. 서울: 한국청소년학회.

이황직. 2014. “해방 직후 유교단체들의 성격에 관한 연구.”『현상과 인식』 122: 115-149.

이희재. 2011. “일제강점기의 유교의례 변화양상: 1930년대『의례준칙』에서의 가정의례를 중심으로.”『일본연구』 15: 565-584.

인은숙. 2017. “더 나은 삶과 더 나은 사회를 위한, 2017시민희망지수: 시민희망 인식조사 결과를 중심으로”『희망이슈』 40(2017/12/21).

임학성. 2013. “조선시대 노비제의 추이와 노비의 존재 양태: 동아시아 노비사 비교를 위한 탐색.”『역사민속학』 41: 73-99.

장경섭. 1992. “핵가족 이데올로기와 복지국가—가족부양의 정치경제학.”『경제와 사회』 15: 173-204.

장경섭. 1995. “가족농체제의 위기와 농촌개혁의 전망: 90년대 농촌현실의 사회학적 평가.”『농촌사회』 5: 195-226.

장경섭. 1998a. “여성, 시장, 공공가족으로서의 국가: 재생산의 사회화와 성질서.”『사회비평』, 18: 298-327.

장경섭. 1998b. “압축적 근대성과 복합위험사회.” 한국비교사회연구회 편,『동아시아의 성공과 좌절』(『비교사회』 2호), pp.373-414. 서울: 전통과 현대.

장경섭. 2001. “압축적 근대성과 노인문제의 재인식: ‘신세대’로서의 노인.”『가족과 문화』 13(1): 1-29.

장경섭. 2009.『가족 · 생애 · 정치경제: 압축적 근대성의 미시적 기초』. 서울: 창비.

장경섭. 2011a. “개발국가, 복지국가, 위험가족: 한국의 개발자유주의와 사회재생산 위기.”『한국사회정책』 18(3): 63-90.

장경섭. 2011b. “‘위험회피’ 시대의 사회재생산: 가족출산에서 여성출산으로?”『가족과 문화』 23(3): 1-24.

장경섭 · 김인배 · 홍덕용. 1995.「지방화와 농민의 역할」. 농정연구포럼 제21회 월례세미나 발표문.

장경섭 · 진미정 · 성미애 · 이재림. 2015. “한국사회 제도적 가족주의의 진단과 함의: 소득보장, 교육, 돌봄 영역을 중심으로.”『가족과 문화』 27(3): 1-38.

장지연. 2003. “중 · 고령자의 경력이동: 대안적 은퇴과정으로서의 근로시간단축과 자영업창업의 비중.”『한국사회학』 37(2): 95-121.

장하진. 1993. "고학력여성 취업의식 연구." 『여성과 사회』 4: 64-101.
장혜경 · 홍승아 · 이상원 · 김영란 · 강은화 · 김고은. 2006. 『가족 내 돌봄노동 실태조사』. 한국여성개발원 2006 연구보고서-2.
전인순. 1991. "빈 농촌, 버린 교육, 농촌교사가 서야할 자리." 『중등우리교육』 18: 50-55.
전형택. 1989. 『조선후기 노비신분연구』. 서울: 일조각.
전형택. 1996. "노비제도 및 그 변천에 관한 제설의 정리." 『국사관논총』 68: 121-143.
전형택. 2010. 『조선 양반사회와 노비』. 서울: 문현.
정건화. 2003. "노동시장의 구조변화에 대한 제도경제학적 해석: 내부노동시장의 이완과 비정규노동의 증가." 『경제와 사회』 57: 8-41.
정동관 · 이경희 · 정경은 · 최미나 · 김훈 · 김기선. 2016. 『사무직 근로시간 실태와 포괄임금제 개선방안』. 연구보고서 2016-09. 서울: 한국노동연구원.
정명채. 1992. "농촌빈곤의 사회경제적 특성." 『농촌사회』 2: 193-234.
정이환. 1992. "제조업 내부노동시장의 변화와 노사관계." 서울대학교 사회학과 박사학위논문.
정이환. 2007. "기업규모인가 고용형태인가: 노동시장 불평등의 요인 분석." 『경제와 사회』 73: 332-355.
정이환. 2010. "비정규 노동과 한국 고용체제의 성격." 『산업노동연구』 20(2): 41-62.
정이환 · 전병유. 2001. "1990년대 한국임금구조의 변화: 내부노동시장은 약화되고 있는가." 「경제와 사회』 52: 156-183.
정진상. 1995. "해방직후 사회신분제 유제의 해체: 경남 진양군 두 마을 사례연구." 『사회과학연구』, 13(1): 331-351.
정해숙 외. 2016. 『2015년 전국다문화가족실태조사 분석』. 한국여성정책연구원 연구보고 2016-03.
조 은. 2008. "신자유주의 세계화와 가족 정치의 지형: 계급과 젠더의 경합." 『한국여성학』 24(2): 5-37.
조옥라. 1990. "도시빈민 가족과 농촌 영세빈농 가족의 비교." 여성한국사회연구회 편, 『한국가족론』, pp.283-299. 서울: 까치.
조완규. 1994. "농촌노인의 생활실태에 관한 연구." 『농촌사회』 4: 73-96.

조은. 1990. "도시빈민 가족의 생존전략과 여성." 여성한국사회연구회 편, 『한국 가족론』, pp.178-206. 서울: 까치.

조은. 1997. "'압축발전'한 한국사회와 가족문화." 『황해문화』 5(1): 45-57.

조홍식. 1992. "한국 농촌사회의 복지문제: 사회보장제도를 중심으로." 『농촌사회』 2: 259-280.

중앙자살예방센터. 2017. "성별 & 연령별"(http://www.spckorea.or.kr/new/sub 03/sub03.php).

지은숙. 2016. "비혼(非婚)을 통해 본 현대 일본의 가족 관계와 젠더 질서." 서울대학교 인류학과 박사학위논문.

진미정 · 정혜은. 2010. "미혼남녀의 결혼의향과 결혼희망연령에 대한 가족 가치관의 영향 추세 연구: 2005년, 2009년 전국 결혼 및 출산 동향, 조사 자료를 중심으로" 『한국인구학』 33(3): 31-51.

최선영 · 장경섭. 2004. "성 분업의 근대적 재구성: 한국 여성의 '가족형성기 탈취업' 경향의 변화를 중심으로." 『사회연구』 2: 173-201.

최선영 · 장경섭. 2012. "압축산업화 시대 노동계급가족 가부장제의 물질적 모순: '남성생계부양자' 노동생애 불안정성의 가족 전이." 『한국사회학』 46(2): 203-230.

최양부. 1986. "농가경제의 동태적 변화와 F-사이클 가설." 『농촌경제』 9(4): 33-46.

최양부 · 오내원. 1992. "농촌가족의 해체와 소멸." 『가족학논집』 4: 175-194.

최유진 외. 2016. 『2016년 양성평등 실태조사 분석 연구』. 여성가족부 연구용역 보고서. 서울: 한국여성정책연구원

최현수(2003). 우리나라의 노인빈곤 동향 및 빈곤구성에 대한 연구. 『한국노년학』 23(3): 143-160.

통계청. 1993-2006. 『한국의 사회지표』.

통계청. 1999-2017. "성별 경제활동인구 총괄", 각년도.(http://kosis.kr/statHtml/statHtml.do?orgId=101&tblId=DT_1DA7001&vw_cd=&list_id=B11&seqNo=&lang_mode=ko&language=kor&obj_var_id=&itm_id=&conn_path=MT_ZTITLE)

통계청. 2016. "2016년 일 · 가정양립 지표."

통계청. 2016. "2016년 혼인 · 이혼 통계."

통계청. 각년도. 국가통계포털(http://kosis.kr).
한경혜 · 이정화. 1993. “농촌지역의 통혼권 변화에 관한 연구.” 『농촌사회』 3: 215-242.
한국농어촌사회연구소 · 한국카톨릭농민회. 1990. 『지역사회 지배구조와 농민』. 서울: 연구사.
한국농촌경제연구원 삶의질정책연구센터. 2017. “통계로 보는 농촌: 사람과 공동체.” 2017/8(http://rurallife.krei.re.kr/web/rurallife/40?p_p_id=EXT_ BBS&p_p_lifecycle=1&p_p_state=exclusive&p_p_mode=view&_EXT_BBS_struts_action=%2Fext%2Fbbs%2Fget_file&_EXT_BBS_extFileId=8254)
한국보건사회연구원. 2014. 『2014년도 노인실태조사』, 정책보고서 2014-61.
한국사회과학자료원 편. 2008. 『한국의 사회동향 2008』. 대전: 통계연구원.
한국투자증권 은퇴설계연구소. 2013. “50세 이상 고령 자산가들의 은퇴준비 현황과 과제.”
한림대학교 고령사회연구소. 2015. 『노인 자살 연구: 춘천 노인 생활실태를 중심으로』. 춘천: 한림대학교출판부.
한삼성 · 강성욱 · 유왕근 · 피영규. 2009. “노인의 자살생각 결정요인에 관한 연구.” 『보건사회연구』 29(1): 192-212.
허은. 2016. “노동계급 가구와 지역노동시장: 마산 · 창원 지역 구조조정과 여성노동 유연화.” 서울대학교 사회학과 박사학위 논문.
허은. 2017. “개인화와 성별분업: 패널 자료를 이용한 가족형성기 여성의 성역할태도 분석.” 『한국사회학』 51(4): 47-78.
홍찬숙. 2015. 『개인화: 해방과 위험의 양면성』. 서울: 서울대학교출판문화원.
홍찬숙. 2018. “동북아 가족주의와 한국 여성의 ‘사회적’ 지위: 노동시장 가족주의 대 가족행태의(제한적) 개인화.” 『동북아역사논총』 53: 372-415.
황수경. 2003. “내부자 노동시장과 외부자 노동시장의 구조 분석을 위한 탐색적 연구.” 『노동정책연구』 3(3): 49-87.
황정미. 2007. “경제위기 이후 한국의 가족정책에 대한 고찰: 개발국가의 생활보장시스템과 젠더. 장지연 · 요코타 노부코 편, 『글로벌화와 아시아 여성: 노동과 삶』, pp.334-370. 서울: 한울아카데미.

『경향신문』.
『매일경제』.
『연합뉴스』.
『조선일보』.
『포브스코리아』.
『한겨레』.
『한겨레21』.
『헤럴드경제』.

Abrahamson, Peter. 2012. "European Welfare States: Neoliberal Retrenchment, Developmental Reinforcement, or Plural Evolutions." Chang Kyung-Sup, Ben Fine, and Linda Weiss(eds), *Developmental Politics in Transition: The Neoliberal Era and Beyond*, pp.92-115. Basingstoke/ New York: Palgrave Macmillan.

Akers, Beth. 2013. "Assessing the Plight of Recent College Grads." *Brookings Report*, 30 October 2013.

Amsden, Alice. 1989. *Asia's Next Giant: South Korea and Late Industrialization*. New York: Oxford University Press.

Ariès, Philippe. 1962. *Centuries of Childhood: A Social History of Family Life*. New York: Alfred Knopf.

Beck, Ulich. [1984] 1992. *Risk Society: Towards a New Modernity*. London: Sage.

Beck, Ulrich. 1999. *World Risk Society*. Cambridge: Polity.

Beck, Ulrich, and Elisabeth Beck-Gernsheim. 1995. *The Normal Chaos of Love*. London: Polity.

Beck, Ulrich, and Elisabeth Beck-Gernsheim. 2002. *Individualism: Institutionalized Individualism and Its Social and Political Consequences*. London: Sage.

Beck, Ulrich, and Edgar Grande. 2010. "Varieties of Second Modernity: The Cosmopolitan Turn in Social and Political Theory and Research." *British Journal of Sociology* 61(3): 409-443.

Beck, Ulrich, Anthony Giddens, and Scott Lash. 1994. *Reflexive Modernization: Politics, Tradtion and Aesthetics in the Modern Social World*. Stanford: Stanford University Press.

Billari, Francesco, and Hans-Peter Kohler. 2004. "Patterns of Low and

Lowest-Low Fertility in Europe." *Population Studies* 58(2): 161-76.
Blossfeld, Hans-Peter, M. Melinda, and F. Bernardi(eds.). 2006. *Globalization, Uncertainty, and Men's Careers: An International Comparison.* Northampton: Edward Elgar.
Brun, Ellen, and Jacques Hersh. 1976. *Socialist Korea: A Case Study in the Strategy of Economic Development.* New York: Monthly Review Press.
Caldwell, John C. 1982. *Theory of Fertility Decline.* London: Academic Press.
Castel, Robert. 2000. "The Roads to Disaffiliation: Insecure Work and Vulnerable Relationships." *International Journal of Urban and Regional Research* 24(3): 519-535.
Chang, Ha-Joon. 1994. *The Political Economy of Industrial Policy.* London: St. Martin's Press.
Chang, Kyung-Sup. 1993. "The Peasant Family in the Transition from Maoist to Lewisian Rural Industrialisation." *Journal of Development Studies* 29(2): 220-244
Chang, Kyung-Sup. 1995. "Gender and Abortive Capitalist Social Transformation: Semi-Proletarianization of South Korean Women." *International Journal of Comparative Sociology* 36(1/2): 61-81.
Chang, Kyung-Sup. 1997. "The Neo-Confucian Right and Family Politics in South Korea: The Nuclear Family as an Ideological Construct." *Economy and Society* 26(1):22-42.
Chang, Kyung-Sup. 2002. "South Korean Society in the IMF Era: Compressed Capitalist Development and Social Sustainability Crisis." Pietro Masina(ed.), *Rethinking Development in East Asia: From Illusory Miracle to Economic Crisis*, pp.189-222. London: Curzon.
Chang, Kyung-Sup. 2004. "The Anti-Communitarian Family? Everyday Conditions of Authoritarian Politics in South Korea." Chua Beng Huat(ed.), *Communitarian Politics in Asia*, pp.57-77. London/New York: Routledge.
Chang, Kyung-Sup. 2007. "The End of Developmental Citizenship? Restructuring and Social Displacement in Post-Crisis South Korea." *Economic and Political Weekly* 42(50): 67-72.
Chang, Kyung-Sup. 2010a. *South Korea under Compressed Modernity: Familial Political Economy in Transition.* London/New York: Routledge.

Chang, Kyung-Sup. 2010b. "The Second Modern Condition? Compressed Modernity as Internalized Reflexive Cosmopolitization." *British Journal of Sociology* 61(3): 444-464.

Chang, Kyung-Sup. 2012a. "Predicaments of Neoliberalism in the Post-Developmental Liberal Context." Chang Kyung-Sup, Ben Fine, and Linda Weiss(eds), *Developmental Politics in Transition: The Neoliberal Era and Beyond*, pp.70-91. Basingstoke/New York: Palgrave Macmillan.

Chang, Kyung-Sup. 2012b. "Developmental Citizenship in Perspective: The South Korean Case and Beyond" Chang Kyung-Sup, and Bryan S. Turner(eds.), *Contested Citizenship in East Asia: Developmental Politics, National Unity, and Globalization*, pp.182-202. London/ New York: Routledge.

Chang, Kyung-Sup. 2012c. "Economic Development, Democracy, and Citizenship Politics in South Korea: The Predicament of Developmental Citizenship." *Citizenship Studies* 16(1): 29-47.

Chang, Kyung-Sup. 2014. "A Theoretical Account of the Individual-Family-Population Nexus in Post-Socialist Transitions." Zsombor Rajkai(ed), *Family and Social Change in Socialist and Post-Socialist Societies*, pp.19-35. Leiden and Boston: Brill.

Chang, Kyung-Sup. 2015. "From Developmental to Post-Developmental Demographic Changes: A Perspectival Recount on South Korea." *Korean Journal of Sociology* 49(6):21-45.

Chang, Kyung-Sup. 2016a. "Financialization of Poverty: Proletarianizing the Financial Crisis in Post-Developmental Korea." *Research in Political Economy* 31:109-134.

Chang, Kyung-Sup. 2016b. "(Multi)culturalizing Inequalities: Citizenship Contradictions of Marriage Transnationalization in South Korea." Keynote Speech at the 2016 Triennial International Conference of The Centre for Research on Families and Relationships(CRFR) on *Unequal Families and Relationships*, 13-15 June 2016, John McIntyre Conference Center, University of Edinburgh, UK.

Chang, Kyung-Sup. 2017. "Reflexive Modernization." Bryan S. Turner, Chang Kyung-Sup, Cynthia F. Epstein, Peter Kivisto, William Outhwaite, J. Michael Ryan(eds.), *The Wiley Blackwell Encyclopedia of Social Theory, Volume IV*, pp.1946-1948. Chichester: Wiley

Blackwell.

Chang, Kyung-Sup. 2019. *Developmental Liberalism in South Korea: Formation, Degeneration, and Transnationalization*. New York/London: Palgrave Macmillan.

Chang, Kyung-Sup. 2022a. *The Logic of Compressed Modernity*. Cambridge: Polity Press.

Chang, Kyung-Sup. 2022b. *Transformative Citizenship in South Korea: Politics of Transformative Contributory Rights*. New York/London: Palgrave Macmillan.

Chang, Kyung-Sup, and Song Min-Young. 2010. "The Stranded Individualizer under Compressed Modernity: South Korean Women in Individualization without Individualism." *British Journal of Sociology* 61(3): 540-565.

Chayanov, Alexander V. [1925] 1986. *Theory of the Peasant Economy*. Madison: University of Wisconsin Press.

Choi, Eunyoung. 2007. "New Social Risks, Korean Families, and Policy Challenges." Paper presented at The 4th Annual East Asian Social Policy Research Network International Conference, Tokyo, 20-21 October 2007.

Chua, Beng Huat. 2017. *Liberalism Disavowed: Communitarianism and State Capitalism in Singapore*. Singapore: National University of Singapore Press.

Coleman, David, and Stuart A. Gietel-Basten. 2015. "The Death of the West: An Alternative View." *Populaion Studies* 69(S1): S107-S118.

Coontz, Stephani. 1988. *Social Origins of Private Life: A History of American Families 1600-1900*. London: Verso.

Crompton, Rosemary(ed.). 1999. *Restructuring Gender Relations and Employment: The Decline of the Male Breadwinner*. Oxford: Oxford University Press.

Diprete, Thomas. 2002. "Life Course Risks, Mobility Regimes, and Mobility Consequences: A Comparison of Sweden, Germany, and the United States." *American Journal of Sociology* 108(2): 267-309.

Donzelot, Jacques. 1979. *The Policing of Families*. New York: Pantheon Books.

Durkheim, Emile. [1897]1951. *Suicide: A Study in Sociology*. New York: Free Press.

Esping-Andersen, Gosta. 1990. *The Three Worlds of Welfare Capitalism*.

Princeton: Princeton University Press.
Eun, Ki-Soo. 2013. "Pathways to Post-Patriarchal Society: Global Convergence of Gender(Non-)Preference and East Asian Particularities." Paper presented at the International Conference on "Life and Humanity in Late Modern Transformation: Beyond East and West, Seoul National University, 30-31 May 2013.
Freeman, Emily, Ma Xiaohong, Yan Ping, Yang Wenshan, and Stuart Gietel-Basten. 2018. "'I Couldn't Hold the Whole Thing': The Role of Gender, Individualisation and Risk in Shaping Fertility Preferences in Taiwan." *Asian Population Studies* 14(1): 61-76
Giddens, Anthony. 1993. *The Transformation of Intimacy: Sexuality, Love and Eroticism in Modern Societies.* Stanford: Stanford University Press.
Goldin, Claudia. 2006. "The Quiet Revolution That Transformed Women's Employment, Education, and Family." *American Economic Review* 96(2): 1-21.
Hareven, Tamara. 1982. *Family Time and Industrial Time: The Relationship Between the Family and Work in a New England Industrial Community.* New York: Cambridge University Press.
Heinz, Walter. 2003. "From Work Trajectories to Negotiated Careers: The Contingent Work Life Course." J. Mortimer and M. Shanahan (eds.), *Handbook of the Life Course,* pp.185-204. New York: Springer.
Hirschman, Albert O. 1970. *Exit, Voice, and Loyalty.* Cambridge: Harvard University Press.
Hobsbawm, Eric, and Terence Ranger(eds.). 1983. *The Invention of Tradition.* Cambridge: Cambridge University Press.
Hochschild, Arlie Russell, with Anne Machung. 1989. *The Second Shift: Working Parents and the Revolution at Home.* New York: Viking Penguin.
Isin, Engin F., and Bryan S. Turner. 2007. "Investigating Citizenship: An Agenda for Citizenship Studies." *Citizenship Studies* 11(1): 5-17.
Jones, Gavin W. 2012. "International Marriage in Asia: What Do We Know, and What Do We Need to Know?" Asia Research Institute Working Paper Series No. 174.
Jones, Gavin, and Hsiu-hua Shen. 2008. "International Marriage in East

and Southeast Asia: Trends and Research Emphases." *Citizenship Studies* 12(1): 9-25.

Kim, Hyun Mee. 2011. The Emergence of the 'Multicultural Family' and Genderized Citizenship in South Korea. Chang Kyung-Sup, and Bryan S. Turner (eds.), *Contested Citizenship in East Asia: Developmental Politics, National Unity, and Globalization,* pp.203-217. London/New York: Routledge.

Kim, Taekyoon. 2008. "The Social Construction of Welfare Control: A Sociological Review on State-Voluntary Sector Links in Korea." *International Sociology* 23(6): 819-844.

Kohli, Martin. 1986. "The World We Forgot: A Historical Review of the Life Course." V. Marshall(ed.), *Later Life: The Social Psychology of Ageing,* pp.271-303. London: Sage.

Kong, Tat Yan. 2012. Neoliberal Restructuring in South Korea before and after the Crisis. Chang Kyung-Sup, Ben Fine, and Linda Weiss(eds.), *Developmental Politics in Transition: The Neoliberal Era and Beyond,* pp.235-253. Basingstoke/New York: Palgrave Macmillan.

Kong, Travis 2012. "A Fading Tongzhi Heterotopia: Hong Kong Older Gay Men's Use of Spaces." *Sexualities* 15(8): 896-916.

Koo, Hagen. 2001. *Korean Workers: The Culture and Politics of Class Formation.* Ithaca: Cornell University Press.

Krugman, Paul. 1994. "The Myth of Asia's Miracle." *Foreign Affairs* 73(6): 62-78.

Kye, Bongoh. 2014. "Son Preference and Fertility Transition in South Korea." *Journal of the Population Association of Korea* 37(3): 107-141.

Laslett, Barbara, and Johanna Brenner. 1989. "Gender and Social Reproduction: Historical Perspective." *Annual Review of Sociology* 15: 381-404.

Laslett, Peter. 1989. *A Fresh Map of Life: The Emergence of the Third Age.* Cambridge: Harvard University Press.

Lewis, Arthur W. 1954. "Economic Development with Unlimited Supplies of Labour." *Manchester School of Economic and Social Studies* 22(1): 139-191.

Lipton, Michael. 1977. *Why Poor People Stay Poor: Urban Bias in World Development.* Cambridge: Harvard University Press.

Marshall, T. H. 1964. *Class, Citizenship, and Social Development.* Garden City: Doubleday.

Marx, Karl, and Engels, Frederick([1945-46] 1970). *The German Ideology.* New York: International Publishers.

Meillassoux, C. 1981. *Maidens, Meal and Money: Capitalism and the Domestic Community.* New York: Cambridge University Press.

Ochiai, Emiko. 2011. "Unsustainable Societies: The Failure of Familialism in East Asia's Compressed Modernity." *Historical Social Research* 36(2): 219-245.

Ochiai, Emiko. 2014. "The Logic of Global Family Change in Transforming Modernity." *Japanese Sociological Review* 64(4): 533-552.

OECD(Organization for Economic Cooperation and Development). 2016. "SF3.1: Marriage and Divorce Rates." OECD-Social Policy Division-Directorate of Employment, Labour and Social Affairs (https://www.oecd.org/els/family/SF_3_1_Marriage_and_divorce_ rates.pdf)

OECD. 2017a. *OECD Family Data Base*(http://www.oecd.org/els/family/database.htm).

OECD. 2017b. *Preventing Ageing Unequally.* Paris: OECD Publishing.

OECD. 2017c. *Preventing Ageing Unequally-Action Plan.* Meeting of the OECD Council at Ministerial Level, Paris, 7-8 June 2017.

Park, Chai Bin, and Nam-Hoon Cho. 1995. "Consequences of Son Preference in a Low-Fertility Society: Imbalance of the Sex Ratio at Birth in Korea." *Population and Development Review* 21(1): 59-84.

Park, Mee-Hae. 1991. "Patterns and Trends of Educational Mating in Korea." *Korea Journal of Population and Development* 20(2): 1-16.

Rajkai, Zsombor(ed.). 2016. *Family and Social Change in Socialist and Post-Socialist Societies.* Leiden and Boston: Brill.

Roh, Yunhee. 2014. "Building Your Resume to be the Utimate Bride: South Korean Women's Contradictory Identity in a Hyper-Instrumentalized Society." *Berkeley Undergraduate Journal* 27(2): 195-216.

Said, Edward. 1978. *Orientalism.* New York: Pantheon.

Sommerville, C. John. 1990. *The Rise and Fall of Childhood*, revised edition. New York: Vintage Books.

Song, Min-Young. 2011. "From Demographic to Normative Individualization: A Comparative Study of Family Values in Korea and Japan." *Korean Journal of Sociology* 45(6): 153-174.

Taylor-Gooby, Peter. 2004. "New Social Risks and Welfare States: New Paradigm and New Politics?" Peter Taylor-Gooby(ed.), *New Risks, New Welfare: The Transformation of the European Welfare State*, pp.209-238. London: Oxford University Press.

Todaro, Michael. 1969. "A Model of Labor Migration and Urban Unemployment in Less Developed Countries." *American Economic Review* 59(1): 138-148.

Vosko, Leah F. 2010. *Managing the Margins: Gender, Citizenship, and the International Regulation of Precarious Employment.* Oxford: Oxford University Press.

World Health Organization(WHO). 2002. *Active Ageing: A Policy Framework*. Geneva: WHO.

Zaretsky, Eli. 1973. *Capitalism, the Family, and Personal Life.* New York: Harper & Colophon.

| 찾아보기 |

ㄴ

ㄷ

ㄹ

ㅇ

ㅈ

ㅊ

ㅋ

ㅌ

ㅍ

ㅎ